北京文化中心建设课题研究丛书

文化北京

握手环球文明

——北京建设文化交流展示中心研究

主编 金元浦 秦昌桂

意 娜 满兴远 等著

北京市文化发展中心 编

新 华 出 版 社

编委会

前言

　　文化，是党和国家新一代领导集体推进国家治理体系和治理能力现代化的重要组成部分。从文化的发展和繁荣来看，如何从经济、政治、文化、社会和生态文明五位一体的宏观整体上进行文化改革的顶层设计，并从改革的系统性、整体性、协同性出发辩证施政，是新一代领导集体推进文化发展的重中之重。十八届三中全会、四中全会和五中全会的决定，强调全面深化改革的总目标是完善和发展中国特色社会主义制度，必须更加注重改革的系统性、整体性、协同性，加快发展社会主义市场经济、民主政治、先进文化、和谐社会、生态文明。这就为我们全面深化改革确定了大框架，大格局。文化的核心是思想，文化繁荣发展的根本目的是以文化人。要让北京丰富的先进文化资源活起来、动起来，走进群众的生活里，融入群众的思想中。

　　将北京建设成为具有中国特色的世界城市，成为具有全球影响力的国家文化中心，这是党中央对北京的准确定位，是对北京文化的顶层设计，是北京建设成为具有世界影响力的国家中心城市的总纲领和总蓝图，也是北京全面建设国家文化中心的动员令与集结号。这是北京的历史所由，这是北京的希望所在，这是北京的人民之愿，这是北京的未来寄托。

　　到2020年，北京要在更高水平上建成全国文化精品创作中心、文化创意培育中心、文化人才集聚教育中心、文化要素配置中心、文化信息传播中心、文化交流展示中心。在十八大精神指引下，进一步发挥好首都文化中心的表率引领作用、辐射带动作用、提升驱动作用、桥梁纽带作用、荟萃集聚作用，全力实现首都思想道德水平显著提升、文化事业全面繁荣、文化体制活力

迸发、文化创意产业发达、城市文化魅力彰显、文化名家精品荟萃、文化科技深度融合、文化国际影响力显著增强等八大目标。

习近平同志极为关心北京的发展，多次来到北京视察。他在北京视察时指出，建设好首都，推动北京持续健康发展，需要付出长期艰苦的努力。北京地位高、体量大、实力强、变化快、素质好，是其主要特点和优势，同时不断发展的北京又面临令人揪心的很多问题。把各方面优势发挥出来，把各种问题治理好，要处理好国家战略要求和自身发展的关系，在服务国家大局中提高发展水平。习近平就推进北京发展提出了新的要求。即首先明确城市战略定位，坚持和强化首都全国政治中心、文化中心、国际交往中心、科技创新中心的核心功能，深入实施人文北京、科技北京、绿色北京战略，努力把北京建设成为国际一流的和谐宜居之都，带动京津冀全面协调发展，这是对北京建设具有全球影响力的文化中心的最新要求和精准定位。

十八大以来，我国文化获得了进一步发展，十八届三中全会做出的《中共中央关于全面深化改革若干重大问题的决定》，是未来十年我国全面发展的进军号角与宏伟蓝图，对于推进文化的改革创新做了全面系统的阐述。《决定》紧紧围绕建设社会主义核心价值体系、社会主义文化强国，深化文化体制改革，加快完善文化管理体制和文化生产经营机制，建立健全现代公共文化服务体系、现代文化市场体系，推动社会主义文化大发展大繁荣，提出了一系列创新性的观点。这是党在新的时代条件下带领全国各族人民进行的新的探索，对于建设社会主义文化强国，具有重要的现实意义与长远的历史意义，吹响了文化体制机制创新的进军号，将对我国文化发展产生重大影响。

2015年10月闭幕的五中全会更加明确地提出，实现"十三五"时期发展目标，破解发展难题，厚植发展优势，必须牢固树立并切实贯彻创新、协调、绿色、开放、共享这五大发展理念。新的发展理念，为新时期的发展勾勒了清晰路径，擘画了推动发展全局深刻变革的全新蓝图。北京文化中心的建设必须遵循五大理念的引领和相互融合的协同发展。

在五大理念中创新居于国家发展全局的核心位置。我们必须在这一核心动力影响下，不断推进理论创新、制度创新、科技创新、文化创新等各方面创新，让创新贯穿北京四个中心的建设和发展，让创新在全社会蔚然成风。北京要按照中央的部署，把发展基点放在创新上，形成促进创新的体制架构，塑造更多依靠创新驱动、更多发挥先发优势的引领型发展。

文化创新必须培育发展新动力，优化劳动力、资本、土地、技术、管理等要素配置，激发创新创业活力，推动大众创业、万众创新，释放新需求，创造新供给，推动新技术、新产业、新业态蓬勃发展。

文化创新必须继续深化文化体制改革，实施重大文化工程，扶持优秀文化产品的创作生产、加强网络内容建设、构建中华优秀传统文化传承体系、倡导全面阅读、发展体育事业、做好2022年北京冬季奥运会筹办工作等。

文化创新必须不断完善公共文化服务体系、文化产业体系和文化市场体系，推动文化社会效益和经济效益协调健康发展。面对互联网时代给文化发展带来的新机遇和新挑战，实施"'互联网+'行动计划"，增强互联网对文化提升发展的支撑能力，加快文化产业结构优化升级，发展骨干文化企业和创意文化产业；培育新型文化业态和新的文化经济增长点，扩大和引导文化消

费；推动传统媒体和新兴媒体融合发展，加快媒体数字化建设；优化媒体结构，规范传播秩序；提升国际传播能力建设，创新对外传播、文化交流、文化贸易方式，推动中华文化走出去。

北京市市委书记郭金龙在刚刚闭幕的中共北京市委十一届八次全会上指出：

北京作为全国文化中心，文化发展具有风向标和引领作用，必须更加自觉地服务国家文化发展大局。要加快建设先进文化引领高地，在培育和践行社会主义核心价值观、提升城市文明水平、加强思想意识形态工作、促进物质文明和精神文明协调发展等各方面走在全国前列。要建设全国文化中心还必须推动全国文化中心与全国政治中心、国际交往中心、科技创新中心的有机融合，履行好新时期首都职责。

这是"十三五"时期北京建设全国文化中心的行动纲领。

在一系列中央精神指引下，在市委宣传部指导下，我们编写了这套丛书。分别从六个方面研究并论述了北京建设全国文化中心的现实状况、实现路径和未来方向：

北京作为全国文化中心城市，首先要建成中国乃至世界的文化精品创作与研发中心。要破除我国目前在文艺创作中出现的有高原无高峰的现状，通过净化文化精品育成的环境，完善创作机制，健全传播与接受机制建设，创作出具有时代特征并能得到人们普遍认可的既有"思想性""艺术性"，同时又具有"观赏性""消费性"的作品。伟大的时代需要与其相称的伟大艺术精品和引领伟大时代艺术的文化艺术大师。北京建设文化精品中心，就要充分挖掘和利用北京独一无二的深厚文化资源和人才资源，在传承优秀民族文化经典和吸收国外先进文化的基础上，排除干扰，聚精会神，目不旁骛，潜心打磨，必将产生一批有世界影响力的文化大家和文化经典，实现文艺创作和艺术教育从高原到高峰的飞跃。

北京建设文化创意培育中心，旨在通过文化创意培育有效提升北京的文化凝聚力、文化生产力和文化创造力，为北京的文化中心建设提供软实力支撑。作为全国文化创意培育中心，文化创意是城市可持续发展的"推进器"。创意北京建设的着力点，在于通过创新教育模式、创意权益的保护、城市空间的合理规划、创意氛围和社会环境的营造、城市创意指数的构建、优势行业的培育与发展等，把文化创意培育中心建设融入到北京城市转型发展和创新驱动战略之中，全面提升北京文化创意产业的质量和效益。

北京建设文化人才集聚教育中心，充分体现出人才对城市发展的重要性。在城市大竞争的时代，人才尤其是文化创意人才，作为城市发展最主要推动力的作用正日益展现出来。在某种意义说，全球高端城市的竞争从根本上说是人才的竞争。北京建设高水平的文化人才集聚教育中心，是要在当代文化、科技与经济高度融合发展的时代背景中，通过建立国际化的高端人才吸引机制、健全现代化的文化人才激励机制、打造系统化的文化人才管理机制、完善全方位的文化人才保障机制等一系列举措，为城市建设培育、吸引优质的复合型的文化创意人才，为提升城市发展水平和品质提供智力支撑。

北京建设文化信息传播中心，承载着服务首都、辐射全国的双重使命。从全球传播格局来看，北京声音在一定意义上代表着中国声音，大力发展北京文化信息传播，在国际传播格局中赢得一席之地，是新形势对北京的更高要求。加强文化信息传播中心建设，发展文化信

息传播产业，既符合北京城市功能地位，又能与国家文化软实力建设中发挥全国示范作用的要求相适应。在"互联网+"引领我国文化领域大发展的新时代，北京大力发展文化信息传播，应秉持"大传播"理念，强化互联网思维，努力探索在传统媒体与新媒体融合语境下如何提升主流媒体传播影响力与公信力的途径，加快推动传统媒体和新兴媒体深度融合的探索与实践，提升北京在全国乃至世界文化信息传播格局中的公信力、号召力。

北京建设文化要素配置中心，旨在厘清全国文化中心城市的核心文化要素，并对其进行合理配置。城市文化要素拥有多样化的分类和属性，从时间属性来说包括历史文化与现代文化两大类，从功能属性来说包括首都文化服务功能和地域特色文化功能，从性质属性来说包括公共文化和文化产业，从形态属性来说包括精神文化和物质文化，从产业属性来说包括生产文化和消费文化。可以说，历史文化、公共文化、文化产业、文化消费以及城市所展露出的文化精神，构成了北京作为文化要素配置中心的核心支撑。同时，如何合理配置这些复杂多样的要素，使其多样共生，相融相谐，是北京面临的重大考验。北京建设具有世界影响力的文化中心城市，就是要在各文化要素配置中充分发挥北京作为中心城市和首都城市的影响力、辐射力，从而在中华民族文化复兴的伟大新时代，创构世界文明的全新经典。

北京建设文化交流展示中心，就是要面对国际国内两个市场，两个空间，树立起文化中国、文化北京的国际形象和世界城市的新品牌。北京建设文化交流展示中心，得益于北京所具有的丰富的历史文化资源，使得北京城市本身具有去向世界各国展示中华文化的特有魅力，切实有效地提升中国文化的国际影响力。文化贸易与交流展示平台是交流展示中心建设的两大支撑。其中，文化贸易是交流展示中心建设的硬实力，它以文化与经济相结合的方式，有助于北京在世界文化格局中营造话语权；而交流展示平台则是发展的软实力，讲好中国故事，展示中国精神，发掘中华智慧，滋养世界文明。这一切，都必须在全球各个国家、各个民族、不同地域之间通过展示、对话、交流、沟通来解决，最终实现双赢、共赢的共同目标。

推进北京全国文化中心建设，以文化精品创作中心、文化创意培育中心、文化人才集聚教育中心、文化信息传播中心、文化要素配置中心、文化交流展示中心为着力点，深化文化体制机制改革与创新，充分挖掘历史文化资源，完善公共文化服务体系，加强文化产业的设计和决策，灵活处理文化市场和政府指导的关系，是提升北京作为全国乃至世界文化中心影响力的必由之路。同时，我们也应当看到，文化中心建设是一个内涵和外延都较为复杂的概念，涉及文化创作、文化创意、文化人才、信息传播、要素配置和文化交流等多个层面，而且伴随着文化与科技、经济等领域的融合趋势进一步增强，建设全国文化中心不仅仅单纯是文化本身的任务，更是一个涉及多个领域的系统性工程。作为六本书的总纲，我们又编写了《北京建设国家文化中心研究（总报告）》一书，以总领并介绍各分册的内容，更利于读者阅读。

习近平同志曾指出，文化的力量，或者我们称之为构成综合竞争力的文化软实力，总是"润物细无声"地融入经济力量、政治力量、社会力量之中，成为经济发展的"助推器"、政治文明的"导航灯"、社会和谐的"粘合剂"。而应对当前我国发展面临的一系列矛盾和挑战，关键则在于全面深化改革。必须从纷繁复杂的事

物表象中把准改革脉搏，把握全面深化改革的内在规律，特别是要把握全面深化改革的重大关系，处理好解放思想和实事求是的关系、整体推进和重点突破的关系、顶层设计和摸着石头过河的关系、胆子要大和步子要稳的关系、改革发展稳定的关系。这从方法论上给了我们一把辩证法的钥匙。

欣逢伟大变革的新时代，承载着中华民族复兴的历史使命，我们信心百倍，激情满怀：我们的中国梦一定要实现，我们的中国梦一定能够实现。

目录

握手环球文明

文化北京

握手环球文明

绪　论
讲好中国故事　发出中国声音
——以"文化北京"树立文化中国的国际新形象

北京是祖国首都，是全国的政治、文化中心，是世界著名的古都和现代国际城市。北京的这一城市性质和城市定位，为北京城市发展的未来明确了目标。

北京作为全国的文化中心，具有特殊的首都优势，这是上海、广州等其他国内兄弟城市难以比拟，也无以竞争的。建国以来，党中央一直高度重视北京作为国家文化中心的建设。尤其是2008年北京奥运会以来，伴随着规模庞大、功能完善的现代文化设施建设，北京作为全国文化中心的功能得以日益凸显和显著加强。

与此同时，我们关于北京如何更好地建设文化中心的理论认识也在不断深化。

2010年8月24日，习近平同志在北京调研时强调，要基于首都建设世界城市的功能定位，把北京打造成国际活动聚集之都、世界高端企业总部聚集之都、世界高端人才聚集之都、中国特色社会主义先进文化之都、和谐宜居之都。

2011年10月18日，党的十七届六中全会通过的《关于深化文化体制改革推动社会主义文化大发展、大繁荣若干重大问题的决定》提出发挥首都全国文化中心示范

握手环球文明

作用的要求，北京不仅要打造中国特色社会主义先进文化之都，还要成为在国际上具有重大影响力的著名文化中心城市。

2011年10月29日，刘云山同志在北京调研时提出，坚持高起点、高标准，立足全局、面向全国，把首都建设成文化精品创作中心等"六个中心"，并发挥好首都文化中心的表率引领、辐射带动、提升驱动、桥梁纽带、荟萃集聚的"五大作用"。

2011年12月21日，中共北京市委十届十次全会充分吸收习近平、李长春、刘云山以及刘延东等中央领导同志的讲话精神，通过了《中共北京市委关于发挥文化中心作用加快建设中国特色社会主义先进文化之都的意见》，将北京建设文化中心的总体工作目标进一步明确：即到2020年，首都将建设成为在国内发挥示范带动作用、在国际上具有重大影响力的著名文化中心城市，并成为全国文化精品创作中心、文化创意培育中心、文化人才集聚教育中心、文化要素配置中心、文化信息传播中心、文化交流展示中心，并对六个中心的具体工作目标作出了规定。

2014年2月26日，习近平总书记就要求北京进一步明确城市战略定位，坚持和强化首都全国政治中心、文化中心、国际交往中心、科技创新中心的四大核心功能，深入实施人文北京、科技北京、绿色北京战略，努力把北京建设成为国际一流的和谐宜居之都。

应该看到，随着中国融入世界经济的程度加深，作为首都的北京，其"国际交往"的城市功能定位得到了前所未有的强调和凸显。建设国际文化交流展示中心，是北京

"文化中心"与"国际交往中心"两大核心功能的结合和交叉点，是两大中心建设的内在需求和必由之路。

北京建设成为国际文化交流展示中心，关键在于让北京成为国际文化交流与传播网络的重要节点，通过丰富多样的文化交流活动，让中华优秀的传统文化、全国各地的特色文化、世界各国的优秀文化，在北京的城市平台交汇融合，充分彰显北京城市文化魅力的同时，增强中国文化的国际影响力和软实力。

中国文化在国际文化新秩序中的角色与定位

党的十八大将我国的文化建设目标提升到了一个崭新的高度：即建设社会主义文化强国，增强国家文化软实力。

2014年1月1日，习近平同志在中共中央政治局第十二次集体学习时更是特别强调，建设社会主义文化强国，要着力提高国家文化软实力。

国家对建设文化强国以及文化软实力的强调与重视，正是为了弥补在国际交往中我们文化软实力的短板。作为世界第二大经济体、全球第一大货物贸易国，我们相对突飞猛进的经济实力，并没有直接为我们带来与之相应、实至名归的文化影响力。

中华文明数千年从未间断。在中国周边特别是东亚、东南亚曾经形成过以汉字和儒家文化为纽带的具有强大辐射力的中华文化圈：中国的政治制度、经济制度、文化规制，以及城市布局、建筑风格乃至生活习惯曾在日本、朝鲜、越南诸国产生过极为深远的影响。而通过陆地与海上"丝绸之路"所传播的中华文明，从茶叶到丝绸，从经史子集到四大发明，都对世界各国的文化产生过不可小觑的影响。

但自1840年鸦片战争以来的近代中国，其文化的国际影响力日益式微，中外特别是中西之间文化交流与传播存在的不对等状况日

益严重。这里面内因是最主要的。西方的坚船利炮不只是打破了中国长期闭关锁国的海防国策，同时也打碎了中国士大夫与知识分子的文化自信。一场学习西方的文化运动自此拉开帷幕直至今天。这一方面是西方列强大国崛起，掌握了国际经济与政治秩序，掌控国际舆论话语权的必然结果；另一方面也有我们对自己的文化进行自我否定和主动迎合的因素在发挥作用。从学术上来看17世纪以来的东西方文化交流，"西学东渐"和"东学西传"的确是同时存在和相互影响的一个过程。但也不可否认的是，思想文化由西方流向东方，毕竟还是主流。

新中国成立之后，特别是改革开放30多年以来，中国综合国力迅速提升，已重新崛起成为令世界瞩目的强大力量。但与国家在政治、经济、军事等领域的国际影响力与日俱增之势相比，就中国对于世界的文化影响力而言，实在是与我们的政治大国、第二大世界经济体的地位难以相配。这其中自然有着上述诸多历史和现实的原因，但更为重要的一个原因是我们对于国际文化传播的长期漠视，甚至将政治、经济与文化交流相互孤立、割裂，自我设限与禁锢。这方面，我们的确应该向西方学习。大发现时代的葡萄牙、西班牙，工业革命时代的英国，崛起于19世纪的美国，从宗教、战争到现在的文化创意产业，在传播自身核心价值理念的工具和手段方面，西方列强一直运用得最为娴熟。美国好莱坞就是最为典型的案例。

近年来，中国已驶进了文化大发展、大繁荣的快车道。经济成功进一步增强了国人的政治与文化自信，由此也推动了中国文化国际传播的自觉。同时，中国文化、中华思想对于西方现代社会发展内在逻辑中难以克服的弊端特有的参考价值，使得更多西方有识之士愈来愈关注中国，关注东方的思想和价值观。

2014年3月，习近平同志巴黎演讲时强调："中国这头狮子已经醒了，但这是一只和平的、可亲的、文明的狮子。"让中国成为国际文化新的秩序中的积极贡献者，使得中国思想文化中的优秀和有益部分能够为包括西方在内的他者文化所借鉴，从这个角度来看，首都北京建设文化交流展示中心的目标具有着极为特殊的重要意义。

北京建设文化交流展示中心的重要性与必要性

2013年12月30日，习近平同志主持中共中央政治局集体学习，谈及如何提高国家文化软实力时，明确提出要努力展示中华文化独特魅力，要注重塑造我国的国家形象，要努力提高国际话语权。讲好中国故事，传播好中国声音，阐释好中国特色。这同时也为北京建设国际文化交流展示中心提出了更为具体的目标和定位。

北京建设文化交流展示中心，首先在于她所秉具的丰富的历史文化资源，使她有能力有资源去向世界各国展示中华文化的特有魅力。北京是世界著名的古都，有三千多年的建城史、八百余年的定都史，历史地位举足轻重、文化底蕴丰厚绵长。北京目前拥有世界文化遗产七处（故宫、长城、周口店北京猿人遗迹、颐和园、天坛、十三陵、大运河），全市共有文物古迹7309项，128处全国重点文物保护单位、357处市级文物保护单位、5处国家地质公园、15处国家森林公园。北京是"博物馆之都"，注册博物馆多达151座，列世界第二（仅次于伦敦）。国家博物馆为世界最大博物馆。故宫博物院是世界五大博物馆之一。这些是首都北京进行文化交流展示中心建设的独特历史文化遗产，体现了中华文化的精髓所在。

北京建设文化交流展示中心，有利于更好地塑造中国的国际形象。全面完整地向世界介绍、展现中国，进行国际形象的全面塑造，成为当今中国走向世界、融入世界的一项重要任务。北京作为首都，既有其特殊的便利所在，又负有当仁不让的责任与义务。"北京共识"首倡者乔舒亚·库珀·雷默在提出"北京共识"一年多以后，撰写了报告《淡色中国》（Brand China），系统论述了他

眼中的中国形象。他认为国家形象塑造不可能一蹴而就。要想给别国留下良好印象，最强有力的办法就是保持开放姿态，而不是硬性推销。他在"淡色中国"想要表达的就是，不能通过推销产品的方式来塑造中国的形象。就像在纽约时代广场投放的中国国家形象宣传片，虽然能够产生一定的作用，但是非常有限。的确，国家形象最终是人民的形象，人与人的互动、交流、沟通是关键。从这个角度，2008年北京承办的奥运会作为一场国际盛会，世界各国的人们通过这个公共外交平台相约北京、相聚、相识，向世界传递和平发展、社会和谐、人民幸福的国家形象，在展现国家形象方面提升到了一个新的高度。此外，诸如孔子学院北京总部及世界400多所孔子学院的开办，都是北京在塑造国家形象方面的一些创新举措。

北京建设文化交流展示中心，有利于提高我们在国际传播领域的话语权。中国的"软实力"要走向世界，首先要基于"话语权营造"。长期以来，我们在对外文化交流很多领域都只是被动的参与者而非游戏规则的制定者，话语权仍牢牢掌握在西方手中，评判标准自然只以西方为坐标。北京因其独有的文化资源、传媒资源以及人才资源，完全能担当起"软实力"走向世界的领跑者的角色。作为国际文化交流展示中心，北京可以通过各类品牌文化交流平台的主动搭建，如北京国际美术双年展、北京国际电影节、北京论坛等，由我们来选择国外的参与者，传播中国特色的思想和价值观术语，争取我们的主动话语权，体现我们的文化、学术以及艺术主张，进而让中华民族的优秀文化传播到国际大舞台上去，体现我们的国家形象和文化精神。

总之，北京建设国际文化交流展示中心，对于提升我国的文化软实力有着极强的现实意义。一方面，让北京作为全国文化中心，成为全国各地特色文化资源以及文化产品的汇集地、集散中心，可以集中向世界展示中国文化建设的成就；另一方面，能够为中国文化走出去搭建更好的交流平台，切实有效地提升中国文化的国际影响力。

第一章
"文化中国"新国际形象的重建与媒介话语跨文化传播

实现"文化中国"新的国际形象的重建与传播，首都北京作为国际文化交流展示中心的作用举足轻重。随着中国经济的崛起与首都城市建设的突飞猛进，北京正日益成为中国更为自信地展示自我形象的重要国际舞台和窗口。

第一节 "文化中国"新国际形象的重建

国际形象是在国际交往活动中国际社会对一个国家及其公众所形成的整体印象。它是一个国家的"名片"，决定着一个国家在国际交往中的影响力，也直接关系到一个国家在国际交往中的利益关系。政治制度、民主制度、法律制度、意识形态、宗教信仰，以及经济发展水平、社会公平程度、国家竞争力、历史文化积淀以及外交表现都会影响一个国家的国际形象。自鸦片战争以来，在以西方文明为中心的世界体系中，中国文化长期处于失语状态，文化中国成了一个遥远、模糊不清、充满病态的被歪曲的形象。改革开放之后，我国经济、政治、文化和社会获得了全面高速的发展，迎来了空前的大发展、大繁荣。从"东亚病夫"到"世界工厂"，再到如

今的经济大国，中国的国际形象在百年间经历了翻天覆地的变化。但对有5000年文明史的中国来讲，真正深厚的东西是文明和文化底蕴，这才是文化中国最基本的面貌。

"文化中国"是一个文化意义上的中国概念，它蕴含着一个在经济上日益现代化的中国向世界展示自己博大浩瀚的文化蕴含、开放进取的文化品格、崇尚和平的文化理想的由衷愿望。文化中国意味着在文化上全面传承自己优秀的民族传统文化，通过对话与交流，广采博纳世界各国文化的优秀成果，与时俱进，充满当代魅力与创新活力的中国形象；意味着中华传统文化的丰富性、独特性在21世纪的再生；意味着中国文化对人类文化创造性的不断开拓。

重建历史悠久的文化中国的国际形象，是中华民族伟大复兴的重要标志。文化是中国面对世界最为深厚的积淀。中国古老文化历经5000余年，是世界上唯一从未间断、绵延至今的人类文化的瑰宝，是人类童年时代便已产生的、不可企及也无法再造的世界文明的辉煌顶峰之一。

儒家哲学中的人本、民本、刚健、自强、革新、崇德、仁义、爱众、人和、以和为贵、和而不同等价值观念，对于现代国家管理和社会秩序的和谐运转以及个体的人格养成具有重要意义。道家和道教的道器、重生、贵生、自然、尊道贵德、齐同慈爱、性命双修等观念所表现出的人生智慧，也具有重要的现代价值。佛教文化中的缘起、因果、平等、慈悲、中道、容忍、圆融、解脱等一系列理念，对于当代社会中的人伦关系与个体心理的调适，同样具有重大意义。中国传统的"和合文化"观经过现代转换，对当代西方世界具有重要借鉴和启示意义。

当今世界，文化在综合国力竞争中的地位越来越突出。文化中国为我们展示了一幅文化与经济协调发展，充满魅力与活力的中国形象的愿景。从中国文化自身的特点来说，博大精深的传统智慧，辉煌灿烂的历史文化，多样和谐的民族特色，气象万千的创新改革，都是建构文化中国的宝贵资源。自强不息、乐观自信的民族性格，热情奔放、富于创新的开拓精神，和而不同、兼容并蓄的博大胸怀，都应当是文化中国的重要内涵。把一个真正的文化中国呈现给世界，就是要在这些方面努力开拓。

第二节 知识生产与媒介话语跨文化传播

中国经济地位的提升，为中国文化国际影响力的传播提供了最大的平台。北京积极建设国际文化交流展示中心，根本上是一种文化自信与文化自觉的表现，是对国际文化传播游戏规则改变的尝试。

在媒介全球化的语境下，一个国家和民族通过媒介话语跨文化传播的途径建构存在、表达自我，进而融入当下多元化世界，日益显得必要。媒介话语跨文化传播是国家之间、文化之间交往与沟通的重要途径，同时也是意义阐释与知识生产的过程，影响着世界文化秩序的确立。

从目前现实情况来看，当今世界媒介话语传播格局的失衡问题突出。凭借雄厚财力资本与先进传媒技术而拥有优势媒介话语权者，垄断与掌控了对世界的意义解释权与知识建构权。总体来说，西方发达国家占据主动位置，而其他国家则处于被边缘的被动位置，媒介话语的主导权主要掌握在美国、英国等主要西方国家手中。据统计，世界80%—90%的媒介话语传播，由西方媒介机构所垄断，而我国的华语传播仅占总量的5%左右，媒介话语权与传播影响力都明显偏弱。可以说，对于意义的阐释权、对于知识的建构权几乎被拥有媒介话语主导权的西方媒介所垄断。这是我们不得不正视的现实语境之一。

随着媒介技术广泛深入的应用，人类知识生产与媒介话语的信息生产、意义生产已经混淆甚至等同，现代人类获得的知识在很大程度上依赖于人类媒体业的话语生产，因此，具有传播话语权的国家或者集团在很大程度上掌握和把持了文化知识生产的权力，对媒介话语意义生产的争夺也是对文化知识生产的争夺。

加拿大著名传播学者伊尼斯指出了传播媒介对于知识的生产控制以及它与权力的关系。他提出了"知识垄断"的说法，是指某个集团因为掌控主要的媒介和拥有媒介的使用技能，控制和独揽了对社会信息与人类知识的生产与传播，拥有对世界的唯一解释权，成为政治权威或者文化权威，进而成为一种社会权力。塔奇曼认为，媒介话语是一种社会资源，它的建构是一种对社会生活的分析性理解，是一种知识性的诠释，同时也是一种权力资源，因为权力"就是通过传播某些知识并压制某些观念而实现的。权力也因知识作为社会行动资源的构成方式而加强"。[1]媒介传播的知识垄断打破了文明的时空结构，破坏了平衡的秩序。"知识的垄断或寡头积累到一定程度时，平衡就扰乱了。"[2]媒介传播的知识垄断对文化的多样性是一个威胁，任何一种文明都有可能遭到媒介技术导致的知识的机械化破坏。媒介传播知识垄断形成还意味着获取知识的结构也成为垄断性发展，人们被笼罩在媒介话语生产与传播的知识网络中，被告知、被教育，被抑制了获取更多知识的可能性，人们自身获取知识与理解知识的能力逐渐减退，在理解的领域也失去了自己的判断认知和生产知识的能力，并且在经济与政治势力的作用下形成的媒介知识垄断最终会对文化知识的时间性造成伤害，在某种程度上阻隔了与传统的联系。在媒介话语跨文化传播过程中，媒介知识垄断

---

1 [美] 盖伊·塔奇曼：《做新闻》，麻争旗、刘笑盈、徐扬译，北京：华夏出版社，2008年，第199页。
2 [加] 哈罗德·伊尼斯：《传播的偏向》，何道宽译，北京：中国人民大学出版社，2003年，第2页。

意味着一种媒介权力与文化秩序的确立。

面对媒介知识垄断生产的现实，我们应当看到，媒介话语跨文化传播的过程充斥着媒介话语生产主体为追求意义阐释权与秩序构建权而进行的竞夺。通过媒介话语跨文化传播，媒介话语生产主体把对世界的表意与各种信息转化为一定的知识体系，而这一知识体系又与特定的权力结构相互呼应相配合，共同巩固了既有的世界利益结构。

反过来，我们要建立合理的媒介话语跨文化传播格局，在具体的传播实践中，就需要通过媒介话语传播进行一系列的意义建构，从新知识生产的高度参与国际传播新秩序的确立，为世界的媒介话语跨文化传播提供一个新视角，将自身媒介话语的意义生产纳入到世界的新知识生产体系中，从而参与到世界意义秩序与文化秩序的重构中。

第三节 跨文化传播中的文化间性、文化误读与文化偏见

媒介话语传播过程不只是一个简单的信息传播过程和一个简单的霸权解读式的宣传过程，而是在一定的文化语境下的一个意义共建的主体间对话过程和一个话语的文本意义被接受的过程。在这个过程中，传播"间性"得以凸显出来。

2005年的联合国教育、科学及文化组织大会通过的《保护和促进文化表现形式多样性公约》将"文化间性"定义为"不同文化的存在与平等互动，以及通过对话和相互尊重产生共同文化表现形式的可能性"。[3]

---

3 联合国教科文组织：《保护和促进文化表现形式多样性公约》，参见"百度百科"网站：http://baike.baidu.com/view/2712004.htm。

　　媒介话语的跨文化传播意味着在一种文化中编码，却在另一种文化中解码，其所遇到的"文化间性"的现实挑战主要体现为文化差异。差异性是"文化间性"存在的前提，差异性的存在决定了文化之间的可交流性。这种深层的文化关系外在体现为人们的世界观、价值观、认识论等方面的差异性，媒介话语的跨文化传播就要在承认文化差异前提下进行交流和沟通，一种文化话语只有在与"他者"交往中才能获得意义，只有在与"他者"文化的意义接合中才能彰显自身价值。

　　中西文化通过媒介话语交互的过程本身，是一个关于交流的生动变化的动态过程。每一种文化体系的内部都是一个自成系统的、相对静态的、自为存在的有机整体。从文化与文化之间的交流动态来观照，它们彼此在交往中会相互发生作用，其中的一部分可能参与到对方文化中，其意义也只能在交互作用中生成，只有在被接受时才得以实现。

　　媒介话语传播中"文化间性"的重要特点在于它主张文化间的开放、文化间的对话，应通过媒介话语相互对等的输出与充分交流等途径为彼此敞开更大的包容空间，承认差异的存在，相互尊重，相互理解，相互借鉴，共同进步。

　　在跨文化传播中理解他者文化时，从自我文化出发去尝试理解对方而实际上在自我文化中缺少对应的事物，从而不能够真正的理解；或者因为没有相似的历史背景和文化积淀，从而在语言符号及其所表示的意义之间，理解者会一厢情愿假设其意指关系，因而形成"误读"。媒介话语跨文化传播中的误读现象不可避免，产生原因有很多，包括不同的社会文化背景、不同的知识结构和人生体验、不同风俗习惯和语言表述等，都有可能导致一种文化对另一种文化的误读。

　　总体看来，在媒介话语传播中，误读的情形大致分为两种：有意识的误读和无意识的误读。有意识的误读是有目的地、有主观意图地对异质文化进行改造式的读解，以适应自身的要求，这属于有意识的误读。无意识的误读则是受众或者受传者由于对异质文化了解和认知比较有限、相关知识缺乏而造成的误读，这种误读是因为受限于一定的社会水平和历史条件，受限于一定的文化交流能力以及知识储备和语言水平等客观因素，无意识误读是媒介话语跨文化传播中的常见现象。

而文化偏见作为一种定见，是媒介偏见的一种，从对世界认知的角度来讲，它是一种对外界粗糙的看法，来自于我们深层意识里的一个幻象：世界分为"我们"和"他们"两个阵营。"我们"是中心，定义什么是好的什么是坏的，"他们"可能是坏的也有可能是好的，但是在没有更多的了解之前，由于陌生而带来的恐惧意识会更多地将"他们"理解为"坏的"更多一些。这里没有天然的一道界线存在于"自我"和"他者"之间，因此这条界线也会因为成见或定见的改变和移动随时有所变动。这条界线界定的"好"与"坏"对应于精神上的各种侧重点。媒介话语的文化偏见实际上是"自我"内在过程的一种外在体现。

其中，"文化误读"属于理解过程中的技术层面，而"文化偏见"则是理解过程中的态度层面。"文化偏见"最初有可能是因为"误读"导致的，但是形成"偏见"之后，就成为了一种对他者的不公正态度。

第四节 中国形象：从文化"他者"走向对话

一个主体"自我"概念的形成或者说是"自我"存在意识的完成是通过自我感知与"他者"的认知传播得以实现的。一种文化、一种文明或者一个国家的形象、一个国家的身份也是在与"他者"的互动

交往中得到确立与认同，通过在"他者"那里实现影响、造成反映，并经由媒介话语的传播成就了自身在世界社会的存在。

在很长时期内，中西文化交流中，中国只是被动地扮演了西方文化"他者"的角色。西方通过"他者"这个参照系，来审视自己，突破过去的"自我设限"以谋求发展，带有浓重西方中心论色彩。按照萨义德的东方学观点，"东方"是一个整体的地缘概念，是一套西方言说和凝视"他者"的话语方式。"东方"除了作为空间的地理概念、自然的存在之外，更是一种历史延续下来的隐喻象征，是西方在认同自身文化时，通过想象而建构出来的"他者"，作为与西方相对立的一个"东方"而存在，因此在"东方"这个概念上历史地附着一种固定的意象联想、定式的思维系统以及语词表述习惯。

西方媒介话语通过各种不同的表征实践，生产有关"他者"的东方主义知识形式，将其卷入权力运作，通过他们的表述与认知与东方发生联系，他们在陈述中拟予观点以权威化，形成关于东方的知识，给予东方以位置上的定位，凭借话语意图支配控制东方。

萨义德认为西方的中国形象"表现了西方现代文化潜意识的欲望与恐怖，揭示出西方社会自身所处的文化想象与意识形态空间"。[4]在西方眼中，中国更多的是在文化想象中构建的一个概念空间，其真正意义不在于它是否是一个现实世界中的国家，它存在的特定意义在于西方需要中国作为自己的参照，以此确立他们自身在世界的存在地位与存在价值。总体来讲，西方人眼中的中国形象具有历史性，有一个发展变化的过程，最终形成一个较为稳定的媒介话语定型。在西方人的眼里，最初的中国是美好的乌托邦的代名词，但是之后随着中华帝国的式微，中国在西方人眼里的形象发生

---

4 周宁：《西方的中国形象史研究：问题与领域》，《东南学术》，2005年第1期，第100—108页。

了变化，成为"专制、落后、邪恶、停滞"等带有负面意义导向的"他者"形象。事实上，这两种极端的印象都是西方人在缺乏对中国的亲身体验而从各种媒介信息中形成的一种印象基础上的想象。西方国家根据自己对"他者"的需求塑造了一个"东方的"中国形象，而这种潜在意识上的认知很大地影响了西方媒介对中国的话语构建和描述。

当下西方媒介话语中对中国的表述与对中国形象的话语塑造是历史上无数次典型经验积淀的结果，这里面有客观的知识，但是还有很多是源于政治经济原因以及文化心理方面的表述需要，是西方"根据西方精神或文化传统无意识中的原型来规划世界秩序'理解'或'构筑'中国形象的。"[5]这种"原型"的话语模式具有一种对外部世界的组织力与消化力，所有来自外部世界的知识在这个模式里经过删汰与组构，成为西方人眼中可以接受与理解的形象。

在西方对中国的认知定式里，由长期历史经验累积的对中国异域形象的想象模式的惯性力量，使有关中国的"事实"都失去了自足性，有关中国的话语表述都被放在已有框架中被"原型"化，以符合西方人的既定想象，提供他们所需要的参照意义，维持他们对世界的理解系统。事实上，西方媒介话语建构的关于中国的认知系统，远远不同于中国的经验与现实，是中国在跨文化传播话语权缺失、被弱化的失语状态下被"他者"化的一个表述。西方媒介话语中对中国的"他者"定型是一种潜意识里的对中国的原型想象，这种原型比客观经验还更具有坚固性和塑造力。西方媒介通过想象进行的象征性构建，也即西方对中国的"他者"定型是在真实中国缺席的情形下完成的，实际上是对中国形象的一种概念化和简单化的处理。

---

5 周宁：《西方的中国形象史研究：问题与领域》，《东南学术》，2005年第1期，第100—108页。

此外，经济场域对西方媒介话语生产的干预因素不可小觑。西方媒介机构之间存在着激烈的竞争，在市场和受众之间谋取自身利益的最大化，因此市场和受众的需求喜好也决定媒介话语的意义构建向哪里倾斜，打破受众的阅读习惯，就意味着要损失一定的受众，因此本着追求媒介成本最低化、利润最大化的目标，西方记者习惯于以旧有的眼光、陈词滥调来表述东方和中国，将其当作奇闻异事的发源地以及愚昧落后之地，而事实上中国、东方在西方媒介话语中的形象，已远远落后于现实情形，甚至是完全背离和扭曲。

这种媒介话语定型是因为西方在主、客体对立的意义假设上去认知和理解中国，是这种单向的主体性思维认知所造成的结果，因此要打破这种僵化的偏离真实的定型，就必须强调两者之间的主体间性。如果只强调一方的主体性，那么只能有一种狭隘的文化视野，很容易导致在对异质文化进行理解时发生扭曲甚至是否定其存在的意义与价值，从而形成对峙，隔断不同文化之间的意义分享。事实上，任何一种文化想要发展，都需要在与其他文化的互动中实现，这就脱离不了主体间性关系，只有通过主体间的对话、交往，才能不断拓展认知视野，从而形成与拓展共同视域。从中国一方来说，需要不断地敞开自我寻求理解，逐渐改变西方媒介话语对中国狭隘的表述框架。在媒介话语的跨文化传播过程中，争取与运用好传播权、发言权，争取在国际社会自我表述的机会，做自己的话语主人。

第五节 文化软实力：意义体系的主动构建与输出

世界的意义与知识体系，应该由世界所有成员共同建构，而不是一种霸权定义。随着传媒技术的迅速发展和全球化时代的到来，跨文化传播在国与国之间的交流往来中无处不在，每一个国家每一种文明都有权力发出自己的声音，让世界了解他们的历史与文化、尊重他们的价值观与理念。自我封闭式的独白、不主动寻求向外传播对话，只能导致与世界的隔绝或者在强势文化的浪潮中迷失自我文化的本真。

任何一个国家的传播活动都是在全球的传播体系中进行的，虽然每个传播主体都来自不同的政治、经济和文化背景，但是在媒介传播全球化的现实情形下，只有融入世界传播体系才能生存，否则将面临被排斥、被抑制的弱势地位，失去平等的发言表达的机会和权利。但是，正如学者李彬所言："传播不等于接受，接受也不等于理解，理解更不等于赞同。如果说，传播的发达只解决了符号的流通问题，那么人类或人们彼此间的真正沟通与理解则有待于意义的重构与敞现。"[6]按照对话理论的观点，主体只要不将自己封闭起来，而且能够尝试通过对话的方式与其他主体建立关系，其个体的意义与价值就有可能在对话过程中发生积极的改变，这对于媒介话语传播而言，也是同一个道理。媒介话语场作为意义场是一个开放的系统，它与外部环境不断进行着信息和意义的传递和互动。如果把媒介话语场看成一个耗散结构系统，[7]那么场内与场外有信息、能量等的交换时，系统就有形成新的结构的可能。由此推知，对于既已形成的媒介话语场的舆论方向和媒介偏见，也并不是完全没有改变的可能，各种意见在社会舆论场中不断地流动，到最后有序化，从而形成一个比较主流的观点，这其中有一定的自组织性规律。作为媒介话语的生产者，在引导舆论导向时就是要把握舆论的核心问题，在合适的时机，输出意义并形成一定规模的意义流与意义体系。尤其在媒介话语权被动的情形下，在媒介话语跨文化传播中主动敞开"自我"，主动与他者交流对话，主动提供看待和认知事物的一种视角，活跃于

6 张晓明主编：《中国文化产业发展报告（2012－2013）》，社会科学文献出版社，2013年3月，第163页。
7 甄尽忠：《中国旅游文化》，郑州大学出版社，2002年。

握手环球文明

传播活动中，重塑舆论格局和舆论形象，引导人们认知和理解方向，实现有效传播，会争取到更多的了解与理解。

在媒介话语跨文化传播中，我们要主动发声寻求对话，打破国际舆论场中结构化沉默的局面，并且应该认识到概念与符号的简单输出，并不能有机地嵌入关于世界的知识体系架构中，需要重视"意义"的输出，形成源源不断的意义流，向世界敞开"自我"，逐步建立一套完整的意义体系，形成一定规模的媒介话语流，适应时代语境与环境的变化，有层次、有步骤地进行跨文化传播，逐渐在更多方面与国际社会形成良性的话语互动，并在话语互动中消除或减弱国际社会的误解和误读，达成更为广泛的共识，为世界开启思考问题的新维度与意义解释的新向度，充分表达人类更为全面的体验与认知。

第二章
构建人文北京的国际品牌

第一节 北京的千年文脉

一个国家需要拥有伟大的文化精神，一个城市同样需要拥有自己的城市文化和城市精神。城市文化是一座城市的灵魂，是栖居于这座城市的人们所创造的一种文明绵延和人文理想的综合反映，是一种群体意志和住民品格的层层垒积、提炼。它是一种生活信念与人生境界的高度升华，是城市市民认同的精神价值与共同追求。

文化是一个城市的灵魂，文脉是一个城市精神传承的遗存。一个城市的精神和城市的特色，是由这个城市的历史积淀形成的，它总是体现为一种城市独特的精神和文脉。作为一个城市的文化有其特定的文化结构系统。莱斯利·怀特将人类文化结构划分为三个层次：哲学层次是上层、社会学层次是中层、技术层次是下层。按怀特的这种划分，城市文化结构系统可以相应地划分为：精神文化、制度文化和物质文化三个层次。其中精神文化是城市文化结构系统中的最高层次，是城市文化的内核或深层结构。一个城市独特的文化，实质上体现在其独一无二、卓尔不群、绵延不绝的文化精神和文脉传承上。

千年古城，有其独特的历史文脉。文脉是什么？文脉是一个民族一个城市的集体记忆。集体记忆是特定地域、特定时期、特定社会群体成员共享历史与往事的过程和结果。保证集体记忆传承的条

件是在历史形成的社会交往中积淀和提取的群体意识以及该意识的历史延展性。这种共同记忆，既是民族群体共同生活的记录与积淀，又是走向未来的共同基础。它是形成民族凝聚力的基本要素，是社会自我发展、自我完善的内在机制。群体记忆的保存和传播，对于社会发展具有重大的关联意义。不了解一个社会一个民族的集体记忆，就无从了解一个社会发展的必然性和规律性。

北京文脉，是中华民族文明摇篮中一代又一代北京人共同创造、传承、实践的价值、理想的积淀，是北京城市文明发展过程中不断形成、丰富的历史沉积，文化集萃、思想凝集。

北京文脉，通古宣今。古往今来，无数先贤哲人都对北京的城市精神、核心理念、文化要旨、思想特色作出了自己的概括。20世纪近现代一批文化名人最看重北京的文脉：文化巨擘鲁迅先生视北京为"继古开今"之地，五四先驱李大钊将北京城市特色概括为"新旧兼容"，而文学大师朱自清则将北京文化特色概括为：大、深、闲；他们都不是地道的北京人，却是最钟情北京文化的北京居民，他们都把生命中的一段辉煌留给北京，将北京深厚的文化底蕴永远存在心底。

北京的文脉孕育了一种独特的文化气场。

北京的文化气场首在"大"。易中天《读城记》说得好，北京城市最鲜明的特色是"大气醇和"。的确，北京文化根深源远，底气充沛。作为五朝古都，北京城市精神首先是它在中国所有城市中独具一格的浩然大气。它弘浩博大，流丽万有。孟子曰"我善养吾浩然大气"，北京精神首推北京恢宏的气势，宽容的气度，海纳百川的胸怀，宏阔宽广的视野；正大光明、豁达自信、心忧天下、达观容人的城市品格和与市民风范。皇城根下的"臣民"，看朝代更迭，沧桑巨变，有历史眼光，人间阅历。

北京的文化气场孕育了北京独特的文化精神。

城市的文化精神，是城市的历史文化、城市建筑风格、城市形态格局，以及城市市民的价值观念、思想情操和精神风貌的集中体现，是植根于城市历史、体现于城市现实、引领着城市未来的特质。城市精神表明了住民栖居于城市空间范围内的理想、信仰与追求。城市精神是在城市历史文化的积淀中形成的，它具有继承性、相对稳定性和一定的变异性。对于一个城市精神的概括，既是一种判断，也是一种选择，更是一种期盼。

　　北京的文脉，是由众多的可见与无形的历史流传物构成的根的记忆。

　　以中轴线为中心的北京"龙脉"，构成了北京文化地理的有形的文脉；以紫禁城为代表的皇城建筑，以三山五园为代表的皇家苑囿，是无与伦比的中华文化凝固的史书，是北京文脉永存的有形的音乐与旋律；以前门大栅栏为代表的商业文明，以南锣鼓巷为代表的市井民俗文化，构成了北京多样融一的城市文脉。这些我们今天能够"触摸"到的北京的历史流传物，通过博物系统、史学志学系统、文物系统和非物质文化遗产保护系统保护下来，是历史留给中华民族的珍贵的艺术瑰宝，无可辩驳地具有中华文化遗产的珍贵性、唯一性、不可替代性。是形成北京集体记忆的"灵魂"与"内涵"，是北京文脉的"根"。

　　保护北京古城的历史风貌，保护北京文脉的"根"，是后来人面对历史、面对世界、面对未来的最重要的文明职责。北京是中国的，北京也是世界的，是全人类的。作为保存世界历史文化遗产最多的城市之一，北京人有责任向世界文明负责。它一旦失去，就将成为人类永恒的痛。

　　当然，城市的形态不是一成不变的，它是日新月异的。今天的北京已不是过去的北京。北京已经成为两千多万人口的特大型城市，它已经从古老的城市转变为今天的现代移民城市和国际化大都

市。如何将北京元素巧妙贴切地融入到现代空间当中去，保住北京文脉的"根"，实现传统空间与现代空间的有机衔接，使我们这个城市更有底蕴，更有风格，更有首都的特质和性格，这是更新更艰巨的课题，需要我们花更大的气力去探索、去寻找、去创新。

北京元素不会自动融入当代生活，特别是当代青年浪潮式的时尚生活，而要靠当代文化创意与设计产业进行再融合、再创造。北京奥运期间，一大批北京元素的新创意震动国人，也震惊世界。除了中国印、北京福娃、祥云火炬、金镶玉奖牌，还有奥林匹克公园的建筑造型，大鼓门的震撼，四合院式的青砖漫地，地铁站里的青花瓷大柱，还有美丽的中国旗袍，30个省市的非遗小屋……那是一段北京元素、中国意境展示的蜜月，北京不该忘记。

今天，我们更需要抓住世界创意设计发展的潮流，积极组织设计企业全面参与创意城市的各项活动。通过当代设计艺术家的创意，将深厚的中华传统文化特别是北京文化的元素，随风潜入"夜"，对当代城市面貌、建筑风格、服饰装饰、日常生活，"润物细无声"。加强与全球设计企业的全方位交流互动，吸引国际知名设计机构来北京，推动建立北京UNESCO设计创新产业中心等。[1]通过加强创意设计对金融、商务、现代物流等现代服务业的提升作用，将北京元素融入北京生活的方方面面。将北京的文脉永远延伸下去。

第二节　人文北京的深层次探索

人文北京究竟具有哪些深刻含义呢？

中国文化的人文意蕴，源远流长，"人文"一词，内涵极为丰

1　北京"设计之都"协调推进委员会：《北京"设计之都"建设发展规划纲要》，2013年9月。

富。其出早见诸成书于殷末周初的《周易·贲卦·象传》："刚柔交错，天文也；文明以止，人文也。观乎天文，以察时变；观乎人文，以化成天下。"最早对此给以详注的魏人王弼说：刚柔交错而成文焉，天之文也；止物不以威武而以文明，人之文也。观天之文，则时变可知也；观人之文，则化成可为也。中国人文精神的宗旨，是对于人、对于生命的关怀。宋明理学家把孔子所说的"仁"诠释为生命之源，"仁者，生生之德"。生生便是中国文化中人文精神的血脉。

在现代意义上，人文精神是指对人的生命存在和人的尊严、价值、意义的理解和把握，以及对人类生存的长远价值、社会理想、终极理念的追求的总和，是人类现代文明发展的历史成果。

"人文北京"是一个开放的有着巨大生成力的创新理念，其内涵非常丰富，寓意深远。是一个多维度、多层次的理念。

首先，以人为本是人文北京理念的基础和根本。它关注人、热爱人、尊重人、提升人、追求人的本质力量的自由实现，推动人的全面和谐发展，是古今中外人本思想的集中体现，是北京未来发展的起点与归宿。

中国自古以来就认为"天地之性人为贵"。正由于人开发自然，创造人类文明，所以人成为天地之友，所以人可贵，不可轻；正由于人"为天地立心，为生民立命"，人成为天地之心，所以人可贵，人不可轻；也正由于人在本质力量的对象化中凸显了人的生命智慧，创造的伟力，所以人才是文明之灵。

从汶川大地震到北京两个奥运，以人为本、大爱无疆的人道主义，构成了二者的共同主题，我国人民抗震救灾中所表现出来的不惜一切代价，只要有一线希望，就尽最大努力抢救人的生命的人文理念，强烈地震撼了世界。奥运中特别是残奥会中国观众和志愿者所表达的仁者爱人的深厚的人文关怀，则是中国特色的社会主义

的生动体现。它已成为北京珍贵的精神遗产，成为人文北京的重要内涵。

今天的北京正处于快速发展的社会转型时期，北京人比以往任何时候，都更强烈地感受到对积极乐观的生活方式和人文精神的渴求。人文北京的理念中自然包含着当下北京市民乐观向上、改革进取的精神风貌、开阔开朗的胸襟气度和对人类文明的崇尚和发扬。

其次，文化的继承和繁荣是科学发展观的重要组成部分。文化是北京面对世界最为深厚的积淀，是人文北京的必不可少的重要内涵，也是北京走向国际化大都市的必由之路。

北京是一座有3500多年建城史、近千年建都史的文化历史文化名城，是世界城市发展史上熠熠发光的文明瑰宝。这座古老城市历经来自各民族文化的撞击与融合，形成了皇家文化与民俗文化相交织、民族文化与世界文化相共生，现代文明与古都文化相辉映的博大深厚的文化景观。从战国时的燕赵悲歌到秦时的天下一统，从唐代安史之乱，到蒙古铁骑南下；经历过明朝的繁华兴盛，也目睹了过清末的盛极而衰；作为我们泱泱大国数百年的都城，北京形成了自己的文化氛围：大气、严肃、正统而又不失闲适、清雅。这就是老北京的风情。尽管现代气派已给北京城增添了无限的摩登气息，道地的老北京风味依然在这里的大街和胡同里飘荡。

北京具有丰富的历史文化资源，不仅有明十三陵、故宫博物院、周口店北京猿人遗址、长城、天坛、颐和园六大世界文化遗产，有被列入《世界吉尼斯大全》的雍和宫大佛、颐和园长廊，而且还有各级文物保持单位3553项，包括国家级文物保护单位128项，历史文化保护街区40个，古代文化遗产达7300余项。

北京传统文化克明峻德，修道以仁，刚健有为，自强不息；阴阳相济，多样和谐。它深厚的传统文化的积淀在与现代文明和革命传统的交融中，塑造了北京弘浩博大，流丽万有的北京风格、北京气派，东方神韵、东方意境。

进入新世纪，北京这座古老的东方都市又呈现出色彩绚烂的现代文明。北京举办2008年奥运会，焕发了青春和活力，环境得到了明显的改善，交通也越来越便捷，城市建设飞速发展，城市面貌日新月异……北京正在向着发展成为一座有着东方神韵的国际化现代大都市大步迈进。无与伦比的奥运也让北京有了一次千载难逢的机遇：向世界展示古老北京与现代北京的人文意蕴。

人文北京的提出恰逢文化在当代世界各国社会结构中地位的重大提升之际。它彪炳文化的伟力，呼唤北京传统文化和现代文明的价值融合重构，开启北京作为世界东方的国际化文化之都的新的历程，内含着建构文化北京世界城市品牌形象的重大任务和发展目标；同时，人文北京也包含着推动文化生产力，发展文化创意产业的重要使命。

第三，人文北京提倡以民为本，这是人文北京最深厚的基础。人文的北京是北京人自己的北京，是老百姓的北京，是全国人民的北京。人文北京体现了北京政府心系人民，关注百姓，服务大众，惠及于民的执政理念。以民为本，推动我国民主化进程，推动文化体制改革，改善政府服务，提高执政能力，构建公共文化服务体系，满足人民群众日益增长的物质与精神文化需求，真正成为人民的贴心人。

北京奥运会期间，刘淇同志曾多次谈到：实现成功举办奥运这个中华民族百年梦想，最重要的是得到人民群众的支持。做好奥运筹办各项工作，要千方百计动员人民群众、充分依靠人民群众，少扰民，多惠民，人民群众通过奥运享受到了奥运带来的荣耀和快乐。解决了许多普通群众最关心、最直接、最现实的切身利益问题，让人民感受到了党和政府以及社会各界的关心，营造了和谐安定的社会氛围。

北京奥运会全面实现了这一"惠及于民"的根本宗旨，在城市环境、城市发展、空气质量、交通状况、市民生活质量、公共文化服务改善等各个方面都获得了飞跃。奥运后这一宗旨理所当然地应当进一步得到贯彻和发扬，构成人文北京的重要内核。

第四，人文北京的内涵自然中包含着市民自我教育、不断提升精神文明的深刻内容，人文是"化成天下"的学问。人文北京秉承奥运精神，将奥运建立起来的市民教育、公民素质的提高，"我参与、我奉献、我快乐"的社会文明理念继续坚持下去，并不断提升，将北京建设成一个不断学习、不断创新的学习型社会。

人文北京是新三大理念的核心，科技北京、绿色北京是实现人文北京的必要基础、现实环境、充分条件和实现途径，但说到底它们的内涵与宗旨依然是人文：观乎人文，以化成天下。

第三节 构建人文北京的国际化大都市品牌形象

21世纪是世界城市化发展最快的时期，是城市大竞争的时代。就城市而言，大竞争时代是指当今世界范围和亚洲范围内国际化大都市之间的竞争和较量。21世纪，成功的城市将是文化的城市，而文化城市的成功首先在于城市品牌的建立与文化竞争力的提升。

从历史上看，城市从来都离不开文化。但只有在当今全球化消费时代的背景和社会发展的层次上，文化才以城市发展轴心战略的姿态出现。经济的、社会的、技术的和教育的战略，越来越紧密地与文化轴心联系在一起。信息、知识和内容创造已经成为城市经济可持续发展的关键，当代都市只有成功应对文化的挑战，才能在竞争中插上腾飞的双翅。

21世纪，成功的城市将是具有文化品牌的城市，是具有独特的文化魅力和形象特征，具有较高声誉，被世人广泛称道，以形成自身品牌价值的城市。

人文北京品牌城市的品牌魅力在于城市广泛的影响力，普遍的美誉度，巨大的辐射力，强烈的吸引力，高度的认同感和强大的竞争力。品牌是历史名城的象征，是首都北京的名片。它体现着一个无与伦比的成长中城市的实力。

城市的品牌是城市风格的展示，是城市个性的表达，是城市文化的集中体现，是城市整体功能的抽象呈现。

人文北京的都市形象是全球社会公众、市民和游客对这一城市的整体印象和评价。富于魅力的城市文化形象无疑将提升一个城市参与国际竞争的竞争力。今天的人文北京的城市品牌形象的建立不再仅仅依靠过去时代的自然和历史遗产，而是在一种当代城市理念下，全面规划、设计、融合、建构、经营的一个巨大的文化产品。在当代各种经济要素顺畅流动的今天，哪个城市最受关注，哪个城市就拥有吸引最大资源的可能。品牌城市带来巨大的向心力，一种由品牌形象带来的向往启动了每一个人内在的文化需求。于是它吸引信息流、资金流、物资流、人才流，带来时尚消费、创意潮流，引领地区乃至世界的文化风尚。这样，形象力就转化为生产力。

当前人文北京的城市经营，就是要通过城市自我形象魅力的展示，使全国乃至全世界公众对其产生良好的心理认同，并产生巨大的马太效应。受到这种传播的扩展效应，公众在面临与该城市有关的活动时，就会产生有利于该城市的情感性选择倾向，无形之中提高了该城市的综合竞争力。

人文北京城市形象战略是城市理念、城市环境、城市经济、城市市民行为和城市视觉标志的综合构成体。策划、实施与树立城市形象是一项促进城市发展的注意力产业。这一产业将产生巨大的效益，产生难以估量的经济推动力，创造出城市的增值价值。

城市形象设计的国际经验表明，城市品牌不是一蹴而就，也不

是一劳永逸。成功的城市形象不仅在于设计的过程，更为重要的是不断推广和创新，从而保证一个城市的品牌工程从开始建立一直到全球营销都在一个健康的体系中运转。北京在举办了无与伦比的奥运会后，人文北京的新的城市形象走向了世界，但是，如何构建人文北京的巨大品牌，力争获得更加广泛持久的国际影响，不断刷新城市的品牌魅力，是更难更复杂的任务。

　　无疑，当今的北京正在打造自己亚洲乃至世界的国际化大都市品牌形象。但如何以更深厚的文化底蕴，激活北京文化的核裂变，以产生更广泛的影响力、更普遍的美誉度、更大的辐射力、更强烈的吸附力、更高的认同感，将是一个有待时间实践证明的理论问题。

第三章
北京国际文化交流现状及成就

"远人不服，则修文德以来之"，广泛开展对外文化交流与传播，推动中华文化走出去，是党和国家长期一贯的重要战略，也是一项复杂的系统工程，需要方方面面共同努力。要坚持政府主导、企业主体、市场运作、社会参与，统筹国际、国内两种资源，用好文化交流、文化传播、文化贸易三种方式，凝聚政府、企业、社会组织和个人四方力量，着力构建全方位、多层次、宽领域的文化走出去格局，增强中华文化国际影响力。

刘奇葆同志指出，要扩大对外文化交流，加强对外文化传播，充分发挥以文化人、以文促情、以文建信的作用，把继承传统优秀文化又弘扬时代精神、立足本国又面向世界的当代中国文化创新成果传播出去，让国外民众更好地了解和体验中华文化。一要提高对外文化交流水平。围绕重大外交活动和领导人出访，结合丝绸之路经济带、21世纪海上丝绸之路建设，深化拓展对外文化交流活动。创新人文交流方式，精心组织感知中国、文化中国、欢乐春节、国家年等大型对外文化活动，办好用好海外中国文化中心、孔子学院，拓展中医养生、中华美食、武术健身等领域的交流交往，使交流内容更

加丰富，交流效果更加显著。二要加强国际传播能力建设。着力完善机制、丰富内容、讲求实效，推动国际传播能力建设取得更大进展。要抓紧编制国际传播能力建设中期发展规划，整体考虑不同国家和地区的布局，科学设计项目，制定合理指标，突出重点，分期分批推进。中央主要新闻媒体是加强国际传播能力建设的重点，要加快推动传统媒体和新兴媒体融合发展，坚持硬件、软件一起抓，进一步完善全球采编播发网络，提高新闻信息的原创率、首发率、落地率，努力打造国际一流媒体。

改革开放以来，北京作为全国的文化中心，在国际文化交流方面发展迅速，富有成效。北京市制定了文化交流开放性政策法规，引入制度化和法规化管理，国际文化交流项目数量和规模显著增长，国际文化交流的形式更加多样化，"引进来"和"走出去"相互协调，相辅相成。北京市努力创建文化交流品牌，搭建世界性文化交流平台，尤其是奥运会的成功举办和新中国成立60周年等重大活动，进一步增强了北京和世界的文化交流。北京市充分利用友好城市和文化节庆活动，在世界多个国家和地区举办一系列北京文化节、北京文化周等文化交流活动，增强了北京和中国的国际影响力。

第一节 北京国际会展业现状与成就

国际会展业是国际文化交流的重要组成部分。改革开放以来北京的国际会展交流发展迅速，领跑国内各大城市。根据国际大会与会议协会（International Congress and Convention Association,

简称ICCA）公布的数据，2012年接待国际会议数量的全球城市排名中，北京以接待109个国际会议的成绩列居榜单13位，居中国上榜城市的首位，在亚太排名第二，仅次于新加坡。[1]北京拥有丰富的会奖旅游资源和完善的会议奖励旅游产业体系，具有发展国际会展交流的绝对优势。近年来，北京市旅游委在大力推动发展会议产业方面不遗余力。在国内率先成立了会奖专业部门促进这一产业快速发展，制定了《北京市会奖旅游奖励资金管理办法》，设立了专项奖励资金。2013年，首批奖励近2000万元，重点鼓励支持申办和在京举办的大型商业性国际会议。此外，还设立了北京高端会奖服务机构（BCVB），大力推行会议大使计划、会奖专业媒体计划、会奖买家计划，并成立涵盖全市会议产业链企业的北京高端旅游与会议产业联盟，以加快整合北京高端旅游与会议产业资源。

一、北京会展业发展概况

《北京城市总体规划（2004—2020）年》明确提出，要大力发展会展业，把北京建设成为亚洲最有影响力的国际会展城市。在大力发展第三产业需要重点支持的七大行业中就包括会展业。此外，《北京市"十二五"时期会展业发展规划》提出要把会展业发展成为推动首都战略性新兴产业快速增长的重要支撑，实现北京建设中国特色世界城市目标的重要抓手。

相对于国内其他城市来说，北京的会展基础设施处于领先水平。截至2011年，北京拥有展览面积62.12万平方米，其中室内展览面积36.17万平方米。[2]北京主要的会展场馆有17个，他们分别是中国国际展览中心、北京展览馆、中国国际科技会展中心、全国农

---

1 人民网：《北京去年举办109个国际会议 蝉联国内第一》，http://bj.people.com.cn/n/2013/1103/c82837—19833103.html.

2 《中国会展经济发展报告（2012）》。

业展览馆、中国国际贸易中心、中国国家会议中心、国家体育馆、中国国际展览中心新馆、北京海淀展览馆、北京国际会议中心、金桥艺术会馆、九华国际会展中心、北京民族文化宫展览馆、北京市东六环展览中心、北京丰联国际商务会馆、北京市规划展览馆、蟹岛国际会展中心等。其中中国国际展览中心新馆室内展览面积为10.6万平方米，设有会议中心和新闻发布中心。

在发展会议产业方面，北京具有不可比拟的自身优势，有近2200家会议组织者的总部和国际协会在华机构常驻北京，北京拥有大小会议室近6000个，以及可同时接待近50万人的国际化标准会议场地。目前，北京年均接待会议量达约30万个，接待人数约为2000万人次；有612家不同档次与风格的星级酒店等住宿设施，总客房数达117079间，总床位数达195839个，其中四星级酒店130家，五星级酒店62家；更拥有一批实力雄厚且专业的会议服务供应商，以及作为全国主要交通枢纽和重要国际航空港的发达的对外交通。[3]

目前，北京已经形成宾馆饭店、大型展览场馆、会展活动举办单位及各类会展服务单位四大会展活动主体。从行业细分看，会议和展览服务业中的私营企业比例最高，占到66.45%，体现出会展服务业市场化程度较高的特点。北京会展主体专业化程度日益提高，为国际会展交流的进一步发展提供了良好的保障。

二、优势资源与城市特征

国际性的展览是各行业、各领域、各国家或地区展示、交流、交易国际领先产品和技术的盛会，国际性会议则是各个国家或地区各领域的精英、政要聚集交流、探讨问题的平台，因此，国际会展中心城市绝大多数是国家的首都或洲际及地区首府，是国家、地区

---

3 人民网：《北京去年举办109个国际会议 蝉联国内第一》，http://bj.people.com.cn/n/2013/1103/c82837-19833103.html.

的政治中心和经济中心。同时，要想建设国际会展中心城市，还需要拥有丰富的文化资源和旅游特色，城市要具备很大的包容性，北京和国内外的其他国际大都市相比具有以下优势。

首先，北京作为正在崛起的大国中国的首都，具有较高的知名度和美誉度，这是国内其他城市无法比拟的优势。北京作为首都具有相当优越的注意力优势，这为发展属于注意力经济范畴的会展经济提供了独特的优势条件。

第二，北京拥有众多的名牌高校和著名科研机构，是我国最大的科技与智力密集区，也是科技、研发、人才、信息等各种高端要素资源集中的城市，有助于发展总部经济。

第三，北京2008年奥运会留下了丰富的精神遗产、文化遗产、知识遗产以及珍贵的场馆资源和注意力资源，为北京发展国际会展业奠定了良好的基础。

第四，北京作为历史文化名城，拥有三千多年的历史以及八百多年的建都史，拥有不计其数的名胜古迹和丰富的旅游资源，为发展和这些资源关联度很高的国际会展业提供了重要依托。

三、典型案例

1. 北京会展品牌企业：中展集团

中展集团是中国国际会展中心集团的简称，是我国第一家会展集团。中国国际展览中心新馆和旧馆共有展览面积211145平方米。每年举办超过100场次的各类展览展会。目前中展集团的定期展览有31个，其中，集团组团的纺机展和物流展已跻身国际展业展览会前四名。2012年，集团的营业额超过10亿元。

2006—2010年，北京市会展业发展迅速，北京市提出在"十二五"期间建成"亚洲会展之都"，为此北京市划分出四大会展业核心功能区，即奥体会展片区、首都会展片区、新国展片区、国

握手环球文明

展—农展馆片区，中展集团占据其中两个核心区。老国展片区主要举办中小型展览会议，新国展片区将以承办大中型展览为主要业务。

经过30多年的发展，中展集团形成了场馆经营、国内组展、海外出展、展览工程四大业务主体，场馆经营业务由下属的北京国际展览中心管理负责，国内组展由北京华港展览有限公司负责管理，海外出展由北京中展海外展览有限公司负责管理经营，展览工程业务由北京中展国际展览工程公司负责管理经营。

中展集团在经营过程中，注重延伸产业链，拓宽产业面，是企业成功的关键因素。构建拥有众多业务项目的产业链，对于文化企业来说是保持快速稳定增长和树立品牌的必由之路。衡量一个文化企业的发展水平，一个重要的参考条件就是看该企业产业链的延伸广度和深度。中展集团注重延伸产业链，为客户提供展台搭建、施工布展、餐饮住宿、广告策划、运输报关、展览用具租赁等全方位服务业务。会展活动主体由参展商、媒体、观展者、工作人员等构成，面对参展商、宣传媒体、观展者，中展出色的组织、沟通、协调能力，为实现集团产业链长期高效的运转提供了有利保障。

2. 北京品牌展会：中国北京国际文化创意产业博览会

中国北京国际文化创意产业博览会（以下简称"文博会"）是经国务院批准，由文化部、国家新闻出版广电总局和北京市政府共同主办，北京市委宣传部等28个委办局协办，北京市贸促会承办的大型国际文化创意产业盛会。文博会秉承国际化、专业化、市场化、规范化、精品化的办会办展理念，每年定期在北京举办，自2006年创办以来，迄今已成功举办七届，取得了丰硕成果。

2012年在北京中国国际展览中心举办的第七届文博会规模空前，国际组织、国内外文化产业各界人士和金融投资机构全面参与；传承优秀民族文化、推进文化科技创新、搭建文化交易平台特色鲜明。文博会期间，共举办展览展示、推介交易、论坛峰会、创意体验等100多场活动，全面展示了全国文化体制改革的最新成果，呈现出中国文化创意产业向规模化、集约化、专业化发展的强劲势头，彰显了中国文化市场的勃勃生机，凸显文化产业成为国民经济支柱性产业的巨大潜力。

北京文博会期间，共有100多万人次参与了展览、推介交易、论坛、创意体验及分会场活动。其中：设在中国国际展览中心的文博会主展场，4天接待业内为主的各界观众21万人次；文博会10场论坛，有198位包括国际组织高层负责人、国家产业主管部门的权威人士和国内外知名专家、学者和企业家到会演讲，4500多位专业人士到会交流；以文化创意产业投融资、文化产品交易、产业合作、集聚区入住、艺术品授权、艺术品拍卖为主要内容的50多场项目推介交易签约活动，吸引了海内外1万多位客商到会洽谈交易。

第七届北京文博会期间，签署文化创意产业项目协议和原创文化内容产品及艺术品交易总金额1089.53亿元人民币，比上届增长38.5%。其中，文化创意产业投资类项目协议总金额703.13亿元人民币；艺术品交易228.94亿元人民币；原创文化内容产品成交157.46亿元人民币。另外，文博会上，还签署了银行授信文化产业项目金额662亿元人民币。

与往届相比，第七届文博会签约、成交呈现五大特点：一是中国原创的内容文化产品，包括广播影视节目、网络游戏研发制作、动漫研发制作、出版发行、版权贸易、设计创意等类产品成交大幅增加，比上届增长143%；二是银行、保险、基金及各类投资机构投资文化产业项目大幅增加；三是推进产业发展的平台建设和基于长远深入战略合作的项目增加；四是亿元以上带动产业发展的龙头项目大幅增加；五是跨省市的区域合作项目增加。

3. 北京品牌展会：北京国际图书博览会

北京国际图书博览会（简称"图博会"）由新闻出版总署、国

握手环球文明

务院新闻办公室、教育部、科技部、文化部、北京市人民政府、中国出版协会、中国作家协会八个部委主办，1986年创办，至今已成功举办十九届，是国家"十一五"和"十二五"重点支持的会展项目。现每届均有国内500多家出版单位及来自英、法、美、日等75多个国家和地区的2000多家中外出版机构参展，参观人数约20万人次。

历经27年的不断创新和发展，图博会已经成为具有权威性和影响力、得到国际出版业关注、认同并积极参与的国际图书综合交易平台，成为促进中外出版业交流合作、推动中国图书"走出去"的重要载体。

2013年8月28日至9月1日，第二十届图博会在中国国际展览中心（新馆）举办，书展面积53600平方米，来自76个国家和地区的2000多家中外出版单位展览展示20万种精品图书，举办1000多场文化交流活动，参展参观人数逾20万人次。主宾国沙特阿拉伯王国、莫斯科特邀友好城市、湖北主宾省，举办了丰富多彩的专业交流与文化活动。经初步统计，本届图博会共达成中外版权贸易协议3667项，比上年增长11.2%。其中，达成各类版权输出与合作出版协议2091项，比上年同期增长12%，达成引进协议1576项，比上年同期增长10.1%，引进与输出之比为1：1.33。中文图书版权输出成果的进一步扩大，表明图博会作为国际出版业一年一度的交流盛会，已经成为连接中国与世界出版业的重要平台，成为中国出版走出去的重要渠道。

4. 北京品牌展会：北京国际汽车工业博览会

北京国际汽车工业博览会是北京影响力最为广泛的品牌展会，创办于1990年，每两年定期在北京举办。2012年第十二届北京国际汽车展展览面积23万平方米，同时使用中国国际展览中心新老展馆，来自全球14个国家和地区的2000家中外汽车及零部件厂商齐聚车展，共展出车辆1125台，全球首发车120台，其中跨国公司全球首发车辆36台，跨国公司亚洲首发车35台，概念车74台，新能源车88台。这些数字充分体现了全球汽车行业对北京车展的高度认可及关注，更加鲜明地凸显了北京车展的高品质和国际化水平。来自包括中国在内的44个国家和地区的4000家媒体注册参展，其中国外媒体499家，国外记者1050名，共有12600名中外记者对车展进行了及时、全面、精彩的报道，展会期间，共有80万观众到场参观，盛况空前。

2012年北京车展体现出三大特点：一是跨国公司正在把产品开发由"为中国"更多转向"在中国"，中国与全球顶尖技术的距离越来越近；与此同时，也给我国自主品牌的创新和发展带来了新的挑战；二是自主品牌技术进步明显，自主研发的增压、直喷技术已经应用于产品中；三是新能源汽车性能提升明显，更接近于量产，而零部件供应体系渐成雏形。

第二节 北京文化节庆交流现状与成就

近年来，北京的文化节庆交流活动蓬勃发展，各类体育赛事活动，以及旅游节、商务节、购物节、采摘节、时尚节、艺术节、电影节、音乐节等文化节庆活动一个接着一个，这些文化节庆交流活动对于传承中国传统文化、丰富北京市民生活、加强中外文化交流、带动首都经济增长都产生了积极影响。

一、体育赛事活动及后奥运文化遗产

2008年以来，北京市以第29届奥运会为契机，举办了一系列的国际大型体育赛事活动，例如中国网球公开赛、北京国际马拉松赛、世界斯诺克中国公开赛、NBA季前赛、国际场地自行车邀请

赛、国际铁人三项联盟世界杯等。北京已经拥有一批具有承办国际赛事能力的体育场馆，多家具有丰富赛事运作经验的公司，探索出一套商业办赛的运作模式。

北京一系列体育赛事活动的举办带动了体育服务产业(如健身体育、休闲体育、体育经纪、体育会展等)以及其他相关产业（建筑业、交通运输业、通信业、旅游业、餐饮业）的发展。据北京旅游局统计，2008年奥运期间，超过40万的海外旅游者来到北京，并为北京带来超过4亿美元的收入。体育赛事活动还提升了北京的城市形象和城市知名度，改善了城市的基础设施建设和城市环境卫生，提高了城市的劳动就业率，增强了城市竞争力。

2008年北京奥运会的成功举办，不仅极大地提升了北京的城市文化竞争力和国际影响力，同时给北京留下来丰富的奥运文化遗产。从"人文奥运、科技奥运、绿色奥运"的三大奥运理念到"人文北京、科技北京、绿色北京"三大发展战略的确定，奥运文化遗产已经成为北京重要的软实力资源。

文化遗产概念本身的多元化和复杂化，决定了奥运文化遗产是个内涵丰富的概念，可以从不同的角度进行归纳。从其形态特征可分为：有形遗产与无形遗产，有形遗产包括举办城市风貌、奥运体育场地、奥运形象标识、奥运人力资源；无形资产包括思想遗产、仪式遗产、模式遗产等；从其功能属性可分为：体育遗产与超体育遗产，体育遗产包括竞技水平、体质健康，超体育遗产包括产业经济、文化艺术、教育科技。同时，奥运文化遗产还可以从软遗产和硬遗产两个方面来归纳。软遗产包括人文、科技、绿色三大城市发展理念，市民的素质提升，志愿服务意识，城市的开放程度和包容性，城市文化魅力的提升。硬遗产包括体育场馆、道路交通、环境治理、信息基础设施建设、城市科技含量等。

奥运会留给北京的不仅仅是精美的"竞技大餐"、道路交通、鸟巢、水立方等一大批物质遗产，更重要的是留下了无与伦比的开闭幕式创意、灯光、舞美技术、志愿者精神等珍贵而丰富的奥运文化遗产。它对展示城市形象、体现城市精神、拉动城市经济发展都发挥了重要作用，而由奥运文化遗产升华出的"人文北京、科技北京、绿色北京"的发展理念，在后奥运时代背景下为北京的世界城市建设提供积极的文化动力，进一步增强北京城市的辐射力和影响力，提升北京的城市文化竞争力。

二、品牌节庆活动

据不完全统计，2012年北京文化节庆活动的总体数量已经超过100个。其中有些节庆还成为了北京的城市名片。比如最能代表北京名片的文化节庆活动有香山红叶节、地坛文化庙会、北京国际旅游节、皇城旅游文化节、王府井品牌节、燕京啤酒节、什刹海文化旅游节等；北京最有创意的文化节庆活动有798艺术节、平谷国际桃花音乐节、北京国际旅游节、朝阳公园国际风情节等；最美丽的文化节庆活动有香山红叶节、北京玉渊潭樱花节、圆明园荷花节、平谷桃花节等；最乡土的采摘节庆活动有北京大兴西瓜节、北京平谷大桃采摘节、世界草莓大会、平谷红杏采摘节、北京海淀樱桃节等；最具有民俗特色的文化节庆活动有地坛春节文化庙会、厂甸文化庙会、圆明园皇家庙会、龙潭湖庙会、天坛文化周等。

1. 香山红叶文化节

香山位于北京西山东麓，距城20公里，全园面积160公顷，因山中巨石形如香炉而得名，是北京著名的森林公园。香山红叶是北京的著名景观。香山红叶文化节每年10月中旬到11月中旬举办，吸引着海内外游客前来观赏。据景区有关部门统计，每年到香山观赏红叶的中外游客达百万人次。

香山红叶文化节融体会香山历史名园独特风采、品味皇家山林

公园悠久文化、观赏层林浸染漫山红叶于一体，让游客尽享正宗经典红叶景观带来的视觉冲击和北京金秋所蕴含的秋韵、秋香、秋色，感受"魅力香山，有香、有色、有文化"的绝佳意境。

每年的香山红叶文化节，景区都会精心设计主题，比如2013年红叶节主题为"名山·红"。另外，景区还会举办文化展览，开展社会公益活动，推出游客互动参与项目，为游客提供一场景观经典、文化深厚、活动新颖、突出公益的红叶文化盛宴。

2. 北京国际旅游节

北京国际旅游节是以北京与各个国家间的文化、艺术以及民众间的交流为载体的时尚新颖、风情浓郁的活动。自1998年创办以来，已经在北京市的主要街区如平安大街、朝外大街、永定门外大街、中关村广场、奥林匹克中心区域、前门商业步行街等地成功举办多次。

第十五届北京国际旅游节由北京市旅游发展委员会和丰台区人民政府主办。旅游节以"让世界了解北京，让北京走向世界"为核心宗旨，以北京历史文化、京味传统文化和北京现代文化等资源为依托，通过来自国内外30余支表演团队的盛装巡游表演，向中外游客展示了中外交融的旅游节日盛况。来自北京各个区县街道、社区的孩子们现场绘画北京860周年的美景；场地内LED屏展示推介了北京旅游资源；卡通人偶现场流动发放《旅游法》宣传卡片，现场设立《旅游法》咨询台，为游客进行现场咨询。俄罗斯舞蹈秀美灵动，巴西舞蹈热情火辣，意大利面具独具一格，比利时高跷的新奇独特，带给来京游客特别的感受。京剧旗舞、舞龙舞狮、蹴鞠乐舞、霸王鞭等中国传统节目与跳跳龙、现代行进管乐、青春花式节拍现代元素交融受到国外游客的欢迎。大型花车和非遗展示更加烘托了现场气氛。

3. 北京国际电影节

北京国际电影节（Beijing International Film Festival）创办于2011年，是由国家广播电影电视总局、北京市人民政府主办，以国际性、专业性、创新性、开放性和高端化、市场化为定位的大型电影主题活动，旨在融汇国内国际电影资源，搭建展示交流交易平台，打造具有"国际水平、中国特色、北京风格"的著名文化品牌，使之成为北京市建设世界城市的重点文化活动，以及打造东方影视之都的核心活动，每年举办一届。年轻的北京电影节已成为亚洲最大的国际电影交易市场，超过了亚洲仅有的两个A类电影节上海及日本，交易额紧追世界最大的戛纳电影节电影交易市场。将北京国际电影节打造成具有"国际水平、中国特色、北京风格"的著名文化品牌。

2013年4月22日，第三届北京国际电影节在国家会议中心举行了盛大的电影市场签约仪式，签约项目涵盖了电影产业的各个环节。实现27个签约项目，签约总额高达87.31亿元人民币，再创中国电影节交易之最。其中，影片类项目签约额为31.08亿元，影院院线、影视基地及文化地产建设类项目签约额30亿；电影投融资项目、微电影项目、技术和其他类项目签约额为26.23亿。

除了在合作交易数量上有了大幅度提升外，交易质量也有所提高。本届电影节电影市场上大项目、大手笔频频涌现，在27个签约项目中，过亿项目达21个，占项目数的77.78%；中外电影合拍项目达到10个，比去年增长66.67%，所占比重增长11.89%。

4. 北京国际设计周

北京的设计产业在国内处于领先地位，现有各类设计机构两万多家，从业人员在20万人以上，设计产业的总产值超过1000亿元，形成了工业设计、建筑设计、规划设计、产品设计、集成电路设计等优势行业。2012年北京国际设计周由教育部、科技部、文化部和北京市人民政府共同主办，北京歌华文化发展集团和北京工业设计

促进中心共同承办。2012北京国际设计周主题为"设计提升城市品质"，共设定开幕式暨颁奖典礼、年度设计奖、主宾城市、北京国际设计品交易会、国际信息设计展、北京设计论坛和设计之旅7个主体活动。历时9天，散布北京市156个场所的200多场展览、论坛、讲座和各类设计活动，吸引了国内外约500万人次观众前来参与。

2012年北京国际设计周积极促进了城市可持续发展，带动了社会经济文化进步，推动了设计产业发展，促进了设计交易与设计消费，有效提升了公众生活幸福指数。

5. 北京国际音乐节

北京国际音乐节创办于1998年，是经中华人民共和国文化部和北京市委、市政府批准举办的大型音乐活动，每年邀请国内外著名的音乐家、音乐团体参加，已逐渐成为国际知名的音乐节。第十五届北京国际音乐节在25天的时间里上演了25场精彩演出，其中囊括了歌剧、交响乐、室内乐，到独奏、独唱、合唱等多种演出形式，并推出儿童公益专场、大师班、普及讲座、名家对话等活动，最大限度地走出传统的音乐会演出场所，并通过户外大屏幕进行直播，为人们提供实时音乐体验的机会。

北京国际音乐节成为北京的标志性文化活动，成功地实现了国际化和专业化，体现了北京国际音乐节的与众不同。北京音乐节作为一个国际性音乐盛会，为推动音乐文化的发展、推进世界文化艺术的交流和繁荣作出了重要贡献。

第三节 北京艺术文化交流现状与成就

一、艺术交流

作为具有悠久历史文化传统的首都，北京一直是中外艺术交流的中心城市。北京是传统文化与现代文明、中国文化与世界文化的交汇处，多元文化的交流与融合也形成了北京独特的艺术文化特色。北京既肩负着中国对外国际交流中心和窗口重任，也代表着对外交流的最高水平。随着世界文化重心的东移，北京国际影响力的进一步扩大，世界艺术已经开始在北京集中，北京已经成为一个巨大的国际化艺术馆，一个世界各国艺术进行交流对话的平台逐渐形成，一大批国际顶级的表演团队和艺术家开始聚集北京，北京正在走向东方艺术之都。

艺术交流品牌项目：中国国际文化艺术博览会(Art China)

中国国际文化艺术博览会(Art China)是由中国人民对外友好协会、文化部艺术发展中心主办的艺术博览会，每年在北京举办。2013中国国际文化艺术博览会(Art China)涵盖了中国书画、油画、版画、雕塑、装置、非物质文化遗产等艺术门类，吸引了115家参展单位、12个国家知名艺术机构、52家知名画廊、328位现当代名家和实力派艺术家、10位国家级传承艺术大师，共计约6000余件作品展出。

中国国际文化艺术博览会以主流艺术为核心，以高水平、高品质的艺术作品为主体。展场包括国际展区、画廊及当代艺术展区、中国艺术展区。在国际展区推出了多个大师展，特别呈现世界表现主义大师克里姆特、现代艺术创始人毕加索的原版版画以及俄罗斯、美国、法国、奥地利、西班牙等12个国家的知名艺术机构和画廊，部分作品是首次在中国展出。画廊展区包括索卡艺术中心、美丽道国际艺术机构、XI艺术中心、德滋画廊、境艺园画廊、田青画廊、云祥画轩等国内多家知名画廊及艺术机构的作品。中国艺术展区包括中国现当代名家的真品力作、实力派艺术家的国画、书法作品等。

Art China现场举办各种极具特色的主题展，例如以传承艺术为题材的特色主题展，把陶艺、漆艺、珐琅、唐卡、锲金、石砚等非物质文化遗产传承艺术作品进行集中展示。每年的国际艺术博览会

握手环球文明

还举办多场艺术论坛和讲座，邀请艺术界资深人士进行艺术品鉴、专题演讲、艺术品投资引导等。

二、演艺市场

近年来，北京演艺产业呈全面增长趋势，演出市场规模不断扩大，演出收入不断增长，观众人数也不断上升，"引进来"与"走出去"双头并进，演出国际化趋势明显。依据北京演出行业协会的统计和数据，2013年北京市各类营业性演出场次共计23155场；观众人数共计1014万人次；演出票房共计14.42亿元。[4]

演艺产业的具体类别涉及音乐、歌舞、儿童剧、话剧、地方戏及曲艺等，数据显示，近年来北京的儿童剧、话剧、地方戏及曲艺演出增幅较大，并且分别表现出不同的特点。儿童剧通过具体、鲜明、活泼的情节传达严肃的主题，进行美与道德的感染，能激发儿童的创造性思维，受到越来越多家长和儿童的喜爱。2013年的儿童剧演出收入为1亿元，比上年的5782万元提高了72%。2005年，北京的儿童剧演出场次仅为610场，到2012年，演出场次增至3095场，观众人数突破160万人次。并且，随着动漫、影视业的发展，儿童剧与这些行业的融合将进一步拓展这一市场。小剧场话剧是北京演艺产业的一大亮点，依据北京演出行业协会的数据，2012年，话剧类演出4404场，有一批民营小剧场成长为品牌，如蜂巢剧场、开心麻花等。目前，北京的话剧朝着创作工厂化、营销院线化方向发展，如开心麻花系列剧抓住年轻人娱乐性、时尚性的消费心态，以相声、舞蹈以及灵活的语言，将时尚、快乐和智慧拧在一起，充分满足了消费者的需求。地方戏及曲艺演出是北京演艺业的亮点之一，近年来，北京地方戏和曲艺演出场次都呈稳步上升的趋势，同时相声艺术也蓬勃发展，形成了一批具有一定知名度的企业。如以

---

4 北京演出行业协会网站。

昆曲艺术为主的"皇家粮仓"以及"刘老根大舞台"等已具备一定的品牌效应。

北京的音乐演出市场也非常活跃，音乐节、音乐剧、演唱会构成音乐演出市场的三大热点。2013年音乐剧收入是1.2亿元，比上年6354万元提高了83%。市场表现较好的音乐剧如：由中演集团公司下属的亚洲联创公司制作的中文版音乐剧《妈妈咪呀!》两个演出季在全国演出场次已达261场。另一部2012年全新创排的中文版音乐剧《猫》，也在2013年2月3日完成了首轮161场全国巡演，并赢得了很好的票房成绩。北京良好的文化氛围以及巨大的消费需求吸引了全世界的演唱家和歌星来举办演唱会。2011年，北京有将近110场大型演唱会，比2010年增加了33场，比2009年增加了51场。另外，在北京各种主题音乐节也层出不穷，如北京国际音乐节、北京国际爵士音乐节、北京流行音乐节、国际电子音乐节等，极大地丰富了北京的音乐演出市场。

北京的演出市场已具备集聚化、国际化、业态融合常态化三大特征。首先，发展演艺集聚区是建设世界城市，打造有国际影响力的演艺品牌的必经之路。伦敦西区、纽约百老汇的成功经验充分证明了这一点。近年来，北京正在形成西城区、海淀区、东城区等演艺集聚区。如西城区重点建设天桥演艺集聚区，海淀区重点建设西山文化创意大道演艺集聚区，规划建设10多个小剧场群，东城区重点建设王府井（儿艺、人艺等）、东二环（保利剧院、蜂巢剧场等）、天坛演艺区等演艺集聚区。奥运会后，以国家奥林匹克公园为中心的现代演艺群落建设也飞速发展。第二，北京演艺产业"引进来"与"走出去"双头并进，演出国际化趋势明显。在各级政府有关政策支持、鼓励下，北京许多国有、民营演出公司及文艺表演团体在开展文化产品"走出去"方面作出了积极的努力。以中国对外演出集团为例：2013年在美国进行了全面巡演，在为期50余天的

巡演中，中演、国交把中国新时代的强音传播到美国16个州的30座城市。再如：由天创国际演艺制作交流有限公司、北京天创文投演艺有限公司和呼和浩特民族演艺集团共同投资创造的自主知识产权原创剧目，大型民族舞剧《马可·波罗传奇》，远赴美国布兰森白宫剧院成功演出100场，受到了美国观众的高度赞赏，并获得布兰森市政府颁发的"文化参与贡献奖"和当地民众投票选出的"2013年度最佳新剧目奖"。新华社、中国文化报和美国当地媒体、网站对《马可·波罗传奇》的首演盛况第一时间都给予了报道，充分体现了该剧在弘扬中华民族灿烂文明，传播中国优秀文化中所具有的社会价值。2012年，外国艺术团体在北京演出932场。2011年10月，德云社在悉尼和墨尔本举办商演，演出非常成功。天创国际演艺公司的原创品牌剧目《功夫创奇》在国内外演出场次已突破5000场，其中海外驻、巡演1159场。第三，北京演艺业与旅游、动漫、网络等跨界融合趋势日益明显。2012年，全市16家以旅游演出为主的剧场共演出5379场，占演出总场次的25%，总收入约为2亿元。全市13家以旅游演出为主的剧场2013年共演出5604场，占全年总场次的24%；观众人数246万人次；总收入1.73亿元，比上年减少2700万元。

2012年4月，北京欢乐谷动漫表演基地正式成立，成为国内首个主题公园内的大型动漫表演基地。

三、艺术品交易

近年来，北京艺术品交易市场活跃，已发展成为全国最大的艺术品市场，以及继伦敦、纽约、香港之后的世界艺术品交易中心之一。2011年中国艺术品市场交易总额达到2108亿元，其中北京的艺术品交易额超过1600亿元，占全国的80%以上。截至2011年，北京地区拥有画廊1720家，有文物拍卖企业100多家，有古玩艺术品交易市场20多家。[5]2011年全年北京地区共举办各类文物艺术品拍卖会239场，总成交额达到514.8亿元人民币，成为全国文物艺术品拍卖中心，并成为继英国伦敦、美国纽约、中国香港之后的世界文物艺术品交易中心之一。2007年，北京文物拍卖成交额首次冲破百亿元大关，2011年总成交额超过500亿元，4年增了4倍。不仅如此，高端拍品逐渐"扎堆儿"京城。以2010年为例，全球21件过亿中国文物艺术品拍品中，14件在北京拍出，占据三分之二。在北京，领军企业、文物商店集聚，不仅汇集了嘉德、瀚海、保利等全国一流的拍卖企业，还有北京古玩城、天雅古玩城、潘家园古玩市场等交易市场20多家，年交易总额达40亿元。

艺术品拍卖品牌企业案例：北京保利

北京保利国际拍卖有限公司成立于2005年7月，是保利文化集团的核心组成部分，以拍卖中国古董、中国现当代陶瓷艺术作品、中国现当代油画、中国现当代艺术、中国近现代书画、中国古代书画等为主要拍卖项目。经过八年的发展，北京保利已经成长为国内顶级拍卖企业，改变了北京"嘉德、瀚海、荣宝、华辰"四足鼎立的拍卖格局。同时，北京保利在国际拍卖市场上也拥有了自己的位置。在法国拍卖市场管理局2012年推出的《2011年全球拍卖行20强》的调查报告中，北京保利成为仅次于苏富比、佳士得的排名第三的拍卖企业。

2005年，北京保利精心组织了首次拍卖，并在拍卖行业一鸣惊人。这次拍卖之前，公司早早将拍品的图片资料展示在雅昌艺术网站，组织7次巡展，最终获得1400余件拍品拍卖金额5.63亿元，成交率93%的佳绩。2006年，北京保利经过对市场的认真分析，调整思路，主推当代艺术。在春季拍卖会上取得4.18亿元的成交总额，秋季拍卖会取得3.19亿元的优异成绩，保持了在拍卖行业的地位。2007

5《中国艺术品市场年度研究报告（2011）》。

握手环球文明

年，北京保利再次创新经营模式，首推中国艺术品夜场，对艺术领域的最稀缺、最珍贵的艺术作品进行再分配。该年度的春秋大拍，北京保利取得了15亿元的成交额，其中夜场成交额6.88亿元。2008年，中国艺术品拍卖市场历经考验，北京保利针对市场作出策略调整，主推古董珍玩，保证了公司业务的稳定发展。2009年，保利与国际知名藏家合作，创造中国绘画、中国书法、近现代书画等多项世界纪录，引领中国艺术品进入亿元时代。该年度保利春拍成交近6亿元，中国艺术品夜场成交3.64亿元。2010年北京保利坚持精品路线，全年成交额累计突破91.5亿元，位居全球中国艺术品拍卖企业的首位。2011年是中国艺术品拍卖辉煌的一年，全国艺术品拍卖市场成交总额968亿元，北京保利也取得拍卖总额121亿元的好成绩。2012年是艺术品市场艰难的一年，针对市场下滑的趋势，北京保利坚持"以质取胜"，用"天价＋精品"的运作模式，全年成交65亿元，依旧位居中国艺术品拍卖榜首。面对市场下滑的趋势，保利积极创新，开设新门类新专场，如红酒专场、高端西洋古董乐器专场、设计品专场、建筑模型专场等。在2013年，保利计划推出奇石、沉香、天珠专场拍卖。总之，在企业发展过程中，北京保利国际拍卖有限公司依托保利集团的资金优势，积极创新思维，运用学术品牌策略，坚持精品战略，成长为国内乃至国际艺术品拍卖行业的佼佼者。

第四节 北京旅游文化交流现状

旅游是跨时空、跨文化的交流。旅游可以展示人类文明的多姿多彩，促进不同社会制度、意识形态、宗教信仰、民族种群之间人民的友好往来，为各国人民加深了解、增进共识架起友谊的桥梁，推动世界和平发展与文明进步。同时，国际旅游又是输出国家文化、形象和影响的重要渠道。世界旅游强国都注重自然和文化遗产的保护与文化内涵的深度开发，把本国文化贯穿于旅游产业发展全过程，在旅游服务中充分体现人文特质。通过举办国家主题文化年、体育赛事、盛大展会等活动，打造具有影响力的旅游品牌，把本国文化和价值观输出到世界各地，不断提高国家文化软实力。

旅游产业具有文化承载功能，发展旅游产业是提高国家综合实力、促进世界和谐文明进步的有效途径。文化是旅游的灵魂，旅游是文化的载体，文化因旅游得以广为传播，旅游因文化而更富魅力。随着时代的发展，旅游产业和文化产业的关联度越来越高、协同性越来越强，旅游中的文化因素日益凸显，文化资源成为现代旅游的第一资源。旅游产业的发展给众多文艺演出带来了源源不断的客源，一些濒临消失的传统文化通过旅游被发掘出来，重新焕发生机，为文化产业提供了广阔的发展空间。

一、北京旅游文化交流概况

北京旅游产业在全国率先起步，经过长期发展，已经成为首都经济的重要支柱产业和新的经济增长点，无论是产业规模和旅游收入都处于全国领先水平。[6]2009年，北京旅游产业积极应对国际金融危机的影响，取得了全年接待旅游总人数1.67亿人次、同比增长14.5%，旅游总收入2442.1亿元人民币、同比增长10%的好成绩。当前，北京市按照中央的要求，制定出台了《关于全面推进北京市旅游产业发展的意见》，提出要努力把北京建设成为亚洲的会展、商务之都，国际一流的旅游城市。

近年来，北京旅游业经济总量显著扩张，旅游产品与业态日益丰富，区域旅游合作进一步加深，建立了"9＋10"区域旅游合作机制，北京市与环渤海地区5省市、环北京4省区和10个国内热点旅游城市建立"共塑产品、互送客源、共同宣传、异地投诉、联合执

---

6 北京市旅游发展委员会2011年政府信息公开工作年度报告。

法"的旅游合作意向。在国家旅游局的统一部署下，2010年年底联合天津、河北、山东、辽宁等四省(市)共同启动了《环渤海区域旅游发展总体规划》编制工作。"十一五"期间，北京市还加强了与境外重点客源国家和地区的交流与合作。

"十二五"期间扩内需、调结构、保民生等相关政策的实施，全国城镇化和交通高速化建设步伐的加速，带来国内旅游市场的持续快速增长，北京作为中远程首次出游旅游者首选旅游目的地的地位进一步凸显。同时，多重因素驱动国内旅游市场更加活跃，商务会展、休闲娱乐、医疗健康等消费热点也在进一步升温。与金砖国家、灵猫六国、东亚地缘区等区域经贸的快速增长相伴，受欧美经济体增长乏力以及人民币升值等因素影响，入境旅游市场增长面临较大制约。由于国民经济持续增长、人均收入水平不断上升、旅游目的地国家数量增多、人民币汇率升值，出境旅游具有较大发展空间。

国务院41号文件对旅游业的全新定位以及国家及北京市社会经济发展良好态势，使北京旅游业"十二五"时期将步入快速发展的阶段。旅游与文化、商业、医疗、教育、体育、农业、工业、水利等相关产业和行业的融合发展将进一步加强。一批文化创意产业基地的兴起和重大项目的推进，为北京文化旅游产业的发展提供了舞台。建设"三个北京"、中国特色世界城市是北京市未来发展的首要任务。"人文北京、科技北京、绿色北京"行动计划的实施，对北京市旅游业的增长方式转变将产生重要影响；中国特色世界城市建设目标则对旅游业发展提出了新的要求；"智慧北京"作为实现世界城市的动力元素和"智慧旅游"的发展平台，为北京旅游业管理的高效化奠定了基础。

二、近年北京主要旅游文化交流活动

2013北京国际旅游博览会(简称BITE)，由北京市旅游发展委员会发起主办，自2004年以来，BITE为展商和观众服务，专业性强、参与面广、影响力大、收效明显，展会规模也在不断壮大，为参展商和买家搭建有效的交流交易平台。其优势受到参展商们的青睐，成为旅游业界知名的展会品牌。

北京国际旅游节是由北京市人民政府和国家旅游局共同主办，由北京市旅游发展委员会和相关单位承办的大型旅游节庆活动。自1998年以来，在北京市的主要街区等地成功举办了12届。每年一届的北京国际旅游节，先后共吸引了来自30多个国家和地区的民间表演团体，经过十几年的成熟运作，被国际节庆组织（IFEA）评为中国最具国际影响力的十大节庆活动之首。

北京国际青年旅游节[7]由北京市旅游发展委员会、共青团北京市委、北京市青年联合会、北京市学生联合会联合主办。从2013年开始发起，致力于将活动逐步打造成为一年一度的、有国际影响力的、针对青年的北京旅游主题活动，成为夏秋季节吸引国内外青年齐聚北京的大型旅游推广活动。随着北京旅游业的蓬勃发展，青年群体逐渐成为重要的旅游客源。本旅游节的目的在于更好地了解和掌握青年旅游的趋势和特点，更好地推广和发掘适合青年群体的北京旅游资源及旅游线路，更好地拉动和促进夏秋季青年旅游市场消费。

三、北京高端旅游与会议产业联盟(BHTMIA)[8]

北京高端旅游与会议产业联盟(BHTMIA)是由北京市旅游发展委员会发起成立的北京高端旅游与会议产业界行业性组织。经过长期的发展与积淀，北京观光旅游业到现在已有了扎实的基础，而目前旅游业工作的重点则是提升产业质量，推动传统旅游业升级换代——其中的突破点就是发展高端旅游与会议产业。2011年4月北

---

7 http://www.bjta.gov.cn/，北京市旅游局。

8 http://www.meetingschina.com/bhtmia/，北京高端旅游与会议产业联盟。

京市旅游委正式挂牌之后，采取了一系列有力措施，推动高端旅游与会议产业的发展。成立"北京高端旅游与会议产业联盟"，就是市旅游委发展高端旅游与会议产业的重要举措之一。成立行业联盟性机构，一方面是为国际、国内行业间的交流创建一个好的平台，促进国内外业界的信息交流与业务合作；另一方面就是为了整合北京高端旅游与会议产业优势资源，增强产业凝聚力，提升北京高端旅游与会议产业的品质和整体形象，共同为北京高端旅游业与会议产业的发展作出更大贡献。

北京高端旅游与会议产业联盟首批理事单位34家，组成单位主要是目前北京领先的会展旅游公司、会展场所、会议组织机构、教育机构等，具有较强的代表性。会员单位99家（含34家理事单位）。其中会展场所：35家，占31%；会展主办机构：33家，占28%；会展旅游公司：20家，占18%；政府机构（北京市区县旅游局）：16家，占14%；会展教育：4家，占3%；会议技术：4家，占3%；会展媒体：3家，占2%；会展国际组织中国分支机构：1家，占1%。从目前联盟构成情况分析，北京高端旅游与会议产业的主要从业企业与机构类型均已加入联盟，在北京高端旅游与会议产业界具有较强代表性。联盟已成为政府与企业、企业与企业相互交流、合作的高层次平台。

第五节 北京政府间文化交流现状与成就

一、友好城市

国际友好城市活动是我国对外开放的重要平台，是国家总体外交的重要组成，是我国地方政府外交和城市外交的重要渠道，也是我国公共外交和民间外交的重要载体。到2012年年底，我国有30个省、自治区、直辖市(不含港、澳、台)和404个城市与五大洲130个国家的438个省(州、县、大区、道等)和1336个城市建立了1936对友好城市(省州)关系。2008年北京举办了首届中国国际友好城市大会。来自35个国家的77个省、州、市及外国地方政府组织、姐妹城协会领导人、友好人士以及我国30个省50个城市的地方政府领导人和友城代表约500人与会。2010中国国际友好城市大会10日在上海举行颁奖仪式,对中外友好城市进行表彰,近40个中国省份和城市分别获奖。北京市等30个省份和城市获得国际友好城市交流合作奖。

北京市政府向市十三届人大常委会第十七次会议书面提交的《关于北京市同国外缔结友好城市情况的报告》显示,本市已经与全球45个城市缔结了市级友好城市关系。从1979年3月14日北京缔结首个市级友好城市——日本东京都以来,本市对外交流的国际空间不断扩大,友好城市布局更加合理。目前与本市缔结市级友好城市关系的共有43个国家的45个城市,其中欧洲有19个,亚洲有11个,南北美洲、大洋洲和非洲共计15个。2010年本市推进与相关友城在奥运、体育、教育、旅游、园林、环保、卫生、城市管理等方面的交流合作,并开展本市与世界城市的比较研究和世界500强企业在各友好城市发展状况的调研,为首都发展总部经济、建设世界城市建言献策。

经北京市委市政府批准,《北京市"十二五"时期国际友好城市工作发展规划》(以下简称"《"十二五"友城发展规划》")[9]正式印发。过去五年是首都友城数量增长最快、交往最为活跃、合作最为深入、服务国家外交全局和促进首都经济社会发展效果最为明显的时期之一。作为北京市首个市级友城工作专项规划,《"十二五"友城发展规划》系统总结了过去五年全市友城工作取得的成绩,描绘了

9 http://www.bjfao.gov.cn/wsdt/news/index.htm,北京市人民政府外事办公室。

"十二五"时期友城工作科学发展的蓝图。规划明确了友城工作的指导思想、基本原则和发展目标，从服务国家总体外交、完善友城交往格局、建设中国特色世界城市、促进经济社会协调发展、扩大对外文化交流、加强和创新友城管理等六个方面阐述了友城工作今后五年的重点任务和实施路径。

较有代表性的是"2013国际青年组织论坛暨北京友好城市青年交流营"，来自26个国家30个城市的32个国际青年组织、202名营员参与了此次活动。活动由两个主题组成，国际青年组织论坛以"青年，让城市充满活力"为主题，参会的32个青年组织负责人及部分国内组织代表将分别就"青年与城市发展""青年与城市融入"及"青年与创新创业"展开交流，探讨青年与城市发展的关系。友好城市交流青年营活动以"相约北京·传递梦想"为主题，将"发现有意思的北京"作为活动主线。活动共设计12项单元活动，让营员走进北京的方方面面，引导各国青年营员共同寻找、感受、记录北京城市故事，认识一个美丽开放的北京。同时在园博会共建"青年林"，开展"青年与城市"主题论坛，感受北京的现代发展与蓬勃朝气。主办方设立各国青年相互交流、学习的活动平台。注重体验团队实践，使各国青年切身感受中国北京古老文化与现代科技的激情碰撞。国际青年组织项目洽谈会上，还签订了北京市青年联合会与阿根廷首都青年联合会青年友好访问交流合作项目等多个促进我国与各国青年沟通交流的友好合作项目。

另一个很有代表性的活动是由北京市人民对外友好协会主办的"中国国学北京文化大讲堂"系列讲座。北京市人民对外友好协会本着"让世界了解中国，让中国了解世界"的宗旨，两年中，先后组织了京昆欣赏、书画鉴赏、书法等多种形式的系列主题讲座。意在向在京外国友人介绍中国文化、历史，向中国朋友介绍世界各国文化。自活动举办以来，受到了在京外国友人的好评。其中太极与养生讲座邀请著名武术及太极拳专家，为来自德、美、俄、古巴等16个国家的驻京使馆外交官、外国专家、友协理事等50余人讲解太极文化。

二、文化年活动

近年，中法文化年、中俄文化年、中日文化体育年、中韩文化年等政府间举办的"文化年"共计10余个。围绕这些活动，一系列官方文化互访和交流活动络绎不绝。我国还与新西兰、澳大利亚等国为庆祝建交举办了一系列文化纪念活动。其中，中俄文化年、中法文化年影响较为突出。

在2005年胡锦涛主席访俄期间，两国元首就正式宣布，为全面推动中俄战略协作伙伴关系向前发展，双方决定2006年在中国举办"俄罗斯年"、2007年在俄举办"中国年"。为庆祝中俄两国建交63周年暨中国"俄罗斯旅游年"，2012年，"莫斯科郊外的晚上——俄罗斯怀旧经典歌舞晚会"在北京中山音乐堂举行。同年，"大美龙江新雪季中俄文化旅游年"在京启动，活动开发两国生态文化、滑雪文化、边疆文化和中俄历史文化。

受中国"俄罗斯旅游年"推动，在整体经济形势下滑的情况下，2012年中国赴俄游客数量同比增长10%。为吸引更多中国游客选择赴俄旅游，2013年俄罗斯举办了"中国旅游文化年"。

2013中国俄罗斯文化节系列活动之第三届"中俄舞台艺术对话"活动在北京举办。"中俄舞台艺术对话"是中俄两国文化部每年互办文化节框架下的系列活动之一，从2011年发起至今已举办三届。在以往两届活动中，中俄两国艺术家及艺术机构之间在戏剧、舞蹈和音乐等领域进行了广泛而深入的对话与交流，彼此推介了各自经典和最新创作的舞台艺术节目，达成了一系列合作意向，特别是在艺术教育与培训方面进行了有效合作，活动品牌影响力日益显著。本次活动由中国文化部、俄罗斯文化部、俄罗斯驻中国大使馆主办，以"纪念斯坦尼斯拉夫斯基诞辰150周年"为主题。中俄舞台艺术交流会也由此展开。交流会分为俄罗斯专场和中国专场，双方代表团就管理、创意、产品、市场等方面互通信息、交流经验、相互借鉴。中俄双方还分别推介了各自的艺术机构和作品，中国国家话剧院推介的《理查三世》、北京人民艺术剧院推介的《茶馆》等吸引了俄方代表团的目光。

通过开展一系列的文化年和旅游年等活动，中俄两国的人文交流取得长足进步，2012年来华的俄罗斯人为230万，赴俄的中国公民近百万。

中法文化年[10]（Les Années Chine-France）是由法国政府与中国政府合作举办的一系列大型文化交流活动，根据两国政府的协议，2003年10月至2004年7月率先在法国举办中国文化年活动，2004年10月至2005年7月则在中国举办法国文化年活动。

2006年4月21日"中法文化交流之春"项目在北京拉开帷幕，同时启动该项目的重要活动"法兰西之春系列展"。"中法文化交流之春"是中国与法国之间举办的一项经常性的文化交流活动。该活动于2006年由法国驻中国大使馆和北京法国文化中心共同推出，至今已举办8届。活动旨在通过视觉艺术和舞台艺术等表现形式全面推进中法文化的交流和互动。第八届"中法文化之春"活动在北京、上海、广州、丽江、绍兴、乌镇等23座城市持续上演，内容涵盖电影、戏剧、音乐、舞蹈等多个领域的艺术作品。2013年第10届法国电影展映正式纳入到北京国际电影节框架内，并展映包括奥斯卡最佳外语片大奖的《爱》与其他78部影片。

此外，2013年中国"土耳其文化年"在京开幕。土耳其与中国都有着灿烂的文化和历史，丝绸之路象征着两国之间的传统友谊

---

10 http://www.bjfao.gov.cn/wsdt/news/index.htm，北京市人民政府外事办公室。

和文化交流。土耳其致力于在长期战略合作基础上进一步发展两国关系。两国在包括文化在内的各个领域的合作都能体现出各自的价值，有利于加强两国关系的深入发展，在合作和对话过程中，共同了解和认识世界的多样性。"土耳其文化年"活动涵盖视觉艺术展览、音乐、舞蹈、歌剧演出以及文学、电影和电视节目展示。此外，中土两国的艺术家还进行了相互交流，共同举办各类文化活动，开展新媒体领域交流，并组织公益性推介活动。活动走进了中国的12座城市，来自土耳其的艺术家为中国民众展现土耳其灿烂的古代文明和优秀现代艺术作品。中土两国互办文化年是两国领导人达成的重要共识，并写入了2010年发表的《中华人民共和国土耳其共和国关于建立和发展战略合作关系的联合声明》。2012年土耳其"中国文化年"在40座土耳其城市举办了85项活动和400多场表演，吸引了超过100万名土耳其观众，增进了土耳其民众对中国的了解。

三、主要文化交流互访活动

1. 2013年3—11月，北京市友协等单位共同主办"外国人眼中的绿色北京"摄影文化活动[11]。在三次摄影采风活动中，来自英国、俄罗斯、意大利等12个国家的33名外国友人、专家、驻京使馆官员参加了活动。活动吸引了来自47个国家的3196幅参赛作品。活动安排有新意、有特色，让外国友人更深入地了解了"春华秋实"的含义和"北京精神"摄影文化活动的主题，对北京有了进一步的了解。

2. 2013年，北京国际舞蹈产业基地在北京创建。国际舞蹈产业基地创建启动是与北京丰台区南苑乡就创建国际舞蹈产业基地达成的共识，将利用区域位置、生态优势，依托北京市国际舞蹈艺术

---

11 http://www.bjfao.gov.cn/wsdt/news/index.htm，北京市人民政府外事办公室。

学校完整的教学基地和国际化的办学体系，以及在行业里的龙头优势，与国际舞蹈组织接轨，联手投资打造国际体育舞蹈产业化平台。北京国际舞蹈产业基地的创建，吸引了世界舞蹈组织入驻，成为体育舞蹈教学、创意、展演交流，企业投资发展的舞蹈产业基地，具有国际竞争优势，从而扩大了我国体育舞蹈与世界交流的领域，增强了首都体育文化产业发展优势。世界级体育舞蹈巨星也在舞蹈产业基地表演高超技艺。

3. 2013年，以展现东方文化魅力，增进中朝友谊为主题的"首届798中朝美术作品交流展"在北京798艺术区朝鲜万寿台创作社美术馆开幕。此次展览，东方文化艺术院携手朝鲜万寿台创作社将百余幅中朝美术精品汇集一堂，展览作品中既有朝鲜国宝级的名作，也有中国著名书画家艺术佳作，较高的艺术水准充分体现了中朝两国人民深厚的东方文化底蕴和艺术造诣，也是中朝友谊的有力见证。

4. 2012年，国际太极拳交流大会在北京举行。来自世界50多个国家近千名太极拳研究者和爱好者相聚北京，共同参与以"太极中国·活力北京"为主题的太极拳展演和学术研讨活动。以太极拳为平台，通过这项最具群众基础的体育运动吸引更多的中外人士参与，引领全民健身与国际交流相结合，进一步促进太极拳的国际化，使这一东方文化中的独特瑰宝成为对外交流的北京名片，为促进北京与世界各国各城市的友好交流，提升北京的国际影响力，建设中国特色世界城市作出积极努力。

5. 2012年，北京市友协应希腊中国协会、奥地利维也纳市政府的邀请，率代表团访问了希腊、维也纳。出访期间，代表团分别拜访了希腊中国协会、中国驻希腊大使、雅典市文体青年组织、维也纳市政府欧洲及国际事务办公室、维也纳市政府公共图书馆等机构和部门，商谈了2013年在希腊和奥地利共同举办中国书画展等项目，取得了预期效果。

6. 2012年，应中国贸促会的邀请，由科特迪瓦阿比让大区副区长率经贸代表团来华参加科特迪瓦在华经贸推广周活动。阿比阿克罗伯副区长和代表团主要成员拜会了市友协，双方就加强中科两国人民之间以及北京和阿比让两市之间的友好交往进行了亲切友好的会谈。阿比阿克罗伯副区长表示愿学习借鉴中国改革开放的经验，推动和发展阿比让大区与北京市的友好交流，争取在阿比让建立孔子学院，让更多的科特迪瓦人了解中国。

7. 2012年5月，北京友好城市、新西兰首都惠灵顿市市长率政府和经贸代表团来京出席首届中国(北京)国际服务贸易交易会。惠灵顿是新西兰金融和文化教育中心，地区生产总值占全国的近10%。该市服务业占全市经济总量的90%和出口的57%。惠灵顿市希望通过参加"京交会"进一步加强与我市在服务业和服务贸易领域的务实互利合作。

8. 2012年，由克罗地亚克中友协主席率领的该协会代表团拜会了北京市友协。双方就进一步加强两协会间的友好合作关系进行了会谈。克中友协成立于1996年，是克罗地亚最有影响力的对华友好组织。该团此行意在促进协会成员对华了解，推动中克地方交流与合作，并出席中克建交20周年的纪念活动。

9. 2011年，韩中文化青少年协会负责人拜会北京团市委。2011年是中韩大学生志愿者交流营举办10周年，2011年，团市委曾赴韩国参加第十届中韩大学生志愿者交流营（秋季）活动，取得了圆满成功。此次会谈，双方回顾了过去十年合作所取得的成果，同时就以2012年中韩建交20周年为契机，进一步推动和强化中韩青年交流活动达成了共识，双方都希望继续以中韩大学生志愿者交流营为平台，鼓励更多的青年人加强沟通，求同存异，为中韩两国友谊长存贡献青春力量。最后，双方还就2012年在北京开展第十一届中韩大

学志愿者交流营（春季）活动相关细节进行了探讨。

10. 2011年，北京青年商会接待了阿根廷青年企业家联盟代表团。会上，阿根廷青年企业家联盟代表团团长介绍了联盟相关情况，北京青商会会员单位也分别介绍了自身业务领域及合作意向。部分双方有合作意向的项目在会场当场进行了对接。此次活动进一步深化了北京青年商会与阿根廷青年企业家联盟的友好交流与合作发展，推动了两会青年企业家和两国经济实现共同发展。

11. 2011中欧青年交流年是中欧建交35年来联合举办的第一个主题年，也是中欧最大规模的一次人文交流活动。交流年活动的目标是增进中欧青年之间的理解和友谊，鼓励青年关注和支持中欧关系发展，进一步促进和深化中欧伙伴关系。活动口号是架起友谊之桥。中欧双方青年通过了《中欧青年倡议》，并将其递交至本次活动的主办方——中华全国青年联合会和欧盟委员会。"中欧青年未来营"是2011中欧青年交流年最后一项旗舰活动。交流中，北京市积极整合资源、发挥优势，努力从各个维度为中欧青年的交流创造条件。一是在全市各级团组织中开展中欧"青年友好伙伴"项目征集活动，努力为各级团组织争取对外交流的机会，并落地对德项目3个，对保加利亚项目1个；二是组织首都各界青年代表积极参加交流年开幕式、中欧青年周、中欧青年未来营等旗舰活动，与欧洲青年就老龄化社会中的青年、志愿精神、就业创业、创新与创造力等话题交换了意见和经验，增进了不同文化间的相互理解，也宣传、展示了首都青年昂扬向上的精神面貌；三是积极承接在京举办的中欧青年交流项目，带领欧洲各国青年走进首都的社区、农村、企业、学校，与各行业的首都青年展开面对面的交流，将真实的北京呈现在欧洲青年面前。

12. 2011年，北京青年商会与纽约州议员访华团进行了交流活动。北京和纽约相隔万里，纽约州是美国最重要的州之一，经济发达，市场秩序规范。北京近年来发展迅速，经济社会发展日新月异，是一片投资发展的沃土；北京和纽约两地青年企业家有理想、有智慧、朝气蓬勃、奋发有为，两地经济前景和投资环境良好，是企业家投资兴业的"天堂"，此次活动对于双方增进互信、加强友谊、扩大合作具有重要意义。纽约州议员访华团表示希望今后继续加强与北京青年商会的联系，签署框架合作协议，建立长期合作伙伴关系。此次交流活动的成功举办，加深了北京青年商会与纽约州议员之间的友谊，双方将以此为契机，加强两地青年企业家的交流合作实现共同发展。

握手环球文明

第四章
在调整中积蓄势能
在开拓创新中寻求突破

—— 中国与北京对外文化贸易的发展[1]

　　党的十八届三中全会《中共中央关于全面深化改革若干重大问题的决定》提出，要提高文化开放水平。坚持政府主导、企业主体、市场运作、社会参与，扩大对外文化交流，加强国际传播能力和对外话语体系建设，推动中华文化走向世界。按照三中全会精神指引，回顾和盘点近年来我国对外文化贸易的发展，反思其成就和问题，对于落实全会精神进一步改革创新，是十分必要的。

　　大力发展对外文化贸易与投资，是实现中华文化"走出去"，也是北京建设国际文化交流展示中心的重大战略和重要途径。刘奇葆同志指出，经验表明，文化产品"卖出去"比"送出去"效果更好。现在，世界主要国家普遍采用贸易和投资的方式，推动本国文化"走出去"。要认真落实国务院《关于加快发展对外文化贸易的意见》，通过市场和企业的手段，推动更多文化产品和服务"走出去"。要培育一批外向型骨干文化企业。进一步深化文化体制改革，鼓励国有文化企业以资

1 本章由金元浦等撰写。

本为纽带进行兼并重组，建立现代企业制度，提高跨国经营管理能力，加快培育一批能与西方跨国文化集团相比肩的文化企业航母。要支持更多有实力、有丰富贸易经验的民营企业从事文化贸易，在财政补贴、税费征收、金融支持等方面，与国有文化企业一视同仁，尽快形成以国有文化企业为主体、多种所有制企业共同参与文化出口的生动局面。要加大对外文化投资。目前，我国已成为全球第三大对外投资国，但文化类投资占比还很小。要鼓励文化企业创新投资方式，走出去开展绿地投资、并购投资、联合投资，扩大境外优质文化资产规模。要加强文化出口平台和渠道建设，通过"买船出海""借船出海"等方式，进一步拓展国际营销网络，完善海外网点布局，推动我文化产品更多地进入国际市场。现在，国家在发展对外文化贸易方面，出台了一系列扶持政策，要用足用好这些政策，并根据新情况新问题及时研究出台新的政策措施，提高含金量和针对性，为中华文化走出去提供有力政策支撑。2014年4月国务院发布《关于加快发展对外文化贸易的意见》，这是新一届政府全面推动对外文化贸易的动员令和路线图。《意见》指出：要加快发展传统文化产业和新兴文化产业，扩大文化产品和服务出口，加大文化领域对外投资，力争到2020年，培育一批具有国际竞争力的外向型文化企业，形成一批具有核心竞争力的文化产品，打造一批具有国际影响力的文化品牌，搭建若干具有较强辐射力的国际文化交易平台，使核心文化产品和服务贸易逆差状况得以扭转，对外文化贸易额在对外贸易总额中的比重大幅提高，我国文化产品和服务在国际市场的份额进一步扩大，我国文化整体实力和竞争力显著提升。

第一节 文化贸易的宏观背景

文化贸易是指国际间文化产品与服务的输入和输出的贸易方式，是国际服务贸易中的重要组成部分。文化产品的概念在联合国科教文组织有清晰的表述，即文化产品一般是指传播思想、符号和生活方式的消费品。它能够提供信息和娱乐，进而形成群体认同并影响文化行为。基于个人和集体创作成果的文化商品在产业化和在世界范围内销售的过程中，被不断复制并附加了新的价值。图书、杂志、多媒体产品、软件、录音带、电影、录像带、视听节目、手工艺品和时装设计组成了多种多样的文化商品。国际文化产品和服务是跨境产物，是文化产业国际化经营的必然。一般而言，文化贸易的出口可以带动后续相关产业链的发展，尤其是文化产品和文化服务与信息技术的结合，使文化传播加快，范围扩大。

在知识与信息经济背景下，文化贸易具有的经济和文化双重属性。作为得到我国政府和企业逐渐重视的新兴贸易业态，其发展有多方面的作用。从宏观（国家）、中观（产业）和微观（企业）等不同层面来看，大力发展对外文化贸易，对全面推进我国文化建设乃至整个现代化建设，均具有重大的现实意义和作用。对产业和企业来说，发展对外文化贸易，不仅可以促进文化产业的发展，带动相关产业链升级，产生巨大的直接经济效益；而且有助于加快提升出口产品附加值，逐步减少对外贸易摩擦；也有利于增加进口国对中国文化的亲近感和认同感。对经济效益而言，文化贸易的发展，能够拉动GDP增长、促进产业结构升级、优化贸易结构；带动高质量就业和人才培养；推动创新型国家建设。对于社会效益而言，文化贸易的发展，能够促进文化保护；提高文化竞争力；扩大国家影

响力。

2012—2013年，在国际经济持续走软、国际金融危机持续影响、国际需求特别是发达国家的贸易需求大幅下降的宏观背景下，原本处于逆差状态的我国对外文化贸易，面临着较为严峻的局面。

从国际来看，2013年9月，联合国贸发会议在厦门发布的2013年《贸易与发展报告》指出，世界产出增长率持续下降，并可能进一步下跌。发展中国家需由过度依赖出口实现增长转向更多依靠内需。据介绍，世界产出增长率已经从2010年的4.1%下降到2011年的2.8%，继而再降至2012年的2.2%。联合国贸发会议预测，2013年世界产出增长率不会回升，反而可能进一步跌至2.1%。发达国家将继续落后于世界平均水平，其国内生产总值的增长率只有1%。

根据这份《贸易与发展报告》，发展中经济体与转型期经济体将以与2012年类似的速度增长，分别略高于4.5%和2.5%，因此仍将是经济增长的主要动力，约占全球产出增长的三分之二。

《报告》预测，由于来自发达国家的外需仍然疲软，发展中经济体和转型期经济体的增长将更多由内需而不是出口所推动。

联合国贸发会议表示，由于发展中国家的经济增长速度快于发达国家，因此它们在全球经济中的比重显著增加。发展中国家在世界产出中所占的份额从2000年的22%上升到2012年的36%，它们对世界出口的参与额也从32%提高到45%。

从国内来看，2012年中国经济增速回落，经济危机带来的余震还在持续，上半年GDP同比增长7.8%，其中二季度增长7.6%，创三年来新低。我国经济正处于调整经济结构，调低发展目标，推动稳增长，惠民生的新的发展阶段，新一轮的全面改革开放的热潮正在兴起。对外文化贸易面临着新的挑战。

十六大以来的十年，是我国经济快速融入世界经济的十年，也是我国对外贸易发展最快的十年。2003年至2011年间，我国货物进出口贸易年均增长21.7%，其中，出口年均增长21.6%，进口年均增长21.8%。2011年，我国外贸出口额和进口额占世界货物出口和进口的比重分别提高到10.4%和9.5%。2011年我国货物贸易进出口总额跃居世界第二位，连续3年成为世界最大出口国和第二大进口国。我国紧紧抓住加入世界贸易组织的机遇，坚持扩大内需与稳定外需相结合，积极应对国际金融危机带来的冲击与挑战，继续推进对外开放，全面参与经济全球化进程。

我国着力促进贸易基本平衡，切实提升外贸发展质量和效益，进出口商品结构进一步优化。外贸顺差在2008年达到2981亿美元的最高值后开始逐年回落，贸易差额占进出口总额的比重从2002年的10.1%，逐年下降到2009年的8.9%、2010年的6.2%和2011年的4.3%。

我国深入实施"走出去"战略，对外经济合作驶入良性发展轨道。截至2011年年末，我国累计非金融类对外直接投资达3189亿美元。2011年，我国非金融类对外直接投资达601亿美元，比2003年增长19.7倍，年均增长46.4%。

2013年我国货物进出口总额为4.16万亿美元，其中出口2.21万亿美元，进口1.95万亿美元。据世界贸易组织秘书处初步统计，2013年中国已成为世界第一货物贸易大国。这是我国对外贸易发展道路上新的里程碑，是我国坚持改革开放和参与经济全球化的重大成果。其实，自2009年起我国已成为世界第一出口大国。目前中国已经是120多个国家和地区最大的贸易伙伴，每年进口近2万亿美元商品，为全球贸易伙伴创造了大量就业岗位和投资机会。但我国目前尚不是国际贸易强国，要实现这一目标仍然任重道远，贸易大国仅是建设贸易强国的基础。我国出口产品特别是文化产品和文化服务附加值较低，拥有自主品牌尤其少，营销网络不健全，出口文化产品缺乏原创，质量不高，统筹两个市场、两种资源的能力需要进

握手环球文明

一步提高。当前我国对外开放面临新的形势和挑战，需要进一步转变方式、调整结构，培育参与经济全球化的新优势，加强与贸易伙伴的务实合作，努力实现互利共赢和共同发展。

十八大以来，我国对外开放由出口和吸收外资为主转向进口和出口、吸收外资和对外投资并重的新形势，实行更加积极主动的开放战略，加快完善更加适应发展开放型经济要求的体制机制，有效防范风险，以开放促发展、促改革、促创新。

八届三中全会《决定》确立了市场在资源配置中起决定性作用。指出经济体制改革是全面深化改革的重点，核心问题是处理好政府和市场的关系，使市场在资源配置中起决定性作用和更好发挥政府作用。建设统一开放、竞争有序的市场体系，是使市场在资源配置中起决定性作用的基础。这一原则的确定，指出了我国对外文化贸易发展的总的方向。

《决定》以更加开放的姿态，来提高文化开放的水平。进一步扩大对外文化交流，加强国际传播能力和对外话语体系建设。要增强中华文化的软实力，要推动中华文化走向世界，我们必须从文化事业和文化产业两个方面来全面拓展，同时发力。一方面加强中国传统文化和当代文化的传播弘扬，理顺内宣、外宣体制，支持重点媒体面向国内、国际发展；鼓励社会组织、中资机构等参与孔子学院和海外文化中心建设，积极承担人文交流项目。另一方面要从国际市场出发，支持文化企业到境外开拓市场，培育一批外向型的文化跨国企业，作为国家队，参与全球文化市场的红海竞争。

从实践层面看，新一届领导集体更加着重文化创意、设计服务、产业融合等高端形态的发展。2014年1月22日国务院总理李克强主持召开国务院常务会议，部署了推进文化创意和设计服务与相关产业融合发展的新战略，对我国文化贸易与文化服务发展有重要指导意义。会议指出，文化创意和设计服务具有高知识性、高增值性和低消耗、低污染等特征。依靠创新，推进文化创意和设计服务等新型、高端服务业发展，促进与相关产业深度融合，是调整经济结构的重要内容，有利于改善产品和服务品质、满足群众多样化需求，也可以催生新业态、带动就业、推动产业转型升级。会议确定了推进文化创意和设计服务与相关产业融合发展的政策措施。一是加强创意、设计知识产权保护，健全激励机制，推进产学研用结合，活跃知识产权交易，为保护和鼓励创新、更好实现创意和设计成果价值营造良好环境。二是实施文化创意和设计服务人才扶持计划，支持学历教育与职业培训并举、创意设计与经营管理结合的人才培养新模式，让更多人才脱颖而出。三是以市场为主导，鼓励创意、设计类中小微企业成长，引导民间资本投资文化创意、设计服务领域，设立创意中心、设计中心，放开建筑设计领域外资准入限制。四是突出绿色和节能环保导向，通过完善标准、加大政府采购力度等方式加强引导，推动更多绿色、节能环保的创意设计转化为产品。五是完善相关扶持政策和金融服务，用好文化产业发展专项资金，促进文化创意和设计服务蓬勃发展。这一决策既是我国文化贸易进一步发展的更高要求和有力支撑，也是进一步发展的未来方向与目标形态。

第二节 对外文化贸易的发展状况

对外文化贸易作为最广泛的文化交流途径和特定的商业性交流模式，对国家文化发展具有强大的内驱动力和可持续性。2012—2013年，我国对外文化贸易在国际经济持续走软，国内处于调整经济结构，调低发展目标的宏观背景下，依然有不错的发展。

从总体来看，2012年我国服务进出口贸易总额4706亿美元，比上年同比增长12.3%，占世界比重5.2%，中国服务贸易出口额1904

亿美元，同比增长4.6%，占世界比重4.4%；中国服务贸易进口额2801亿美元，同比增长18.2%，占世界比重6.8%。

2011年按贸易方式分核心文化产品进出口总额198.9亿美元，出口额186.9亿美元，增长22.2%，进口额12.1亿美元，增长10.4%。其中，一般贸易进出口额108.3亿美元，出口额101.0亿美元，增长40.5%，进口额7.3亿美元，增长14.8%；加工贸易进出口额74.7亿美元，出口额71.3，增长3.4%，进口额3.4亿美元，增长1.9%；其他贸易进出口额16.0亿美元，出口额14.6亿美元，增长21.0%，进口额1.4亿美元，增长10.6%。随着统计类别和方法的变更，我国文化贸易的各项数据将有较大变化。

从对外文化贸易的各项分类行业的发展状况来看，我国对外文化贸易依然显示出总体向好的态势。

一、新业态的跨越式发展

以游戏、广告、设计和动漫为代表的新业态已经替代出版电影等传统产业形态，成为我国对外文化贸易的第一军团。

（一）游戏在对外文化贸易中增长最快、前景广阔

作为整体游戏市场中网络游戏的"领头羊"，网络游戏也已成为最成功文化"走出去"市场。2011年国产网络游戏的出口额达到4.03亿美元，相比2010年的2.29亿美元增长了76%。2012年国产游戏出口规模继续稳步增长，收入达到5.87亿美元，同比增长45.7%。由于2011年的爆发性冲高，2012年的增速有所回落。尽管如此，2012年新增54家公司共计66款国产网络游戏出口海外，2010—2012年间，累计出口国产网络游戏产品数量已经突破260款，参与出口的网络游戏企业接近100家，国产网络游戏海外出口收入稳步增长。

从产品结构上看，2012年出口的国产原创网络游戏中，网页游

戏数量增加，达到103款，比2011年增加46款，同比增长78.9%。

值得注意的是，随着移动互联网的发展和移动上网设备（主要指智能手机、平板电脑等）的爆炸式增长，一种全新的从制作商直接到平台运营商的（主要指各大移动设备商的网上应用商店，如App Store）移动网游戏运营模式日渐成熟。借助应用商店的全球性和网络的全球性特点，使得国内游戏制作商的产品一旦成功上传到应用商店，产品就具备了进行海外推广，并获取海外收入的能力。这种模式除了传统的网络游戏巨头的加入外，更多的吸引那些资本实力不足，不具备海外直接发行能力、不被代理商采购的中小游戏企业。它的存在为丰富网络游戏产品，提升中小企业的开发热情，提供了不可多得的机遇。一些优秀的国内原创移动网游戏作品，如《捕鱼达人》《二战风云》等在进行相应的本地化后，在海外拥有着不错的市场销量。

（二）广告产业总体市场规模发展迅速

广告服务贸易既是现代服务贸易的重要内容，也是文化贸易的主要组成部分，在服务生产、引导消费、推动经济增长和社会文化发展等方面发挥着重要作用。近年，服务贸易的国际发展趋势表明，传统服务贸易在服务贸易中的重要性正在逐步减弱，而以广告等为代表的新兴服务贸易出口亮点纷呈；服务进口由降转增，贸易顺差持续稳步扩大，在国际服务贸易中的重要性日益增强。

截至2012年年底，广告业市场总体规模已跃居世界第二位。中国广告经营额占国内生产总值的比重达0.9%，比2011年上升了0.24%。2012年经济发展相对缓慢，对广告市场造成一定的冲击，广告市场增幅明显放缓。但出口依然快速增长，比2011年增长18.2%。从进口的情况看，2002—2006年的5年进口额分别达到3.94亿美元、4.58亿美元、6.98亿美元、7.15亿美元、9.55亿美元；2003—2006年4年间的年增长率分别为16.08%、

52.51%、2.42%、33.52%。2002—2006年的5年进口额分别达到3.73亿美元、4.86亿美元、8.49亿美元、10.76亿美元、14.45亿美元，2003—2006年4年间的年增长率分别为30.42%、74.52%、26.76%、34.33%。从总差额的情况看，近年来我国广告、宣传服务的国际服务贸易由逆差迅速转变成为顺差，我国的广告、宣传服务的国际竞争力显著增强。

随着世界经济全球化进程的加快和中国经济的不断发展，中国广告产业迎来前所未有发展机遇的同时也面临着来自跨国广告公司新一轮强势扩张的冲击。从总体来看，2012年电视仍是国内第一大广告投放媒介。电视广告受众范围广、传播效果强、灵活度高等特点使其拥有庞大的观众群，其规模仍占据广告市场的最大份额。不过近三年来其媒介份额有逐年下滑的趋势。随着软硬件设备的不断优化，IPTV用户量的稳步增长，促进了电视搜索和电视媒体定向广告的发展。借由网络电视可以实现更为精准的定向广告投放。据央视市场研究（CTR）报告：2012年上半年传统媒体的广告刊例花费同比增长3.9%，低于2008—2011年的同期水平。互联网广告花费持续快速增长，继续引领媒介花费市场的增长。根据引力传媒的报告，2012年上半年，中国互联网广告则保持了25.7%的稳定增长。艾瑞咨询最新数据显示，2012年第三季度网络广告规模为213.7亿元，同比增长43.8%，环比增长16.1%。前三季度累计中国互联网广告市场规模539.1亿元，2012年全年中国互联网广告市场预计突破750亿元。在网络广告市场份额中视频广告增幅最大，已成为网络广告市场增长的主力。电商平台在网络广告中的份额不断提升。以淘宝（含淘宝网和天猫）、京东商城为代表的电商企业，不仅仅为企业提供了销售平台，更提升了企业的营销空间，电商行业的发展颠覆了传统市场营销和商品销售的局限。新的营销形式不断诞生如淘宝TANX平台、淘宝联盟等都进一步推动了网络广告的发展。

2012年中国的移动互联网市场正在进入一个高增长期，以移动应用广告平台目前发展最快，市场规模增长到12.6亿，预计2013年及未来几年还会保持高增长率。移动营销中（App）应用营销是目前移动网民最主要的使用媒介，引起了广告主的极大关注，市场规模增长很快。2012年社会化营销的大趋势仍在继续。社会化营销中的微博、微信营销等已然颠覆了大众传播的方式，并成为企业营销新动向。伴随着大数据时代的到来，数据库营销引发营销变革。

（三）设计创意产业对外文化贸易快速全面发展

近年来，在国家提倡产业转型升级、经济结构战略性调整以及发展文化产业的大环境下，伴随着金融危机的爆发，创意设计产业获得长足发展。"设计"在中国政府高层推动下，创造力、影响力，对整体经济转型升级的带动力日益显现，"设计"将成为中国文化创意产业文化贸易实现"远航"的重要突破口。

我国目前专业设计公司约有十万多家，主要集中于以北京为中心的环渤海地区、以上海为中心的长三角地区以及以广州、深圳为核心地域的珠三角地区。北京、上海、深圳作为中国三大创意设计之都发展前景、发展程度与水平远高于国内其他地区。从近两年的创意设计产业发展实际情况来看，"设计之都"的发展状况客观上可以看作我国这一产业发展的风向标与硬指标。

2012年6月，北京正式加入联合国教科文组织创意城市网络，以科技创新、文化创新的鲜明特色成功当选"设计之都"，确立了北京设计在全球设计领域的领先地位。截至2013年，本市共有规模以上专业设计单位800余家，设计产业从业人员近20万人，实现收入超过1000亿元。预计到2020年，设计产业年收入将突破2000亿元，惠普、波音、英特尔、宝洁等20余家跨国公司在京设立了研发设计中心。北京也将建设成为全国设计核心引领区和具有全球影响力的全球设计创新中心。以"设计超乎想象"为主题的2013年中国

设计节暨第二届中国设计发展年会，于2013年5月在北京大兴亦庄开幕。设计节为期3天，以"共建瑰谷，共赢未来"为主线，旨在将国内外设计力量汇集于"中国设计瑰谷"，力促中国设计与各大产业产生密切联系，实现设计专家、设计组织、行业创新、区域发展等多方共赢，成为北京建设"设计之都"的重要支撑。

上海作为设计之都，工业基础雄厚，设计产业起步较早，发展较为成熟的主要是工业设计、时尚设计、建筑设计、软件设计等。近年来，上海依托加强工业设计相关材料、技术等研究和应用，以提高工业设计的信息化水平，提升行业企业设计创新意识和能力为抓手，通过支持工业企业与设计企业对接合作项目、开展设计创新示范企业认定、建设服务平台、建设基地载体和设立设计奖项，鼓励大型企业集团建立工业设计中心，鼓励各类企业设计服务外包，完善工业设计创新体系，推动工业设计创新成果产业化，促成设计产业与制造业深度融合，逐步打造出一批具有较强竞争力的工业设计龙头企业和品牌。在上海文化创意产业中，软件与计算机服务业、建筑设计业经济规模较大，占文化创意产业增加值比重分别为17.4%、13.3%（合计占30.7%）。设计业持续保持两位数增长，对整个产业的发展贡献作用显著。2012年，文化创意产业中的工业设计、建筑设计业增加值分别达196.54亿元和301.93亿元，共占文化创意产业增加值总量的22%，分别比上年增长15.3%和11.8%，对文化创意产业增长的贡献率达到27.8%，带动整个产业的迅速发展。

深圳作为作为全国第一个获得联合国教科文组织授予"设计之都"称号的城市，在积极参与国际化交流与合作中取得新进展。深圳工业设计占据全国逾50%的市场份额。按照深圳工业设计行业协会的统计，全市拥有各类工业设计机构近5000家，从业人员超过6万人。设计产值增长在25%之上，工业设计所带来的附加值超过千亿元。近三年来全市工业设计斩获国际IF大奖26项，获得红点奖26

项，超过全国获奖数量的半数以上。深圳设计之都创意产业园共进驻以工业设计为主的创意设计企业170多家，其中全国性的龙头企业占80%，包括嘉兰图、洛可可等中国工业设计领军企业以及靳与刘设计、叶智荣设计等30多家香港及欧美龙头设计企业中国总部和机构代表处，已经形成国内工业设计企业规模最大、龙头企业总部数量最多的创意产业园区，被业界誉为"中国工业设计第一园"。2012年，在有工业设计领域奥斯卡之称的德国红点概念奖评选中，来自深圳的6件作品获此殊荣；在随后的英国百分百设计展上，深圳工业设计代表团组织的设计企业达38家，获得多个奖项。2013年5月份，深圳设计首度受邀意大利佛罗伦萨设计周，其中深圳设计馆吸引了各方人士及媒体的聚焦关注：来自乐泡的钧、魔像、月光石、洛可可的高山流水、上山虎等近六十件展品除了带有浓烈的中国风，体现了"设计融入生活"的设计潮流，贴合了"Crossing People"设计周主题。这也是继台北世界设计大会、英国百分表设计展、德国IF和红点奖等战略合作伙伴之后，向"深圳制造"迈向"深圳设计"的世界设计版图扩张的又一坚实步伐。

（四）动漫产业对外文化贸易稳步发展

从2008年起，我国核心动漫产品的出口每年都以大幅度持续增长，表现了很好的发展势头（见表1）。

表1 2009－2012年中国核心动漫产品出口情况

年度	2009	2010	2011	2012
金额（亿元人民币）	3.19	5.1	7.14	8.3

另据国家广电总局在2012年5月1日第八届中国国际动漫节上公开的数据，2011年，全国各影视机构共出口动画片146部20万分钟，金额2800多万美元。而2010年出口时长为17万分钟，2006年只有4.5万分钟。

根据国家统计局的统计资料，2011年对外出口动画电视片的总金额为3662.39万元人民币。韩国市场成为我国动画电视片出口的第一大市场，大约占动画电视总出口额的1/3，遥遥领先于其他市场，表现最为抢眼。而且在过去的四年中，保持了大幅增长的态势（见表2）。

表2 2008-2011年中国动画电视出口情况

	2011	2010	2009	2008
动画电视出口总额（万元）	3662.39	11133.19	4455.99	2947.79
向韩国出口动画电视总额（万元）	1246.74	271.82	7.00	
向中国香港出口动画电视总额（万元）	757.16			
向东南亚出口动画电视总额（万元）	511.09			
向欧洲出口动画电视总额（万元）	365.27	2199.04	520.03	64.00
向美国出口动画电视总额（万元）	380.55	369.19	800.00	
向中国台湾出口动画电视总额（万元）	218.60			
向日本出口动画电视总额（万元）	78.00			

数据来源：国家统计局网站

中国香港、东南亚与我国文化相近，地理相邻，文化折扣相对较小，是我国文化产品的传统市场。美国、欧洲和日本等市场，是传统的动画产业消费国，观众欣赏动画产品的品位高。这些国家和地区市场竞争激烈，是世界各国动画产业的必争之地。我国动画电视片对美、欧和日本的出口从金额看近4年的波动较大，我国动画电视在这些市场还没有建立稳定的市场地位。例如对欧洲市场出口额在2010年曾达到2199.04万元，但在2011年大幅降低，只有365.27万元。在美国市场，2009年曾达到800.00万元，但在2011年只有380.55万元（见表2）。

但是，从这些国家和地区进口我国电视剧、电视节目和纪录片的情况来看，这些市场对中国文化和中国文化产品保持着浓厚的兴趣，从长期的角度看，是我国动画电视出口主力市场。例如美国市场的电视剧出口额和电视节目出口额都居于我国两类电视产品出口的首位。中国动画电影主要出口为韩国和中东国家，与动画电视片的出口市场相类似。

国内漫画出口主要面向代表着不同漫画风格的东南亚市场和欧美市场，成绩斐然。在向东南亚市场出口的公司中，以天津神界漫画公司为代表。2011年以来，神界漫画公司在经营模式上进行了创新尝试，从原有的版权出口到全球同步全产业化跨媒介授权。2011年推出的《济公》系列，授权领域包括期刊连载、平面图书、苹果商城、手机动漫、网络付费漫画、动画片改编、周边衍生品、电视动漫画八大跨媒介领域；图书同步授权中文简体版、中文繁体版、越、意、泰、韩、日等7个不同地区及形式版本，为国产漫画产业化推广及"走出去"提供了新的思路。

在向欧美市场漫画出口的公司中，以北京天视全景文化传播公司为代表。与天津神界漫画公司力推本公司作品形成对比的是，该公司以漫画版权出口为主营业务，处于中国漫画作者和国外出版社之间，为国内众多漫画作者提供代理服务。具体的业务方式主要有三种：参展签售、版权授权和合作创作。具体有两个方向：与国外出版社一起协助国内漫画作者的创作，使作品更加适合海外漫画市场；根据国外出版社及漫画编剧提供的漫画脚本，寻找国内漫画作者，合作创作漫画作品。这些方式均以市场需求为导向，逐次递进，不断贴近市场，适应市场，实现了中国漫画作者、中介公司、国外出版社和国外消费者的创作和消费的统一，为中国漫画"走出去"探索了成熟范式。

二、传统文化产业对外贸易

传统文化产业图书出版、电影、电视、文艺演出稳步前行，并通过数字化、网络化、移动化实现升级换代，大力提升行业竞争力。

握手环球文明

（一）版权对外贸易

近年来版权贸易有一个较大的飞跃，版权引进输出比也在不断变化，从2003年的8.2：1缩小到2012年的1.9：1。由于版权输出数量的大幅增长，我国版权贸易逆差现象出现了明显改观。在国家大力发展文化"走出去"战略下，版权贸易取得显著的成效，2003—2012年我国版权输出总计38455种，占这10年版权贸易总量的21.2%。

我国图书版权输出获得高速发展，是在国家文化"走出去"战略的推动下实现的。改革开放以来，我国对外图书版权贸易逆差严重。从2003年全国新闻出版局长会议正式把中国出版"走出去"战略作为我国新闻出版业发展的五大战略之一，一系列重点工程相继从2005年被推出，对我国图书版权输出起到了重要的促进作用。如"中国图书对外推广计划"自2006年起，已同美国、英国、法国、德国、荷兰等56个国家和地区的351家出版社签订了资助出版协议，资助出版图书1690种；分别于2009年和2010年启动的"经典中国国际出版工程"和"中国出版物国际营销渠道拓展工程"，为我国2010年图书输出种数的高增长，起到了至关重要的作用。正是在"走出去"政策以及一系列具体项目的推动下，我国版权输出量从前5年的12197种变为后5年的34774种，增长了将近两倍。从近年的输出情况来看，主要输出地已经从东亚逐渐扩展至欧美地区。根据国家版权局公布的2003—2012年的统计数据来看，亚洲地区的输出地主要集中在韩国、日本、新加坡三国，以及我国的台、港、澳地区。10年中，对这6个国家或地区的版权输出数量达17420种，占总数的52.92%。欧美地区的输出地主要集中在美国、英国、德国、法国、加拿大、俄罗斯。对这6个国家的版权输出数量达7787种，占总数的23.65%。这说明，我国内地的图书版权从华人核心文化圈向东亚文化圈，乃至西方主流文化圈拓展，成绩显而易见。

从目前看，我国图书与版权贸易的进口与输出在总量上还有一定差距，质量上差距更大。由于多种因素影响，我国版权贸易逆差在日后还将持续一段时期，形势依然严峻，版权贸易还有很大的成长空间。但从发展趋势看，贸易逆差正在逐年缩小，进口与输出正在走向平衡。如下图所示。

图1 2003—2012年我国版权引进和输出变化表

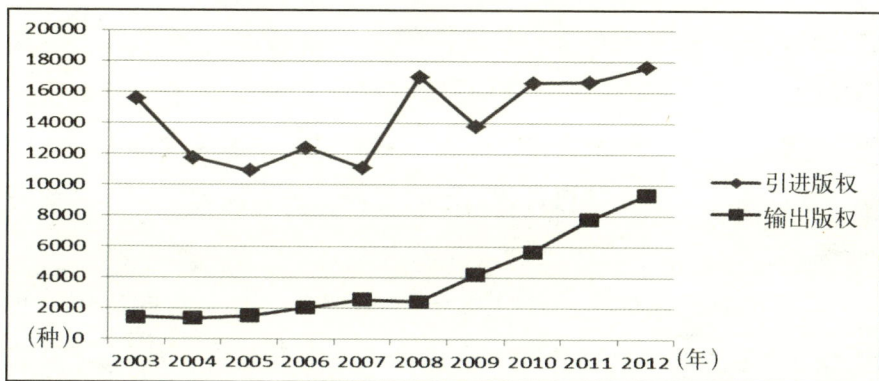

（二）电影对外贸易

电影对外贸易呈下降趋势。在诸多文化产品中，电影是比较容易被跨文化受众接受的产品之一，应该也必须在对外文化贸易中发挥重要作用。近年来，尽管中国电影票房快速增长、电影市场呈现急剧膨胀的发展态势，依旧难掩国产片输出困难的尴尬局面。国产电影国内收入与海外收入差距之大，折射出中国电影国内外市场发展严重不均衡的实际情况。如何确保国内票房保持稳步发展，同时又能开拓海外市场，扩大对外贸易量，是中国电影长期面临的难题。

自2001年中国加入WTO以来，中国电影的海外票房从2003年的5亿元增长到2010年的35.15亿元，越来越多的影视作品在国际市场上崭露头角。然而自2010年以来，对外电影贸易逐年递减，发展态势不容乐观。

根据中国电影海外推广公司的数据，2010年中国电影海外发行的总收入为35.17亿元，销往61个国家和地区，共计205部次，而2011年中国电影海外发行的总收入为20.24亿元（其中影片票房收入10.42亿元，影片后产品收入9.82亿元），销往22个国家、地区，共计163部次。2011年中国电影海外收入比起2010年下降了42.42%。2012年我国电影年产量700多部，但全年只有75部中国影片销往80多个国家和地区，共计199部次，数量不足总产量的10%，其中海外票房和销售收入仅有10.63亿元，不到国内票房的10%，比2011年海外营销的20.24亿元大幅度滑坡，同比减少48%。2013年上半年共有23部影片，销往19个国家（地区），共计88部次，海外票房及销售总收入5.41亿元，约为国内上半年总票房的5%。

我国电影对外贸易以合拍片为"走出去"主力，合拍比例不断增加。从总体看，合拍片收入占比继续呈上升趋势，从2006年的58.8%上升至2010年的99.9%。2010年达成出口协议的影片共计47部，其中46部为中外合拍片。

2011年销往海外的影片共计52部（合拍片50部），合拍比例高达96.15%。其中14部影片销往美国（合拍片13部），销售收入8.59亿元，占全年总和的42.44%。7部合拍片销往欧洲地区，总收入1.75亿元，占全年总和的8.64%。此外，国产大片的出品公司主要集中在几家较大公司，其中主要包括中影集团在海外发行10部影片（均为合拍片），票房发行总收入为6.68亿元，占全年票房发行销售总额的33.00%；上影集团在海外发行5部电影（均为合拍片），票房发行总收入为2.73亿元，占全年票房发行销售总额的13.49%；新画面在海外发行4部电影（均为合拍片），票房发行总收入为2.71亿元，占全年票房发行销售总额的13.39%；光线影业在海外发行4部电影（均为合拍片），票房发行总收入为1.23亿元，占全年票房发行销售总额的6.08%；银都机构在海外发行3部电影（均为合拍片），票房发行总收入为1.03亿元，占全年票房发行销售总额的5.09%；保利博纳在海外发行4部电影（均为合拍片），票房发行总收入为0.90亿元，占全年票房发行销售总额的4.45%。

2012年销往海外的影片共计75部，合拍片为46，比例高达61.33%，销往80个国家（地区），共计199部次，海外票房销售总收入为10.63亿元。华谊兄弟（均为合拍片）在海外发行9部电影，票房发行总收入为3.38亿元，占全年票房发行销售总额的31.80%。乐视影业（均为合拍片）在海外发行3部电影，票房发行总收入为1.13亿元，占全年票房发行销售总额的10.63%。中影集团在海外发行5部电影（均为合拍片），票房发行总收入为1.11亿元，占全年票房发行销售总额的10.44%。保利博纳在海外发行4部电影（均为合拍片），票房发行总收入为1.04亿元，占全年票房发行销售总额的9.78%。银都机构（均为合拍片）在海外发行4部电影，票房发行总收入为8637.46亿元，占全年票房发行销售总额的8.09%。

从影片类型上看，传统动作类型片逐渐衰落，其余类型片发展不完善。从发展态势来看，我国电影走出去呈下降趋势。由于国外试水屡屡失败，而国内电影市场十分火爆，市场收入增幅显著，一部分主力片商"走出去"的动力不足，将更多精力放在国内，目标直指国内市场。

（三）电视剧对外贸易

我国电视剧全球生产、消费全球领先的局面逐渐形成。近年来，中国政府在金融、知识产权保护、文化产业扶持、文化产品出口等方面出台的一系列利好政策支持中国电视剧市场迅速扩大，目前中国已成为全球生产、消费电视剧最多的国家。电视剧对外出口出现了喜人增长（见表3）。

表3 中国电视剧进出口额

年份	2011	2010	2009	2008
进口额（万元）	34564	21450	26887	24293
出口额（万元）	14649	7483.5	3583.6	7524.95

2012年来，国产电视剧集中涌现出一批精品，在国际上赢得了较高的声誉。《媳妇的美好时代》红遍非洲，《金太郎的幸福生活》缅甸热播，《甄嬛传》《还珠格格》亮相美国主流电视台。价格方面，《甄嬛传》打破了低价格局，在美国的卖价比国内卫视首轮播出的价格高。与热播剧同时涌现出一批具有海外号召力的演员、导演，为后续产品的海外影响力奠定了良好的基础。

电视剧出口主体格局与发行模式有所变化。首先是影视节目出口主体企业有了明显变化。除中国国际电视总公司在出口数量和金额上依然发挥着主渠道优势外，北京、上海、江苏、广东、浙江、湖南等地的一些民营影视机构，上升优势逐渐显现。2010年上市的华策被业内誉为中国"电视剧第一股"，其盈利模式恰恰在于将电视剧制作的中间种种环节全部交给市场，重点放在剧本与发行两头。其"左手发行优势，右手海外资源"的海外发行模式，开创了一条影视产业"走出去"的新路。随着国产剧的影响力日益扩大，国外出现了不少中国电视剧的忠实粉丝，他们借助新媒体接受中国电视片，新媒体渠道悄然崛起。

但是，虽然有如此庞大的产量和市场，我国电视剧进出口情况却常年呈现贸易逆差。近年来，我国电视剧年对外出口额度都徘徊在1亿元左右，2009年受国际金融危机波及，更是暴跌至仅3000余万元。与此相对的，进口量却稳定维持在两三亿元，达到出口量的2.5倍甚至3倍，贸易逆差虽然在逐年缩小，但仍相当严重。比较美、日、韩等影视产业发达的国家，中国电视剧的输出量和影响力仍然相形见绌。以2008年为例，我国电视剧出口总额约7525万元，这仅与韩剧出口到中国的金额基本持平，而当年韩国电视剧出口总额达1.05

亿美元。近几年，国产剧输出有所提升，2011年我国出口电视剧出口额达2000万美元，但同年韩国的电视剧出口额高达2.52亿美元。

（四）文艺演出对外贸易

我国文艺演出对外贸易正在探索中不断发展。对外文艺演出是一个影响大、盘子小，市场规模局限、各方期望值超高的行业。其最大特点是文化宣传交流与商业演出交错，甚至冲突。与游戏、电影等行业在内容、渠道、运营等环节的日渐成熟相比较，对外文艺演出宣传性积习很多，完善的市场化机制尚未建立。

2010年，共有302项演艺类项目走出国门进行商业演出，演出总场次25908场，出口总收入约为2765.6万美元；2011年，共有126项演艺产品（项目）走出国门（境）进行商业演出，演出场次为8090场，出口总输入约为3171.9万美元。2011年国家艺术院团演出推广交易会上，国家京剧院、中国国家话剧院、中国歌剧舞剧院、中国东方演艺集团有限公司等九个国家级艺术院团，分别与相关单位签约各类演出共571场，金额1.15945亿元。可见，中国演艺公司在对外演出贸易这条路依旧面临着非常激烈的竞争和压力。

目前中国对外演出贸易主要呈现出两重格局。中国演艺公司对外演出贸易的主体可以分为在以对外演出集团为代表的国有演艺院团和以天创国际演艺公司为代表的民营演艺剧团两大类。其中国有院团的对外演出活动多偏于促进文化交流和提升文化影响力，而民营演艺院团则以对外演出赢利为主要目的。

民营剧团在对外演出贸易中更为艰辛，以天创演艺为例，其自成立起便专注于大型演艺项目策划制作与国际演艺项目经纪，先后曾制作了《天幻》《梦幻漓江》《功夫传奇》等七大常态品牌剧目。《功夫传奇》是其对外演出的首部剧目，于2005年在北美进行了长达5个月的巡演，共计150场，观众人数达11万人次，票房总收入300万美元。2009年，《功夫传奇》进入英国伦敦大剧院，连续

演出27场，观众上座率为60%。2009年年底，天创国际投资354万美元在美国密苏里州布兰森市收购了"白宫剧院"。2012年1—4月《功夫传奇》在西班牙、葡萄牙两国巡演112场。对于大部分的民营剧团而言，现在依旧处于探路和积累经验的阶段，对外演出贸易整体实力依旧非常弱。2009—2012年主要民营剧团对外演出的剧目主要有龙狮、功夫传奇、云南印象、大梦敦煌等。

民族演艺产品表现突出，但以剧目输出贸易为主导。中国对外演出贸易目前依旧以杂技、功夫剧和民族舞台剧为主，国际演出市场主流的音乐剧和歌舞剧演出则显得较为缺乏。国家文化部外联局数据显示，以杂技为主的民族演艺产品的对外演出创汇额比重达到了80%，表现极其突出。2002年赴美商演的14个团组中11个为杂技团。从中国对外演出的剧目类型看，普遍性的集中在了杂技和功夫剧方面。

三、艺术品、音乐产业异军突起

（一）艺术品贸易

艺术品对外贸易已经成为世界经济舞台上一个蓬勃发展的新兴领域。经济全球化的日益深化更加速了艺术品的跨国流通，形成一个全球性巨大的艺术品市场。由文化部文化市场司出炉的《2012中国艺术品市场年度报告》中指出，2012年我国艺术品市场在国内文化产业九大类中排名第一，占据重要地位。

从2012年1月到2013年6月，我国艺术品进出口总额逐年递增，且增速较大。艺术品进出口额总体顺差。从国际艺术品贸易市场的发展来看，2012年国际商品贸易中，第97章商品[2]进出口数量为14951855件，金额共622182098美元。2013年上半年，第97章商

---

2 第97章商品：是海关商品归类中的一类，包括油画原件、复制品、雕塑品、古家具、邮票等艺术品，共20余项商品。

品进出口数量为6053254件，金额共453962129美元。根据海关统计数据显示，第97章商品2012年和2013年上半年国际出口额中，日本、美国、香港、英国、加拿大及荷兰仍占据大部分出口市场；而进口额变化较大，2012年进口额最多的六个国家或地区为中国、英国、印度、美国、香港和法国，而2013年上半年则变为泰国、法国、美国、俄罗斯、香港和中国。泰国进口数量及金额得到加大提高，中国进口金额总排名略有下降，而印度则被挤出前20位之外。2013年第97章商品的交易金额将远远超过2012年。

从统计出来的数据来看国际艺术品进出口市场，美国、日本和英国等国家仍为艺术品贸易大国，中国保持较大的贸易顺差。而香港地区始终占据了巨大的艺术品贸易市场份额，其今后的贸易力量总体看涨。

总体来看，2012年，出口增速远大于进口增速。但2013年2月份以来，艺术品进口额飞速发展，进出口贸易差额逐步缩小。与我国文化贸易总体逆差的状况不同，艺术品的对外贸易总体为顺差，且与发达国家的顺差有逐年扩大的趋势。

我国艺术品进出口总额虽逐年递增，但波动较大。2011年艺术品出口份额大增，仅1—7月，出口额达42.8亿美元，同比增长27.6%；2012年，艺术品的出口经历了两个飞速发展阶段：一个是3月到5月，另一个则发生在11月至12月。月际出口额在12月达到了顶峰，为76597000美元。而2013年，艺术品的出口额月际波动较大，且整体出现下滑趋势。2012年，艺术品进口额变化不大，虽在5—7月经历了较大的波动，但整体发展平稳。3月最低为1024000美元，6月为峰值34086000美元，比2011年各月相比都有所增长，5月增幅最大为144.9%。

图2 2012年1月至2013年6月中国第97章商品进出口额变化

（单位：千美元）

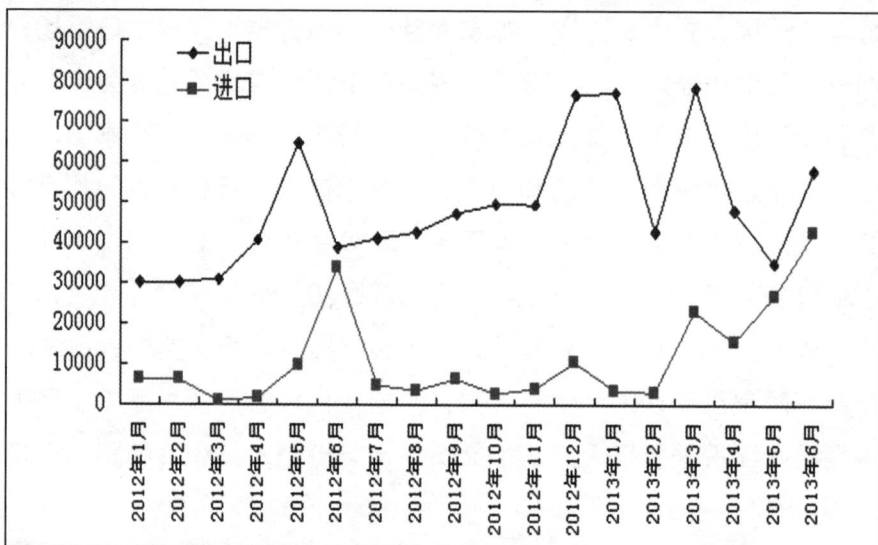

（二）音乐产业

高科技为音乐产业带来技术突破，技术突破带来迅猛增长。从整体发展来看，我国传统方式的音像、电子出版物出口种数呈逐年下降趋势，2010年为10352种（次），2009年为19771种（次），而2008年为16521种（次）。录音出版物出口种数下降更为明显，2011年为347种（次），2009年为1878种（次），这与数字音乐产业冲击有关，与国际传统音乐产业整体呈下降趋势相符。出口金额也明显下降，2010年为47.16万美元，2009年61.11万美元，2008年为101.32万美元。

与在线音乐的困局相比，无线音乐业务展现了巨大的市场潜力，市场规模在很短的时间内快速扩大。根据国际唱片业协会（International Federation of the Phonographic Industry，IFPI）2013年的全球数字音乐报告显示，全球传统唱片行业连续十一年下滑，但数字音乐却连续十年上涨。2012年全球数字音乐的贸易总额值达56亿美元，2011年为52亿美元，2010年为46亿美元，数字渠道收入占唱片公司全球收入的比例为34%，2011年为32%，2010年为29%。2004—2010年全球唱片业价值的跌幅达31%，而数字音乐市场价值的增长达1000%多。传统的唱片业不断地向数字音乐市场领域调整，数字音乐已成为全球音乐产业发展的必然趋势。

自2003年数字音乐在中国开展以来，发展迅猛。根据文化部官方网站《2011中国网络音乐市场年度报告（摘要）》显示，2011年我国数字音乐总体市场规模已达27.8亿元（以网络音乐服务提供商、内容提供商总收入计），较2010年增长20.8%。获得文化行政部门审批、具有网络音乐业务经营资质的企业达到452家，比2010年增加了28.7%。2011年，在线音乐收入规模达到3.8亿元，比2010年增长了35%。在线音乐用户规模为3.8亿，较2010年增长了6.5%。中国无线音乐市场规模达到24亿元（内容服务提供商总收入计），比2010年增长18.8%。电信运营商无线音乐相关收入达到282亿元（包含功能费）。至2011年底中国无线音乐用户数近7亿，在移动用户中渗透率为45.7%。如中国唱片公司数字收入的百分比达到71%，音乐销售大部分来自数字音乐，市场潜力巨大。但也受到高达99%的数字音乐盗版的困扰。

图3 2007—2011年中国在线音乐市场规模发展状况

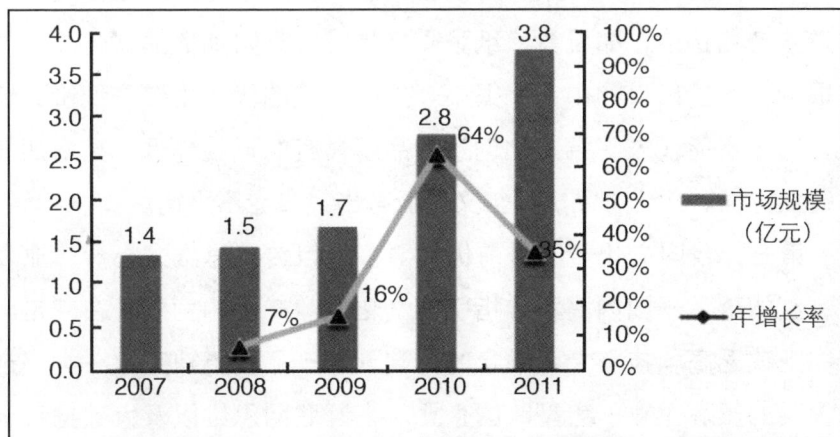

2011年7月，百度和三大唱片公司（环球、索尼BMG及华纳）签署《*One Stop China*》协议，百度承诺会关闭深层链接的数字音乐侵权搜索服务，音乐用户可以通过受广告收入支持的合法服务"听"免费下载音乐。《*One Stop China*》协议的破冰之举是中国最大音乐公司专业经验及创作能力与中国最大互联网公司影响力的深度结合，是中国音乐产业发展史上的里程碑事件，标志着中国合法在线音乐的进步与进展。

第三节 对外文化贸易的问题与思考

我国对外文化贸易获得了很大成就，但也存在不少问题，困境和危机。有些问题还十分严重。

第一，当前国际文化产业中，发展中国家、新兴国家异军突起。它们高度重视文化创意产业对国家经济的拉动作用。新兴国家向全球包括发达国家在内出口的文化产品日益增多，南南交易额也大幅上升。因此，我国文化贸易在全球整体布局上要下功夫，细安排，调整结构。《媳妇的美好时代》热播非洲，启示我们在全球重新缜密布局。

第二，我国文化产品出口数额巨大，但是这些产品主要是文化制造业产品构成，如玩具、纸张、文具等，高附加值的文化原创作品很少，在总出口额中占比很小。这些产品的优势主要是低价、低质，其实不能代表高端文化创意产品所具有的低碳环保、高附加值等行业特征。文化产品出口与文化服务出口二者不平衡。

第三，我国文化贸易目前仍然更多地以传统思维来指导产业发展，整体落后于国内高科技指引的文化创意产业的发展。在"走出去"上缺乏高科技与文化融合的高端创意产品，更缺乏这一类"走出去"的领军企业、大型跨国企业。在互联网思维以及大数据、云服务、移动化的产业发展背景下，如何让互联网金融、网络购物、数字商务、创意设计等具有先导性的产业走出去，以及通过"触网"实现传统产业的升级换代，新兴产业，文化创意新业态以及新的发展模式是目前文化贸易发展必须考虑的紧迫问题。

第四，我国文化贸易的综合环境不配套。文化贸易的发展离不开宏观环境的建构，它是影响我国文化贸易行业和企业发展的重要因素。这些因素包括法律政策环境、人口经济环境、社会文化环境和科技环境四个方面（PEST模式）。我国文化贸易的大发展需要建立完善的政治法律环境，从社会制度、政治和经济体制、政府的方针政策及国家法律法规的不断改革上，获得政策红利。关注人口经济环境要进一步关注人口数量和人均国民收入等宏观经济指标，关注贸易国的消费者收入水平、消费强度等因素；也要考虑贸易国消费者的社会生活方式、风俗习惯、审美、价值观等因素，产品要适应目标国的文化、语言、审美等传统，要尽量减少"文化折扣"。

第五，行业短视，单纯逐利，缺乏长远大局观。电影等贸易额下滑，电影产业走出去动力不足。由于国内市场的火爆，许多电影制片机构放弃海外发展的计划。这种现象一方面是企业的国家、民族和社会责任的缺失；另一方面是忽视更为广大的全球市场，小富即安，对产业长远发展不利。

第六，更好的协调文化贸易与国内文宣部门的矛盾和冲突，解决好市场化的文化贸易与国际文化传播文化交流的关系，相互支持，相互融合。在全球文化贸易中，要按市场规律推动文化产品走出去，防止干扰和破坏所在国文化消费的市场逻辑。比如中国演出团体长期形成的赠票制惯例对中国国外艺术商演市场规则的冲击。

第七，我国文化走出去的企业出口平台缺少，走出去的渠道和路径不畅。文化的跨国作业探索刚刚开始。万达集团收购美国第二大院线AMC，天创集团收购美国白宫剧院，在"走出去"的渠道、

途径方面做了很好探索。如何建设一批文化贸易"走出去"的平台，如完美时空建构的游戏出口代理模式，是我们需要持续关注的课题。我国民营企业瀚海智业在美国、加拿大和德国建立了5个产业园区，致力于建设国内外创意经济交流交易的基地和平台，致力于文化创意企业的孵化器运营，具有重要开拓意义。

第四节 对外文化贸易的政策设计

经济全球化深入发展，国际文化市场已成为各国文化竞争和交流的重要渠道，成为提升国家软实力的重要平台。随着我国综合国力日益增强和文化产业的发展，近年来文化出口发展迅速，越来越多的文化企业进入国际文化市场，文化产品和服务的贸易逆差初步扭转，中华文化影响力不断扩大。但由于我国文化产业刚刚起步，在资本、技术、市场等方面与西方国家相比还有一定差距。进一步加大对文化出口重点企业和项目的支持力度，有利于率先培育一批中国文化出口品牌企业和品牌项目，加快提升文化出口企业的国际竞争力，推动我国文化贸易实现跨越式发展。

2007年，商务部会同中宣部、外交部、文化部、广电总局、新闻出版总署、国务院新闻办等有关部门共同制定了《文化产品和服务出口指导目录》（以下简称《指导目录》），根据《指导目录》评选并发布了《国家文化出口重点企业目录》（以下简称《企业目录》）和《国家文化出口重点项目目录》（以下简称《项目目录》）。各部门、各地区依据有关规定在市场开拓、技术创新等方面，对国家文化出口重点企业和重点项目创造条件予以支持，有力地促进了我国文化出口。

2010年，商务部联合中共中央宣传部、财政部、文化部、中国人民银行、海关总署、国家税务总局、国家广播电影电视总局、国家新闻出版总署、国家外汇管理局十部门发布《关于进一步推进国家文化出口重点企业和项目目录相关工作的指导意见》（以下简称《指导意见》），这是迄今为止我国关于对外文化贸易的最权威的文件。它确定了对外文化贸易的领导机制：建立由商务部牵头管理，联合中宣部、财政部、文化部、人民银行、海关总署、税务总局、广电总局、新闻出版总署、外汇局组成的文化出口重点企业和项目相关工作部际联系机制，制定规划，研究政策。

《指导意见》的主导精神是进一步扶优扶强，加大对文化出口重点企业和重点项目的支持力度，着力培养一批国际文化市场竞争主体，鼓励、支持和引导各种所有制文化企业开拓国际市场。培育和发展一批实力雄厚的外向型大型国有文化企业，使之成为文化出口的主导力量。创造公平的市场环境和良好的政策、法制环境，保障符合条件的非公有制文化企业依法获得出口经营资格，从事国家法律法规允许经营的文化产品和服务出口业务，并与国有文化企业享有同等待遇，以全面推动我国对外文化贸易的发展。

国家政策支持的主要任务是深入挖掘和整理民族文化资源，鼓励文化企业开发具有自主知识产权的原创性产品，加快培育一批具有国际竞争力的文化贸易品牌。积极发展市场中介营销机构，扶持其开展国际市场调研、咨询和营销业务，支持建立中国文化的海外直接营销渠道，减少单个企业的对外贸易成本。提高企业国际市场营销能力，建立适合企业特点的营销网络，不断拓展营销渠道。

这一政策的重点是提升对外文化贸易中现代高新技术的运用水平和积极发展新兴业态。包括加强文化领域数字化、网络化等技术的研发和应用，提高文化企业的装备制造技术水平。加大对与文化出口相关的共性技术研发的扶持，积极开发拥有自主知识产权的关键技术和核心技术，加强对国外先进技术的引进、消化、吸收和再创新工作，着力发展文化电子商务。采用高新技术和现代生产方式，改造传统的

文化创作和生产方式，推进文化产业升级，延伸文化产业链条。发展现代影视内容产业，满足境外多种媒体、多种终端发展对我影视数字内容的需求。发展高新技术印刷、特色印刷和光盘复制业，开发电子娱乐，创新娱乐业态。

《指导意见》的核心内容是推动对外文化贸易的十大保障措施。包括：1.加大资金支持力度。2.实行税收优惠政策。3.提供金融支持，多方面拓宽文化企业融资渠道。4.提高出口便利化水平。5.加强国际营销网络建设。6.建立并完善文化贸易中介组织。7.支持企业赴境外投资。8.支持技术创新。9.加强信息平台建设。10.建立表彰奖励机制。这10项重大措施站位高，问题准，目标清晰，措施有力，是推动我国文化贸易快速发展的重要保证。其关键在于进一步细化，适宜操作，并贵在全面落实，讲求实效。

2012年商务部公告《文化产品和服务出口指导目录》（以下简称《指导目录》），进一步确定了我国文化产品和服务出口的政策扶植方向为：通过支持重点企业和重点项目的方式推动我国对外文化贸易走出去。通过《指导目录》确定了重点企业的标准和重点项目的范围。《指导目录》确定的重点项目范围包括：文化出口公共服务平台；文化产业境外投资和合作项目；入选国家、世界非物质文化遗产等名录并实现出口的文化项目；其他具有代表性的项目等。

2013年，商务部、中宣部、财政部、文化部、广电总局和新闻出版总署组织认定2013—2014年度国家文化出口重点企业共364家和重点项目共118项。

2014年4月国务院发布《关于加快发展对外文化贸易的意见》，这是新一届政府全面推动对外文化贸易的动员令和路线图。《意见》指出：要加快发展传统文化产业和新兴文化产业，扩大文化产品和服务出口，加大文化领域对外投资，力争到2020年，培育一批具有国际竞争力的外向型文化企业，形成一批具有核心竞争力的文化产品，打造一批具有国际影响力的文化品牌，搭建若干具有较强辐射力的国际文化交易平台，使核心文化产品和服务贸易逆差状况得以扭转，对外文化贸易额在对外贸易总额中的比重大幅提高，我国文化产品和服务在国际市场的份额进一步扩大，我国文化整体实力和竞争力显着提升。

那么，如何进一步建立健全对外文化贸易政策体系，我们认为：

随着十八届三中全会《决定》的发布，如何发挥市场在对外文化贸易中的决定性作用，以新的改革开放、机制创新的视野和魄力，根据国际文化贸易市场的发展趋势和需求，和我国文化产业的发展情况，重新调整《指导目录》，具有重要意义，必须抓紧进行。目前，《指导目录》是以2004年国家统计局发布的《文化及相关产业分类》为基础和框架，根据各部门提供的文化产品和服务入选条目及入选标准予以确定的，2012年国家统计局已经调整和重新制定了《文化及相关产业分类》，故需依据新的分类框架，调整《指导目录》。

第一，要坚定地贯彻执行国务院文件精神，放宽限制，下放权力，鼓励和支持国有、民营、外资等各种所有制文化企业从事对外文化贸易业务，并享有同等待遇。坚决落实国务院《意见》精神，减少对文化出口的行政审批事项，简化手续，缩短时限。对国有文化企业从事文化出口业务的编创、演职、营销人员等，不设出国（境）指标，简化因公出国（境）审批手续，出国一次审批、全年有效。对面向境外市场生产销售外语出版物的民营文化企业，经批准可以配置专项出版权。

第二，要根据我国对外文化贸易大发展的宏观态势，制定和调整《企业目录》和《项目目录》。要对《企业目录》和《项目目录》入选的标准重新进行评价与修订，改变目前基本上以出口总量

为基准的入选标准，兼顾成长性、技术先进性、国际化程度、可持续性、市场发展潜力等评价要素，以更全面地激发企业积极性，鼓励国际化大项目引领，推动对外文化贸易的快速发展。进一步完善《文化产品和服务出口指导目录》，定期发布《国家文化出口重点企业目录》和《国家文化出口重点项目目录》，加大对入选企业和项目的扶持力度。

第三，鼓励和引导文化企业加大内容创新力度，创作开发体现中华优秀文化、展示当代中国形象、面向国际市场的文化产品和服务，在编创、设计、翻译、配音、市场推广等方面予以重点支持。支持文化企业拓展文化出口平台和渠道，鼓励各类企业通过新设、收购、合作等方式，在境外开展文化领域投资合作，建设国际营销网络，扩大境外优质文化资产规模。推动文化产品和服务出口交易平台建设，支持文化企业参加境内外重要国际性文化展会。

第四，要大力支持文化和科技融合发展，鼓励企业开展技术创新，增加对文化出口产品和服务的研发投入，开发具有自主知识产权的关键技术和核心技术。目前我国文化出口重点企业出版业占据一半以上，互联网创意型企业、科技型文化出口企业，创意设计类国际化的领军企业占比很少，必须加快改变这一现状。按照国务院2014年2月26日发布的《关于推进文化创意和设计服务与相关产业融合发展的若干意见》推进文化创意和设计服务等新型、高端服务业发展，推进文化软件服务、移动互联服务、建筑设计服务、专业设计服务、广告服务等文化创意和设计服务与装备制造业、消费品工业、建筑业、信息业、旅游业、农业和体育产业等重点领域融合发展，不断创造国际文化贸易的新方法、新领域、新模式。根据不同国家地区的实际需要、依照不同产业走出去的特点，大胆鼓励先行先试，发挥中国文化创新成果的特色优势，促进多样化、差异化发展。要促进与互联网与高科技企业和实体经济深度融合。大力支持文化企业积极利用和研发国际先进技术，消化、吸收、提升和再创新。

第五，统一标准，加强数据的申报与统计。我国对外文化贸易的重点企业和重点项目是我国文化贸易的重头戏，占据我国文化贸易的较大份额。按照规定，企业每年填报一次《文化企业进出口情况申报表》，作为下一年度参加重点企业和重点项目评审的依据。文化出口重点企业及重点项目的承担企业（简称目录内企业），须认真填报《文化企业进出口情况申报表》。这是指导和推动我国文化贸易发展的基础工作和依据，也是理论和实践研究的必要资料，必须予以高度重视。

第六，加强个部门各地域个行业之间的协调。一方面，因为对外文化贸易的涉及面广，需要商务部与中宣部、文化部、广电总局、新闻出版总署加强协调；另一方面，也明显存在十龙治水，多头管理的条块分割的弊端，行业壁垒、部门壁垒和地域壁垒，以及所有制壁垒实际上一直存在。审批程序复杂，挫伤了一些企业申报的积极性。在新一轮国务院减少和取消审批的总思路下，要见识市场能做的是让市场来做。在下一步"走出去"的热潮中，如何借鉴苹果公司、三星公司、脸谱网、索尼等全球跨国文化企业成长并获得支持的经验，集中支持一些特大型的文化企业进行跨国发展，是当前这个阶段，我们必须面对的问题。

总之，在新一轮改革开放的热潮中，我们必须创新思路办法、拓宽途径渠道，形成全方位、多层次、宽领域的文化走出去格局。要坚持市场在资源配置中的决定作用。坚持市场化、商业化、产业化的道路，毫不动摇地发挥国有文化企业骨干作用，毫不动摇地鼓励非公有制文化企业走出去，加快培育一批有实力、有竞争力的外向型跨国文化企业。要研究国际受众的文化需求，认真了解国外受众的文化需求和消费习惯，增强文化产品和服务的表现力、吸引

力，形成核心竞争力强、附加值高的国际知名品牌。积极探索符合国际惯例和市场运作规律的营销方式，推进出口平台和海外营销渠道建设，加大国际文化市场开拓力度。充分利用高新科技改造传统文化产业，大力发展新的文化业态，努力形成对外文化贸易新的增长点。

第五章
北京对外文化"走出去"与"卖出去"的理论与实践[1]

推动中华文化走向世界，是中央作出的重大决策部署，是建设社会主义文化强国的迫切需要。北京作为全国文化中心、国际交往中心，在对外文化交流方面具有得天独厚的区位优势、资源优势、人才优势。北京国际文化贸易服务中心建设要坚持高起点规划、高质量建设、高水平运作、高效率服务，以世界一流标准统筹文化贸易服务中心的建设发展，使其能够代表首都水平、体现国家水平、引领世界水平。

文化经济全球化对于当今世界城市的建设与发展意义非同一般，特别是后危机时代为世界城市与文化经济的交融提供了机遇和空间。而后奥运时代的首都北京提出"人文北京""世界城市"的建设方略，则更是基于城市状况和世界形势的发展宣言，体现了其国际视野下的远景与意志。统计显示，2012年，北京的文化产品和服务进出口持续稳定增长。文化产品进出口额达6亿美元，同比增长6.3%，其中出口额达1.6亿美元。从全国来

―――――――――
1 本章由李嘉珊、王海文撰写。李嘉珊：北京第二外国语大学教授；王海文，北京第二外国语大学副教授。

看，北京地区文化产品进出口规模在各省（市）当中排名首位，占同期全国文化产品进出口规模的30.7%。文化贸易进出口总额达到30.54亿美元，同比增长15.55%。种种迹象表明，无论是理论研究还是现实发展，在建设社会主义文化强国和推进世界城市发展方略的背景下，首都对外文化贸易正迎来难得的发展机遇。[2]

2012年，北京的文化产品和服务进出口持续稳定增长。文化产品进出口额达6亿美元，同比增长6.3%，其中出口额达1.6亿美元。从全国来看，北京地区文化产品进出口规模在各省(市)当中排名首位，占同期全国文化产品进出口规模的30.7%。文化贸易进出口总额达到30.54亿美元，同比增长15.55%。首都文化贸易企业主要通过海外授权、项目国际合作、境外直接投资等形式实现国际化运作，更加注重利用具有自主知识产权的原创文化产品和服务拓展海外市场。北京的文化产业及对外贸易顺应社会文化经济发展规律，呈现出健康良好的发展势头。

总而言之，从发展动力来看，2012年北京地区的文化贸易稳步向前发展，结构性特点较为明显，演出贸易、版权贸易、广播影视贸易、新媒体产业贸易以及会展业产业均快速增长。作为全国文化中心的北京，其文化贸易伴随着世界城市建设而成长，拥有得天独厚文化资源的北京，文化贸易前景尤为广阔。

不可否认的是与发达国家城市相比，北京文化贸易在发展水平、规模、人才等多方面尚有差距。北京的文化产业要真正实现"走出去"，需要统一认识，从战略高度寻求体制、机制的系统破解之道，更要重视战术上

2《首都文化贸易发展报告（2013）》。

走实策划营销的每一步。应以建设"社会主义先进文化之都"为契机，积极转变文化经济发展方式，适应新时期文化发展要求，更多地依靠科技进步和自主创新，打造"北京品牌"，塑造北京人文品质，推动首都文化经济特色化发展。

本章盘点了2012年首都三个主要文化行业——演出业、广播影视业、图书版权业的贸易状况，分别探讨了贸易中存在的瓶颈和困难，并提出了相应的发展对策和解决措施。

第一节 北京演出贸易发展状况

总体来看，2012年在上一年的基础上处于稳中求进的态势，既有旅游演出业的持续升温和演出机构运营模式的加速转变，也有演出产业多元化格局的初步形成。随着文化体制改革的不断深入，北京市新增注册的民营艺术院团呈现井喷式增长。同时，海外经典音乐剧中文版的引进和北京京剧院的"唱响之旅"海外巡演可以算是该年度演艺对外贸易的典范。然而，在国际竞争日益激烈的今天，世界各国对文化产业的重视程度越来越高，我国演艺院团在加入到国际演出市场的同时，也出现了不少以往不被重视或未被发现的弊端。譬如，演出产业各方面人才发展的不均衡，演艺院团市场生存能力不强等。首都的演出业要实现化茧成蝶，还需克服许多难关，才能最终成为与伦敦、纽约齐名的"东方演艺之都"。

一、首都演出业发展概况

2012年，北京演艺对外贸易发展稳中有进。贸易国家和地区涉及荷兰、比利时、德国、西班牙、美国、香港、法国、土耳其、加拿大、摩纳哥、朝鲜、菲律宾、日本、新加坡、台湾、希腊、瑞士、意大利，共18个国家和地区。演出近850场次，观众总数达89万人次，演出收入总计约823万元人民币。

（一）2012年首都演出业发展状况

2012年首都演出业整体发展水平较往年有所提高。演出收入与演出场次增加且艺术类别呈现出多元化发展趋势。

2012年，首都演出市场的重头戏依旧来源于国内艺术团体，共计在京演出20732场，占总演出场次的99.4%，比上年同期的19253场增长7.68%。外国艺术团体在京演出932场，占全年总场次的4.3%，比2011年同期1474场下降36%。港、台艺术团体及个人在京演出82场，占全年总场次的0.4%，较上年同期348场下降76%。

图1 2012年首都演出市场艺术团体分类

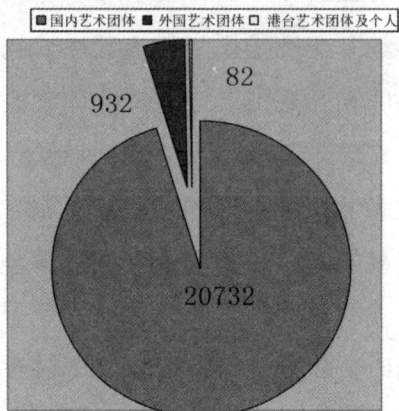

2013年第一季度，北京全市共举办各类型营业性艺术演出活动5211场，吸引观众数量达209.8万人次，实现演出票房收入约2.83亿元，继续呈现较快增长的态势。

（二）鼓励和引导民间资本进入文化领域若干意见发布

2012年7月15日，文化部出台了《关于鼓励和引导民间投资健康发展的若干意见》（以下简称《意见》），《意见》高度肯定了民间资本进入文化领域的重要作用，为创造民间资本进入文化领域的良好发展环境制定了具体措施。

近几年，在国家相关部门的政策支持和积极引导下，我国民营资本进入文化领域有了突破性的发展。文化部联合财政、税务部门加强对民营文化企业的文化内容创意生产税收政策的研究，积极推动针对民营文化企业的相关税收优惠政策出台。

二、首都演出业及对外贸易发展特点

2012年，北京演出业贯彻文化"走出去、请进来"的政策，成果显著。北京演艺市场发展与建设更加规范，进一步助力北京演艺对外贸易的良性增长。

（一）演艺主体多元化，民营院团势头强劲

演艺对外贸易主体多元化发展，包含转企改制演艺院团、保留事业编制演艺院团、民营院团、中外合资企业。在演出总收入中，转企改制演艺院团占52.26%，保留事业编制院团占24.4%，民营院团占14.8%，中外合资企业8.2%，其他0.34%。随着文化体制改革的不断深入，当前民营院团的发展速度和力度已经颇具成效。北京2011年年底注册的营业性文艺表演团体有504家，其中民营团体452家，占总数的89%，比2010年新增46家。而2012年6月，民营艺术院团已达530家，在北京2012年2.17万场营业性演出中，民营艺术院团占据了半壁江山。

（二）演艺地区继续拓展，贸易内容日趋丰富

贸易范围涉及欧洲、美洲、亚洲、北非等国家地区，欧美国家成为主要贸易对象。对外贸易类型继续丰富，除全球知名的中国杂技外，还包括了京剧、芭蕾舞、音乐剧、民乐等内容。

作为中国声乐领域内第一个艺术家组合品牌，"中国三高"在2012年走出北京，走向全国，包括香港、澳门等地；同时更声扬

握手环球文明

海外，先后赴美国、英国、德国等国家和地区巡演，让中国美声唱响世界。在一次次登台历练中，"中国三高"逐渐成为一个具有影响力、号召力的品牌，成为文化北京的一张崭新名片。北京京剧院"唱响之旅"自2011年7月至2012年7月，历时一年时间，先后在北京、上海、重庆、武汉、香港、台北，日本的东京、大阪、名古屋，土耳其的伊斯坦布尔，奥地利的维也纳，匈牙利的布达佩斯，捷克的布拉格等42个城市，完成了156场演出和50场讲座、50场展览。2012年9月12—23日，由北京歌剧舞剧院、中国杂技团、北方昆曲剧院组成的北京文艺演出团赴德国、土耳其演出，共准备了16个节目，包括民乐、舞蹈、杂技、京剧、昆曲等不同门类，且都是北京歌剧舞剧院、中国杂技团、北方昆曲剧院的代表作品。这些作品既有中国传统内容，如民乐合奏《金戈铁马》，也有与演出所在国相关联的元素。考虑到两国观众的接受程度，这些节目都不长，内容也很紧凑，且加入了大量的摇滚乐元素，使得演出动感十足，活力四射。演出团还根据现场情况及时调整节目单，在不同国家、不同地区上演的节目尽可能贴近当地观众欣赏习惯，获得热烈反响。北京交响乐团在谭利华率领下远赴欧洲，以"国际姿态和标准"连续在伦敦和欧洲六度巡演创下佳绩。北京当代芭蕾舞团携《霾》到荷兰、比利时和德国演出……像这样参与对外贸易的演出院团不胜枚举。

（三）世界经典音乐剧来华，版权引进继续升温

2011年，《妈妈咪呀！》版权引进，并制作中文版的成功试水，似乎标志着"描红"时代的降临。《猫》中文版在京城"搭窝"，让等候多时的北京观众能够与传说中的"喵星人"进行一次零距离接触。

《猫》的运作模式与《妈妈咪呀！》类似，首轮主要集中在北上广等一线城市进行巡演，之后再逐步向二、三线城市辐射。按照

《妈妈咪呀！》票房过亿的情况来看，此次重磅推出的《猫》可谓是前景一片光明。

音乐剧在中国若要落地生根，必须遵循引进、描红、原创三步走的原则已经成为业内共识。"描红"作为音乐剧最终迈入"原创"的必经之路，虽然只是尝试和实践了制作、排练和演出的运作方式，但却是对中国音乐剧的成长有着非常大的帮助；另一方面，利用这样一个中西合作的契机建立良好的音乐剧团队，大概会是对中国音乐剧更有意义的事。《妈妈咪呀！》和《猫》中文版成功为中国音乐剧市场打开了半扇门。

（四）特色演艺区强强联合，旅游演出再创新高

2012年6月，北京西城区政府分别与国家大剧院、中国对外文化集团及北京人艺等19家在京演艺团体签署战略合作协议，标志着强强联手的天桥演艺区建设进入一个全新的发展阶段。未来几年，天桥演艺区将在此基础上建成大约30个演出剧场；打造7条特色街区"一条演艺文化街、两条老北京民俗文化街、一条民国新市区风情街、两条天桥斜街"，同时推出多条特色旅游线路。将北京天桥演艺区建设成以历史文化为基石，以演艺产业为主导，集演艺单位、文艺演出、文化展示、休闲体验、文化旅游等功能于一体，具有中国特色、国际水准的首都演艺示范区。

北京作为世界闻名的旅游城市和国内重要的文化中心，其旅游资源和演出资源优势可见一斑，旅游演出市场成果丰硕。截止至2012年年末，北京全市共有16家以旅游演出为主的剧场。数据显示，2012年北京的旅游演出剧场共计演出5379场，占全年总场次的25%；观众人数达262.6万人次。行业总收入创下了2亿元的历史新高，较2011年增加7391万元，增长率达到了58.6%。

（五）剧院资源深化整合，"院线制"带动实践创新

2012年，资源整合仍是演艺市场的重头戏。对于各大剧院来

说，在经历了转企改制的洗礼之后，其盈利能力成为了衡量自身行业地位和生存能力的重要因素。对此，如何充分利用剧场闲置资源、合理对接营业渠道变成了诸多剧院营业者担忧的难题。通过近些年来的不断探索、调整，北京已有多家剧院转变了以往单打独斗的市场经营方式，组建了区域剧院联盟，开始发挥不可替代的作用。剧院联盟将主要起到两个作用：服务和增值。

2012年，北京演出剧场的"院线制"有了新的进展，率先在全国试行"院线制"经营模式的保利剧院现已形成粗具规模的28家剧场院线，实现了剧场从单一经营到行业经营的转变。剧场"院线制度"的形成，探索出了剧场多种经营的模式，辐射全国输出演出项目，并降低演出成本。

三、首都演出业及对外贸易存在的问题

（一）高端演出票价过高问题仍未彻底解决

2012年度各类演出总平均票价较上年同期下降了16.9%，多功能剧场和小型剧场的票价都有很可观的降幅，而大型演出场馆票价同2011年基本持平。高端演出票价过高仍没有很好的改观。原因主要由四部分构成：其一，部分艺术团体喜欢追求富丽堂皇的大成本作品，成本难以收回；其二，北京的演出场地相比其他城市租金费用更高，同时演出市场受到高税率的困扰；其三，旅游演出市场主要依托旅行社招揽顾客，而部分旅行社为赚取门票差额利润，导致部分票价虚高；其四，一些演出院团运作模式单一，经营管理念陈旧导致制作成本难以降低。

（二）艺术院团市场生存能力不足

2012年的北京演艺业迎来了两个转折点：其一是国有院团转企改制基本完成，转制率达到99.86%；其二是民营演艺院团出现高速增长，占据演出市场的半壁江山。首都演艺市场的活跃程度较以往大幅

提高，优胜劣汰竞争机制的引入也使市场变得更为成熟。随着社会的发展与观众素质的提高，对演艺产品的质量要求也相应提高。演艺产品"请进来"让国人们拥有更多的机会去接触和欣赏国际高水平的演出，艺术表演院团必须要有创作思维、创作水品上的提高。

（三）演艺产业人才匮乏

北京的演艺产业各类演艺人才都很不足，体现在演艺业高端创作与经营人才的不足，也包括能够整合多种资源的中间商的稀缺。

北京演出资源富裕，但由于缺少合理的运作管理，导致这些资源大多都没有被真正挖掘出来。其原因归根究底是因为缺乏一座能够使演艺院团与观众相互沟通、相互接洽的桥梁，而这个稀缺的媒介正是中间商。演艺业高端创作与经营人才的缺失使得符合当代审美和国际化要求的演艺作品难以推向市场，也导致原创文化作品的品牌运营能力难以提高。

（四）海外演出赠票问题严峻

一些演出团体试图利用虚幻的面子工程来抬高身价。与国内演出赠票行为类似，国外演出同样受到相同问题的困扰。部分演出团体在登上国外知名演出场所时，为证明巡演的成功，依靠赠票和请客来提高上座率。

四、首都演出对外贸易发展建议

2012年，首都的演出业美中不足仍有些纰漏需要改进。报告主要从两方面入手：即由企业规划和政府职责进行剖析。

（一）院团发展层面

1. 加强人才培育，提高创新能力

人才的作用日益凸显，教育的程度立分高下，创新的能力决定成败。要真正做到与国际接轨，并站在国际大都市的层次看待首都演出业的发展，目前我国专业性人才还是远远不够的。

从人才的需求层面来看，可参照国外成功的专业教学经验，并结合首都演出业实际情况确定演出人才的定向培养。文艺院团和剧场的数目可以算是四面开花，而处于中间位置的节目经纪商却无人问津，整体呈现出"中间窄、两头大"的哑铃状。这种畸形的发展状况对演出业的长期发展来说是十分不利的。从人才的各方面素质来看，应着重培养高端演艺人才，尤其是演艺文化创意制作方面的人才。培育高端人才要紧抓民族文化自觉与自信，用开放的眼光制作满足国际市场受众需求的作品，合适的情况下要尽量争取国外优秀人才为我所用。

2．积极开拓市场，转变运作方式

如今演艺市场的竞争异常激烈，演艺院团要想在众多竞争对手中占有一席之地，就必须准确地对自身进行市场定位，充分发挥自身的优势和特点。在开拓市场的历程中，各演艺院团要以灵活的运作方式应对市场的变化。要加强市场调研，让演出制作更贴近生活、贴近实际，使大剧本和小剧本制作按市场需求协调发展、齐头并进。

此外，演艺院团的海外演出要在国际竞争中保持文化自信，以国际化的理念进军国际演出市场。至于那些拿着政府财政补贴而在海外肆意赠票的面子工程应当厉行禁止。唯有如此，才能使演艺文化最终达到产业国际化、贸易国际化，乃至带动文化演出的经营理念、制作创意和演出水品整体升华。

3．审时度势，借鉴海外

第一，思维开放，不拘一格。

一部音乐剧创作灵感的来源是多种多样的，有时灵感的产生可能靠的是偶然，譬如百老汇第一部成功的音乐剧《黑魔鬼》就是偶遇剧院火灾事故后诞生的。当然，伦敦西区与百老汇的经久不衰并不是仅仅依靠所谓的"机缘巧合"，上帝不可能永远眷顾同一个人，关键是制作人如何抓住这份灵感。伦敦人和纽约人的成功之处就在于他们都有开拓的思维和不拘于形式的洒脱，从而成就了这份灵感。

第二，阶梯型"剧场群"层次分明。

对演出行业而言，单单依靠演出资源是难以为继的，符合行业发展的规划从某种意义上说甚至更为迫切需要。伦敦西区海马克特街和沙福兹伯里街的繁华街区，剧院的结构是按阶梯"剧场群"进行分类：第一类是国家级剧院，像著名的皇家歌剧院、皇家国家剧院和皇家莎士比亚剧院等。第二类是商业性剧院，这类剧院规模稍小，没有政府资助，生存是首要问题，在制景和演员阵容方面，都节俭许多，在剧目选择上更要考虑观众的口味。第三类是实验剧院，规模更小一些，一般容纳上百人到几百人，大都是年轻人，衣着较为随便，剧目也多为新手作品。在百老汇也有类似的"剧场群"来带动演出业的发展。

从西区到百老汇，可以发现两个截然不同的地方却有惊人相似的产业规划。错落有致的"剧院群"不仅不会因为竞争压力而导致此消彼长，反倒产生了区域性文化的共同繁荣，有利于高端演艺人才的培养。演艺聚集区的形成向演艺人员提供了一个更为广阔的舞台和前进的动力，同时也让观众能够拥有更多的选择余地和欣赏更多优秀的作品。

第三，以演艺为核心，促产业链发展。

西区作为一个国际化戏剧和娱乐中心，海外游客和剧目出口的增加成为其保持连续增长的最大依仗，如果加上与之相关的演出衍生品和剧院周边消费，如餐饮、住宿、交通和纪念品等，西区全年消费总额是十分可观的。百老汇剧场带动的文化旅游贸易和服务贸易自然也是极为可观。

第四，舞台标准化，制造批量化。

当观众走进剧场欣赏演出，舞台、音响等辅助设施的专业水平

很大程度上决定了演出的质量和观众的心情。可以说，舞台是剧院的核心。像西区和百老汇这种运作比较成熟的剧院，舞台演出都有系统、科学的规划与保障。在舞台布景的制作及演员的选择上英国皇家歌剧院是很好的借鉴范例。

（二）政府职责

1. 合理规划场所，健全法制建设

2012年北京的演出市场某些制约演出业发展的因素还依然存在。在城市规划和建设法规方面，增加剧场规划和建设的相关内容，科学地规划聚集区内相关产业（如餐饮、旅游产业）的需求问题，充分调用北京的各项资源。

除此之外，还要重视演出业法律规范的建设。近年来，党和政府高度重视文化产业的发展，出台了一系列政策作为助推动力，但在行业法规方面还有待健全。随着文化产业发展的不断深入，这些法律规范适用的范围将会越来越窄，应当立即作出调整以覆盖到文化产业的方方面面，重点维护消费者权益和监督行政机关行使权力的职责。可以从三个方面进行着重转变：一、修改和完善《营业性演出条例》，切实保障好演出主体和受众的合法权益；二、适应国际演出市场经营管理规律和规则，与国内文化产业法规内容互补、协调；三、专门制定演出业地方法规，调节演出业各方面的法律关系，其中对演出特殊性方面的内容应单独设章。

2. 调整产业结构，加速文化出口

演出行业的各类人才总体可分为三类，即演出人才、创作人才以及渠道人才。处于沟通作用的渠道人才（即中间商）极为缺乏，导致演艺院团的资源配置能力和信息捕捉能力难以提高。中间商的不足又体现在整个演出行业的中介机构和国际性交流平台寥寥无几，使得国内文化产品的国际化程度难以提高。

目前，我国民营企业对组建国际性文化交流平台的了解程度还远远不够，对中间机构的盈利能力表现为质疑大于实践，调整演出产业结构的重担最终还是要落在政府身上。政府作为演出产业发展方向的带头人，需切实把握好产业内各方面的平衡，提高资源利用效率，加快文化走出去步伐。

随着首都演出业的日益壮大，为鼓励和扶持北京乃至全国的演出院团走出国门，政府可主动构建国际性网络交流平台，通过交流平台来加强国内院团与世界各国演出院团、演出机构的沟通合作，同时向国内演出团体提供文化出口的渠道和跨境咨询服务等方式，加速外向型文化企业的培育。对于跨境咨询服务方面，交流平台应起到广泛搜集世界各地消费者对不同文化产品的需求情况，为本土企业文化出口的题材和类型提供参考依据；并针对主要贸易国或地区的法律规范进行分类总结，提供给文化出口企业，避免不必要的纠纷和损失。此外，政府还可根据实际情况给予当地演出院团和机构多样化的融资渠道来增强企业的国际市场生存能力，为我国文化产品国际化打下坚实基础。

3. 加大扶持力度，促进长足发展

首先，应带动产业链的协调发展。用产业链的视角来看演出，一台成功的演出不仅要包含作品的创作与营销，还要拉动相关产业的发展，比如演出衍生品、服务和旅游。从这个角度看，"文化大发展、大繁荣"最终应起到的作用是带动社会全局的协调发展，而不仅仅是在文化领域内"孤芳自赏"。

其次，演出业高税收政策还需斟酌。剧场已经被税收问题压得喘不过气，房产税、营业税以及企业所得税如三座大山扑面而来。政府在主导对演艺院团的财政扶持，比如文化创意产业基金、贷款贴息等。可对剧场来说，税收的问题仍是一个极大的困扰。

剧场作为文化艺术的传播媒介，理应与营利性的娱乐场所划清界限。关于剧场缴税的问题，要区分到底是文化设施或是经营单位。

最后，民营院团扶持政策还需完善。当前形势下，演出成本正悄无声息的持续升高，尤其是场租和宣传的成本提高速度尤为突出。民营企业因为长期扎根市场，对市场的敏感度较高，能够快速反应和调整以满足观众的需求。对此，政府完全可以在剧场场租方面对生存能力还比较低的民营院团一定优惠，通过公共广告宣传的方式体现政策扶持。

总体来看，2012年首都演出业延续了上一年的发展态势，在国内外演艺市场中稳步前进，取得了不错的成效，但仍然存在一些问题亟待解决。希望演出单位在今后的工作中能够摆脱陈旧的经营理念，顺应时代潮流的趋势，深入研究国内外知名演艺团体的成功经验，加速演出产业"走出去"步伐；政府应当引导和构建演出产业多样性，促进首都演出业各方机构的平衡，以此带动产业链全面发展。同时，还应注重专业性稀缺人才和演艺高端人才的培养，打造出中国创造的世界潮流品牌，争取早日实现与伦敦、纽约齐名的"东方演艺之都"。

第二节 北京广播影视贸易发展状况

2012年，国内广播影视业在如下方面取得了不同程度的发展。第一，深入推进电台电视台改革，广播电视舆论引导力显著提升。第二，加快推进农村广播影视公共服务体系建设，人民群众基本文化权益得到更好保障。第三，不断深化产业体制机制改革，广播影视产业发展实现新突破。第四，全面推进数字化，广播影视科技水平大幅提升。第五，切实加强"走出去"，广播影视国际传播能力明显增强。而作为中国文化中心的首都北京，其广播影视业在2012年也取得了不错成绩。精品力作不断涌现，是2012年北京广播影视的突出特点。诞生了电视剧《北京青年》《正者无敌》，电影《人再囧途之泰囧》，纪录片《空中看北京》《笔墨春秋》《无与伦比的辉煌》等精品力作。在北京广播影视产业的蓬勃发展中，民营企业发展非常强劲。民营影视企业已成为北京广播影视业的生力军和骨干力量。

越来越多的广播影视企业还争相走出国门，在海外有了迅猛发展。2011—2012年度，北京有18家企业、7个项目被评为国家文化出口重点企业和重点项目。2012年5月21日，大连万达集团以26亿美元并购美国AMC影院公司，占100%股权，拥有AMC的338个影院，4865块银幕，已成为全球规模最大的电影院线运营商。2012年9月25日，小马奔腾联合印度信实集团以3020万美元成功收购了美国数字王国，持有其70%股份。换了大股东的数字王国已正式落户北京，拟在京创建影视高端特效制作技术基地，以及文化中心、娱乐中心、主题公园等。为了鼓励更多企业走出国门，北京市广电局2012年组织全市12家企业赴法国戛纳电视节参展，共展出电视剧31部、纪录片16部、动画电影1部，实现交易金额120万美元，达成合作项目(含意向)金额320万美元，为历年之最。此外，北京市广电局还组织北京海润影业、京都世纪、新浪网等影视文化制作、传播单位，首次参加了班芙世界媒体节，积极扩大与国际同行的交流合作，受到广泛关注。

一、北京广播影视对外贸易状况

2012年首都广播影视业持续稳定发展。北京电视节目进出口总额略有下降，贸易结构趋于合理化，对外贸易差额继续保持顺差，进出口来源以及去向趋于多样化。电影业方面，首都电影票房收入达历史新高，突破16亿大关，一部名为《人再囧途之泰囧》的电影更是创造票房奇迹，也为中国电影人如何制作合大众口味电影作出了榜样。2013年2月，中美双方就"允许更多的美国电影进入中国市

握手环球文明

场并提高美国片方分账比例"达成协议。中国将在此前每年引进20部美国电影的基础上增加14部美国进口大片，以IMAX和3D电影为主；美国电影票房分账比例从13%提高到25%。这无疑为国产电影增加了竞争压力。回顾2012年的首都广播影视业，总收入的上升，节目质量的提高，技术的进步等表明其总体上取得了不错的成绩。而相较于往年，2012年首都广播影视业所表现出的特点更是令人欣喜。第二届北京国际电影节的成功举办，增加了北京在国际电影届的影响力，无疑会使整个中国电影市场受益。另一方面，首届国际动漫博览会以及第21届北京国际广播电影电视设备展览会的顺利召开也为2012年首都广播影视的发展作出了不小贡献。而民营资本的注入，以及微电影的不断兴起是给予首都广播影视的发展提供了新的动力。

（一）首都广播电视节目贸易总额略有下降，贸易结构趋于合理化

根据国家广电总局的最新统计数据显示，2012年北京电视节目进出口总额相较于2011年略有下降。

表1 2009—2012年北京电视节目进出口额

	2009	2010	2011	2012
进口总额（万元）	126	775	705	1083
出口总额（万元）	285.60	1508.37	5240.17	4180.84
贸易差额（万元）	159.60	732.37	4535.17	3097.84
贸易总额（万元）	411.60	2283.37	5945.17	5263.84

数据来源：北京市广播电影电视总局电视节目进出口统计年报

从表1中数据可以看出，相较于2011年，2012年首都电视节目进口总额有所增加，由原来的705万元到增长到了1083万元，而出口额却有20%左右的减少，从5240.17万元下降到了4180.84万元，但总体仍是顺差，达到了3097.84万元。这些数据无疑说明了北京电

视节目在海外仍然是备受青睐的。

反观贸易总额，2012年相比于2011年由5945.17万元下降到了5263.84万元，这一现象从侧面反映了2012年作为中国经济转型期当中的重要一年，各个产业都在不断调整以及优化自己的产业结构，额度有所起伏亦是在所难免。进口额的增加则体现了如今的观众对国外电视节目需求的增加。但与往年不同的是，2012年首都电视节目的进口对象不单单局限在中国台湾，对于美剧的引进也占据的进口总额的一大部分达到了403.96万元，其中电视动画进口总额为380.45万元，纪录片为23.51万元。而在2011年时其进口额705万元，当中有605万元是产生在与台湾贸易当中的，二者相比2012年的贸易结构更显合理。

出口总额方面的下降十分明显，由2011年的5240.17万元下降到了2012年的4180.84万元。

表2 2011—2012年北京电视节目出口概况 单位：万元

	合计	欧洲	美国	其他
2011	5240.17	68.20	2759.50	2412.47
2012	4180.84	878.20	1243.86	2058.78

数据来源：北京市广播电影电视总局电视节目进出口统计年报

可以看出北京电视节目出口总额在2012年虽然有一定幅度的降低，但多表现在对美国出口的下降当中，由2011年的2759.50万元下降到了2012年的1243.86万元，然而对欧洲的出口额度却有大幅增长，从2011年的68.20万元到2012年的878.20万元，这些现象同样也给出了一个信号——即2011年前北京电视节目出口对象过于单一，结构不甚合理，2012年这种现象则得到了充分的改善。

（二）首都电影市场票房首超16亿，国产片市场份额十年来首次不敌进口片

截至2012年年底，北京电影票房收入约达16.1亿，比2011年同

握手环球文明

113

期增加19.4%，占全国总票房收入的9.4%，连续7年呈现快速增长发展态势，并连续7年稳居国内城市票房收入首位。而2013年一季度，全市新增广播电视制作经营机构129家；产量与收入方面，电视剧产量居全国第一，电影制作占全国半壁江山，电影票房收入比上年同期增加1亿元，累计收入4.35亿元，继续稳居全国首位。

目前，电影在文化建设中扮演的角色也愈发重要。作为全国文化中心的北京市，在这一战略中起到了领头羊的作用。北京市还成功举办过两届国际电影节，取得了丰硕成果。北京市广播电视局副局长庞微在年会上透露，2013年的第三届北京国际电影节将首次设立主竞赛单元，评选出在国内外业界有广泛公信力和认知度的奖项结果。

国家广电总局副局长张丕民表示，中国电影经过十年的发展已经走进一个十字路口，面临着如何构建中国电影文化的现实问题。同时他认为中国电影应当参考美国电影发展中的文化战略，形成特色影视作品，向世界传播中国文化。国产片市场份额十年来首次未过半。2012年有多达34部的进口分账大片汹涌来袭，似乎早已注定了国产片与进口片在票房上的胜负大局，尽管《人再囧途之泰囧》以及《十二生肖》等片在年底强势发力，也没能挽回国产片劣势。

表3 2007-2012年中国以及北京地区票房情况

	2007年	2008年	2009年	2010年	2011年	2012年
北京地区电影票房（亿元）	3.65	5.25	8.1	11.8	13.2	16.5
中国国产电影票房（亿元）	18.01	25.53	35.12	57.34	70.31	80
中国进口影片票房（亿元）	11.7	17.88	26.93	44.38	60.84	88

数据来源：北京市广播电影电视局行业统计年报

二、首都广播影视业发展特点

（一）国际关注度不断提高

首都广播影视业的国际影响力也在不断提升。2012年，第二届北京国际电影节成功举办。260部中外影片展映、52.73亿的电影洽商成果、几十场中外新片发布会、群众参与人次超过百万。电影节期间上千家海内外主流媒体和重点网站将目光投向北京国际电影节。

8月份，第21届北京国际广播电影电视设备展览会以"品格媒体，品质生活"为主题在中国国际展览中心盛大举办。来自全世界的广播电视管理者和技术人员等组成的代表团前来踊跃参观交流，将BIRTV作为新技术新领域的平台。

这些展会的成功举办以及它们未来的发展前景都从侧面反映了首都广播影视业的国际地位在不断提升，受到的关注也在不断增多。

（二）国际交流渠道进一步拓展

首都广播影视业的国际地位近年来特别是在2012年得到了很大的提升，其原因之一就是首都广播影视业一直在不断的拓宽着自己与世界其他各国各地区的交流渠道。2012年11月30日，首届北京国际动漫博览会隆重开幕，吸引了数万漫迷的到来，汇聚了国内外300余家动漫相关企业和院校参展，同时还有近500家单位和院校参加了组委会组织的各类活动。

本次博览会期间国际动漫企业之间签订了10几项合作意向书和协议书。为北京动漫业的发展打了一剂强心剂，同时也促进了北京动漫业与世界其他地区之间的交流。

北京在电影业、电视业等领域也在不断努力地拓宽着自己的交流渠道。北京国际电影节2012年的电影洽商环节吸引到640家中外影视机构参加，共有21个项目签约，金额总计达52.73亿元人民币，与上年相比增长88.7%以上，再次创下国内节展交易签约金额的数量之最。

而2013年11月在北京举办的文化博览会上，北京京文唱片公司、美国金莎集团、北京时代新纪元文化传播有限公司三方签署了大型中国风情秀《PANDA!》在美国拉斯维加斯驻场演出

项目。作为本届文博会走出国门最大的文化项目，《PANDA!》于2013年12月19日在拉斯维加斯金莎集团宫殿剧院全球首演。《PANDA!》用中国风情、国际理念、时尚表现把中国的故事讲给世界倾听。

（三）民营资本的介入为首都广电产业注入新的力量

伴随我国经济状况的不断优化改革，民营资本在国内各个产业领域不断扮演着越来越重要的角色。国家对民营资本进入国有垄断行业的态度不断明朗、支持力度不断加大。

在2009年文化产业振兴规划当中曾经明确的提出来要鼓励民营资本，外资进入政策许可的文化产业领域，特别是要参与国有文化企业的股份制改造。文化部于2012年7月发布《关于鼓励和引导民间资本进入文化领域的实施意见》，民间资本进入文化产业也在不断获得政策护航。

广播影视作为文化产业当中的重要组成部分，民间资本对其助力作用更是令人瞩目。国内的电视剧领域中，前20大电视剧公司都是民营的，电影领域里前5大电影公司里只有一家是国有的，而北京则拥有这些公司中的大多数，其中包括华谊兄弟、博纳影视、小马奔腾等享负盛名的企业。

2012年8月广电总局制定了《广电总局关于鼓励和引导民间资本投资广播影视产业的实施意见》，这些新政策以及民营资本已取得的成绩让大家看到了首都广播影视业发展的新希望。但民营企业还算是新生事物，需要在今后的工作中加强引导和培育，切实采取措施促进民营广播影视企业的成长壮大。

（四）微电影、大产业、新商业

所谓微电影，就是微型电影，又可以称作微影。微电影是指专门运用在各种新媒体平台上播放的、适合在移动状态和短时休闲状态下观看的、具有完整策划和系统制作体系支持的具有完整故事情节的"微（超短）时"（30—300秒）放映、"微（超短）周期制作（1—7天或数周）"和"微（超小）规模投资（几千至数千/万元每部）"的视频（"类"电影）短片，内容融合了幽默搞怪、时尚潮流、公益教育、商业定制等主题，可以单独成篇，也可系列成剧。

微电影具有以下比较优势：第一，片长的优势。第二，成本的优势。第三，广告的优势。第四，传播的优势。第五，口碑的优势。

也正是基于这些优势，微电影产业发展十分迅速。而首都北京更是微电影产业发展的先驱，在北京，有众多优秀微电影制作团队。有关微电影的各种重大节日庆典也多在北京召开，例如中国微电影大典、中国大学生微电影节等。首都影视业的发展也因此得到了强劲的动力。微电影在中国处于刚刚起步的状态，许多问题还有待解决，比如微电影的盈利问题、微电影的宣传推广问题、微电影的内容质量问题等。但是，微电影产业的兴起为中国广播影视的发展正在注入新的活力，相信这股新生力量必定能够帮助中国以及首都广播影视业开创一个全新的时代。

三、首都广播影视贸易发展中存在的问题

2012年，随着我国广播影视产业整体上的发展，作为行业先锋的首都北京，凭借其独特的资源以及环境优势，广播影视业也取得了不错的成绩。但是在优异成绩的背后同样隐藏着诸多问题，尤其是在如今国际化越演越烈的环境之下，面对来自国内国外的双重竞争压力，发现问题并尽快解决成为首都广播影视业发展的关键所在。

（一）广播电视

单从广播电视业看，缺乏创新仍然是现阶段最大也是最难解决

的问题。首都广播电视业还存在着无法使自己的原创走出去的问题。另外，广播电视节目过度商业化和数量太多、质量太低的问题也有待解决。

1. 能"引进来"，却难"走出去"

回顾2012年首都广播电视节目，虽称不上光彩耀人，但也有亮点可圈。"引进来"无疑成为了北京各卫视以及广播电台的王牌招数。最成功的案例当属浙江卫视的《中国好声音》，作为舶来品节目当中的佼佼者，《好声音》的成功究竟源于何处，又给首都广播电视业带来了怎样的启发呢？其首席执行官田明认为，节目成功的重要秘诀就是"国际模式，中国表达"。

但是，单靠"引进来"还是远远不够的，首都广播电视要得到真正飞跃性的发展就必须有自己的创新，只有创新才能发展。如果节目想要在中国乃至全球生根发芽，枝繁叶茂，就必须凸显中华民族的特色，北京本土的特色，调和西方文化基因与我国几千年积淀的东方传统文化土壤之间的矛盾，取其精华，去其糟粕，适当在一些娱乐元素的运作模式上不断吐故纳新，这样才能保证有更强大的感染力和旺盛的生命力。真正做到"北京模式，国际表达"。

2. 广播电视节目过度商业化

近几年首都广播电视商业化问题已经得到了很大缓解，很多节目在确保自己能够自负盈亏的基础上更多是站在观众角度去做节目。但是仍然有部分节目的过度商业化问题需要大家共同努力解决。收视率引发投资之战，植入式广告的大量投放——能否做好进一步缓解甚至根除过度商业化问题是未来首都广播电视业发展的关键所在。

3. 广播电视节目数量多、质量低

如今的广播电视市场，节目数量多、质量低的问题仍厄待解决。广电总局电视剧管理司副司长王卫平指出，电视剧市场存在着

情感剧泛滥、题材范围狭小等问题，并将这些问题归结为制作公司受市场影响跟风创作；制作周期短，创作者沉淀时间不够等。针对今年电视剧产量过剩问题，10月份北京成立了中国电视制作业协会，提出"减少产量，推出精品"的发展要求。

（二）电影

2012年国产片市场份额十年来首次未过半，这从侧面也反映出国产片自身所存在的问题。影片缺乏竞争力，原因有很多方面，其中最关键的还是由自身质量偏低造成。造成影片质量偏低与投资市场的混乱不无关系。北京郊区的一些电影院环境问题也需要有关部门采取适当措施进行改善。

1. 广播电视业与电影业发展不均衡，影响整体发展

首都广播电视业与电影业发展的不均衡主要表现在广播电视业的发展快于电影业的发展上。首都广播电视业的发展在全国范围内是比较领先的。而相比于广播电视业的发展，电影业还需付出更多努力，提高自身影片质量则是其中最为关键的一点。当下中国电影市场年轻人是主流观众群体，他们在很大程度上已接受了好莱坞电影的"熏陶"，习惯了好莱坞电影的趣味。而国产电影类型化不成熟也不齐全，难以有效支撑市场，势必会被好莱坞的类型片所占据。所以要打破广播电视与电影间发展的不均衡问题，首先还是要从自身出发，提高首都电影制作的质量。

2. 电影投资市场混乱，影响影片质量

相当多的业内人士表示：中国电影在过去两年里经历了一次头脑过热的"大跃进"，大量游资热钱涌入，变相刺激了这个行业的不正常增长，导致制作门槛降低的同时，创作质量水准也连创新低。在整体票房提升的同时，大量粗制滥造的低水平作品充斥电影院，制作人吹嘘的"大投资"换来的不是大片，而是大烂片。

而面对此种情况，加强电影投资市场的合理化规划异常的重要。

电影投资的混乱，致使很多低质电影充斥着电影市场，致使观众丧失了对国产片的信任与依赖，开始转身加入进口片的观影人潮中。

相关部门应该抓紧时间针对以上不合理行为作出积极回应，妥善制定对策以缓解并最终消除这种乱投资现象，给首都影视业一个健康的发展环境。

3. 首都郊区电影院环境仍需改善

诸多的郊区县电影院满足许多居住偏远的市民观影需求，也为北京的电影地图填补了不少空白。然而这些郊区电影院的生存状况如何？能否满足郊区人们日益增长的精神文化需求？

以通州为例，2010年前后，通州电影院装修完毕，重新开业，增加到了如今的3个厅，其中一个能够播放3D电影。通州新增一家汽车电影院，一家博纳天时影院，由原来的"光杆影院"变成了3家。让居民十分满意的是上片速度能够与城里同步了，而相应的票价也由原来的较之城里更优惠变成了同一水平。但是，在观影环境和效果上还是比较差，特别是3D影片，体验难以满足观众的需求。昌平区的观众也表示，选择郊区影院的机会不多，只有真正没事而又不愿意进城时才会在周围看看。

由此可以看出，首都郊区电影院环境还不尽如人意，仍然有很大的改善空间，需要有关部门给予更多的关注以及支持。

四、北京广播影视对外贸易发展对策与展望

广播影视业可以说是一个集信息、科技、管理等于一身，并需要不断在传统中创新的文化产业。面对当前存在的诸多问题，首都广播影视业若想在经济全球化的背景下取得更进一步发展，当务之急就是要完善国际化广电人才培养及其发现机制，人才并不是万能的，没有人才便是万万不能的，当提到首都乃至整个中国的电视节目、电影节目没有创新而只一味跟风模仿时，当提到一些关键问题

总是决策失误时，我们可能忽略了其中的根源性问题，就是缺乏具有国际眼光的创作型人才。其次，积极鼓励并引导行业间的合作发展。2010年拍摄的《非诚勿扰2》在收获不错票房成绩之后，也为海南三亚以及首都北京做足了宣传。这种跨行业的合作无疑为首都广播影视业的发展提供了新的思路。第三，对于首都广播影视业，立足北京本土可以说是基础，发挥首都地缘优势、文化优势以及人才优势并在此基础上创新思维才能作出让首都、让世界满意的作品，进而打造真正的广电之都。最后，所要做的就是努力使自身适应国际环境，与时俱进，使产品更具国际性，拓宽自己的市场，达到真正的——"广电北京，辐射世界"。

（一）完善国际化广电人才特别是创作型人才的培养及其发现机制

广播影视业是一个高科技、高智能型的行业，从信息产品的生产、经营和各个环节，无不需要高素养、良好的气质、强烈的信息意识、精明的经济头脑、丰富的知识储量和较强的综合分析能力，这样一些人才队伍。实行人才战略，首先要实行体制上的转变。广播电视作为党和政府的喉舌，是事业型的。在向产业化转变过程中，现在的管理机构的职能，有些要加强，有些需要转变，体制上没有现成的模式和经验，需要我们不断摸索，勇于创新。成立相当的专门机构来规范和监管，是当务之急、刻不容缓。二要增加教育科研投入，加强人才培训。对广播电视信息业者进行培训，让每一位业者都能掌握最新的科学文化知识，在学习当中找到创作的灵感。三要改革用人机制，彻底打破"任人唯亲"的观念，实行岗位竞聘，不分彼此，不分界线，让一批有真才实学、诚信肯干的人才，在重要岗位、关关键岗位得到重用，得到锻炼，真正做到"能者上，庸者下"。四要有一定量的人才储备。

（二）广电领域需积极有效利用来自民间的资本投入

2010年年末冯小刚贺岁大片《非诚勿扰2》隆重上映为跨行业合作发展起到了很好的示范作用。特别是利用电影、电视为城市做宣传、为旅游做铺垫方面。尽管现在的城市借助电影推广还处在初级阶段，但如果相关部门能够做到积极并有效引导，相信这种跨行业的合作方式对行业各方都是利好消息。

2012年9月由世界旅游城市联合会主办的"世界旅游城市电影展"启动仪式于9月13日在北京市金宝街百丽宫电影城举行。此次影展活动旨在宣传世界旅游城市的风光和资源，展示会员城市风采，展现北京国际大都市风貌。

城市的美景可以为电影带来完美的艺术画面，而电影又能为城市做最好的形象宣传，他们是相辅相成的共生关系，在未来，跨界合作应该是不仅仅局限于旅游与电影、电视方面，电影的作用也不单体现在宣传某个产业或者事物当中，而广播影视业本身也必然会从这些合作当中得到很好的发展。

（三）立足北京元素，打造广电之都

说到北京元素，不能只看到她的高楼大厦，各种古代园林建筑同样坐落于此；也不能只看到她的交通拥堵，老街胡同同样的穿梭其中。只是对于广播影视业来说，二者的契合点究竟在哪里？以2012年热播的两部电视剧《北京青年》《北京爱情故事》为例，这两部剧的播出更好的为观众展示了北京，但这两部剧之所以会受到如此多的关注，与其利用北京特有元素来宣传自己是分不开的。而在电影业方面，《非诚勿扰2》则是一个最好的例子，《非诚勿扰2》里很多人物职业、性格、对白等也都有着浓重的京味文化，而导演冯小刚也是地地道道的北京人，更懂得利用北京的元素。在广播方面FM103.9北京交通广播电台全天节目由以下内容构成：新闻、服务信息、知识性、服务性、娱乐性专题。交通广播电台之所以能够获得今天的成绩，最大优势就在他们很好的利用了北京自身的因素。

作为中国的首都，世界特大城市之一的北京，拥有着得天独厚的本土优势元素：优秀的人才、丰富的资源以及极高的被关注度等。这些特有元素都在为首都北京能够打造成为一座广电之都做着十足的准备。

（四）适应国际环境，扩大市场规模

如今经济全球化愈演愈烈之时，首都广播影视业也面临着严峻的竞争环境，如何适应国际环境，占领国际市场制高点对提升首都广播影视业的竞争力显得尤为重要。

首先，科学技术就是第一生产力，高科技成分渗透广播影视行业。数字化时代已经成为现实，"三网融合"的脚步已越来越近，3D技术已经被广泛使用，IMAX、4D等也并非崭新词汇。我们需要走出国门，走向国际化，学习西方广播电视业的先进科学技术水平，提高自身的能力。另一方面，由于西方发达国家的广播电视业具有运行先进广播电视业的管理经验和运行模式，首都的广播影视国际化，需要在这些方面加强学习，参考国外的先进经验。

进一步细分，我国的广播电视综合实力与西方先进媒体相比还相去甚远。首都广播电视产业在国际化的进程中虽然已经取得了显著成效，但仍有很大提升空间。首都广播影视必须适应世界传媒发展的趋势，在"苦练内功"的同时积极"走出去"，参与国际竞争，提高竞争力，建立与北京综合实力相称的广播影视现代化传媒体系，成为国际上有重要影响力的全球性媒体。

而首都电影产业则需要借助优势、发挥特色、适应国际，循序渐进的打开海外市场。借助优势是指作为中国首都，北京拥有着其他城市所不具备的优势资源，要积极借助优势资源力量，推动首都影视业的发展。而所谓发挥特色就是说中国作为文明古国，而北京又是一座具有3000年历史的古城，本身特色不言而喻，如果能够得到充分发挥，所带来的影响不可小觑。最后，在发挥自己优势的同

时，要有国际化的眼光，看清国际形势，适应国际环境，循序渐进地打开国际市场。

第三节 北京图书版权贸易发展状况

近几年，国家文化软实力和国家形象力受到重视，我国出版业改制、集团化、股份制、上市等阶段性战略实施，促成国有和民营出版单位不同程度上实现了华丽转身，数字出版技术推进新型出版单位异军突起并且角逐出版领域。

2012年，在北京市政府的全方位支持和业界的不断努力下，北京图书出版业的整体实力和国际竞争力在一定程度上得以提升，一些知名出版单位有意识、有实力、有计划地开始进军国际市场。图书出版业进一步向规模化、集约化、专业化发展，数字出版发展显著，传播能力显著提高。

针对北京市图书出版业版权贸易生态环境失衡、国际影响力不高、融资渠道不通畅等问题，本文提出了政府完善产业政策、企业塑造出版品牌、金融机构构建产业融资体系平台等对策，以期进一步推动出版资源整合，提高北京图书出版的世界影响力。

一、2012年北京地区图书版权产业贸易发展概况

（一）产业主要经济指标持续向好

2012年北京图书出版产业快速发展，产业主要经济指标持续向好。网络出版、手机报刊、电子书等数字出版产业发展迅速，报纸、期刊、图书印数再创新高。北京市属出版社共计出版图书1.08万种，截至11月底，北京地区新闻出版业年度收入达到619.3亿元，同比增长12.3%。图书出版"走出去"战略成效显著：从数量方面看，版权贸易呈增长趋势，尤其是引进版权数量增长较大；从

质量方面看，贸易标的中科技、财经、学术类书籍等精品图书逐步增多。

（二）产业结构优化升级

随着出版体制改革进一步深化，促进图书出版产业高速发展，传统图书出版业进一步向规模化、集约化、专业化发展，图书出版新业态迅猛发展，图书出版产业体系、结构、布局不断优化，出版传播能力显著提高。

1. 数字出版增势明显

12月12日，亚马逊中国的电子书店——kindle电子书店——悄然上线。至此，国内三大网上书店——当当网、京东商城、亚马逊中国全部上线了电子书店。

2. 精品出版迎来发展契机

2012年，北京市继续加大对原创精品的扶持力度，组织策划出版了一批精品力作。北京市还将多措并举大力扶持精品出版，建立有利于精品创作、出版、传播的激励机制；继续实施出版原创推新工程等，建立原创优秀文学作品与影视、动漫、网络等传播平台的结合途径，形成北京精品出版的品牌效益和规模效益。

3. 出版企业争走上市之路

伴随着出版业转企改制的深入，一批出版集团准备冲击资本市场。根据国家新闻出版总署的统计数据，2012年，包括知音传媒、中国出版集团、中国教育出版集团、中国科技出版集团等15家出版企业启动上市工作。

出版传媒企业已经有若干IPO先行者，如北方联合出版社、江苏凤凰出版传媒集团、湖北长江出版集团、中南出版传媒、时代出版传媒等，都已经实现IPO或借壳上市，其产品、业态、模式、人才等资源在上市后都有了新的发展。

一方面说明出版企业的资本需求量比较大，另一方面，国内出

版机构的资本拥有量根本不足以参与国际竞争和市场覆盖，IPO是他们扩充资本量的一个有力手段。众多出版传媒企业IPO，对于文化企业本身来说意义更大，因为上市将真正实现转企改制和内容资源的整合，推动其内部资源的整合和业务的有机融合。

（三）政府的全方位支持

1. 版权之都建设——提升国际影响力

北京政府积极将北京打造成为版权之都，提升国际影响力。目前，北京市已完成版权之都建设方案研究论证工作。为促进网络出版、手机报刊、电子书等新型业态的发展，2012年北京市开展了网络版权保护的专项行动，建立长效机制，强化对出版发行、影视制作、动漫游戏等重点文化创意领域版权的专项保护。

2.《关于加快我国新闻出版业走出去的若干意见》——让"走出去"升温

2012年1月，新闻出版总署出台《关于加快我国新闻出版业走出去的若干意见》，对"十二五"末的主要目标提出了量化标准，版权输出数量突破7000项，并力争基本完成"走出去"国际布局。在这一利好政策的指引下，一些大型出版集团纷纷以全球市场为目标来运作，其版权输出更加积极，海外布局更加务实。2012年4月，中国作为伦敦书展主宾国，在"新视角、新概念"的主题下，向全世界点亮了"中国概念"。输出版权1859项，为中英的文化交流、中国文化"走出去"谱写了新的篇章。

3.《关于支持民间资本参与出版经营活动的实施细则》——提振民企信心

7月，新闻出版总署出台了《关于支持民间资本参与出版经营活动的实施细则》，首次提出要支持民间资本参与"走出去"出版经营，从事图书、报纸、期刊、音像制品、电子出版物等出版产品的出口业务和到境外建社建站、办报办刊、开厂开店等出版发行业务。对面向境外市场生产销售外语出版物的经营活动，还可以配置专项出版权。《细则》明确提出，支持民间资本在党报党刊出版单位实行采编与经营"两分开"后，在报刊出版单位国有资本控股51%以上的前提下，投资参股报刊出版单位的发行、广告等业务，提高市场占有率。

据统计，全国出版业内的民营图书策划公司已达1万多家，民营图书策划公司出版的图书已占全国图书市场半壁江山。很多民资工作室从选题策划到市场销售，实际已介入图书出版的整个产业链条。8月底，北京时代华语股份公司在美国投资的全资出版公司CN TIMES INC挂牌，首批投资100万美元，计划每年出版100本中国版权图书，为中华文化走出去和中国作品走向全球作出努力。

二、北京图书版权贸易呈现的主要特点

（一）文化产业融合与图书跨界发展

1. 热映影视剧的带动效应

《少年Pi的奇幻漂流》位列图书飙升榜第三位，读者对图书的了解主要来源于李安导演2012年的同名电影新作，事实上《少年Pi的奇幻漂流》的小说原著早在2005年便已经出版，是一部关于成长、冒险、希望等多方面内容的经典小说，在美国、加拿大、德国、英国等国家都进入了高中生必读书目之中，但在中国并未得到关注。而随着李安的电影作品在全球上映，《少年Pi的奇幻漂流》也被译林出版社引进出版中文版小说，在年末上市销售，周均排名均在前三位之中，不少读者表示原著作品远比电影剧情更加动人，但其能够赢得市场恐怕必须要归功于李安导演及电影本身的市场影响力。

2. 教育拉动少儿书籍的贸易增长

教育的受重视程度愈加凸显，在整个图书出版行业中，少儿图

书出版是最具活力、发展最快、竞争也最激烈的一个板块，因此少儿图书出版也成为拉动并提升中国出版业的一支重要力量。2012年，通过借助版权引进，尤其是对获奖图画书和经典作品的引进，提升了儿童类图书的整体出版质量。中国少儿出版传统单纯依靠卖书的盈利模式被悄然打破，各家少儿出版社尤其是品牌出版社探索出多元化的盈利模式，图书附加产值获利显著。

3. 旅游热带动旅游图书快速发展

旅游业成为近年来发展迅猛的产业，同时也刺激了旅游出版市场的大幅增长。2012年的旅游图书出版市场，关于自助游、旅游攻略、旅游指南类的图书层出不穷，从中也涌现出不少受市场青睐的畅销之作。目前旅游图书已经有很多种类，出版社更加侧重系列图书的出版以及有特色个性化作者的图书。

在经济刺激的作用下，人们对旅游的强烈需求激发出对旅游信息需求的狂增趋势，使得2012年旅游类图书出版获得了良好的平台，而2012年的旅游书销售热潮也为旅游书市场的未来发展进一步打下了良好的基础。

（二）热点事件引爆全国图书码洋增长

1. 十八大主题出版潮

中国共产党第十八次全国代表大会于2012年11月召开，而《中国共产党第十八次全国代表大会修订通过的新的中国共产党章程单行本：中国共产党章程》也在11月迅速推出。作为学习十八大党章的重要辅助读物，此书上架销售成绩十分突出，出版后每周排名均在前十位之中。

2. 诺贝尔奖掀起"莫言热"

10月11日，2012年诺贝尔文学奖被中国作家莫言夺得。莫言以及莫言的作品迅速在海内外引发关注，掀起了一股"莫言热"。获奖后的莫言作品瞬时成了抢手货。线上线下销售渠道一齐售罄。莫言获奖带给图书业的，除了相关书籍的热销之外，更带动了相关版权交易、文化衍生品等的效益发掘。

3. 京交会：版权成就文化

京交会的"中国文学走出去"展区：以作家出版社为主，把铁凝、张炜、贾平凹、海岩等一批国内著名作家的作品推向国际市场。2013年，正逢作家出版社创立六十周年，在中国文化"走出去"的国家战略和大趋势下，作家出版社立足专业文学出版领先优势，制定了以版权为核心，辐射传统出版、数字出版、影视制作和动漫等多领域的全新版权战略规划。此次作家出版社带来的"中国文学走出去海外推广计划"和"现代文学名著电影系列"，值得关注。

4. 图博会推动中国版权业融入世界

北京图博会于2013年9月2日成功举办。北京图博会发起于1986年，历经27年的不断创新，北京图博会已发展成为集版权贸易、图书贸易、文化活动等功能于一体的国际出版交流盛会。据北京国际图书博览会组委会副主席、中国出版集团公司副总裁刘伯根介绍，第二十届图博会共安排海内外展台2267个、参展国家和地区76个、参展商超过2000家。其中，几乎所有的国际著名出版集团均参展，海外参展商比上年增长了8%。

（三）修订版新课标影响教育出版

2012年秋季开学，教育部公布的新修订义务教育阶段19个学科课程标准正式启动，数学、英语、物理、化学、生物、地理、音乐、美术、艺术、体育与健康等学科的起始年级，使用修订后并经教育部审定通过的教科书。

第八轮基础教育课程改革于2001年启动，新课标教材的十年，对于很多出版单位而言是空前发展的十年，不仅推动了大量新课标教材的出版，还带来了出版单位的个体发展乃至具有产业意义的诸

多变化：一方面，教材出版力量重新洗牌，一批出版机构抓住市场机遇，通过对新课标精神的把握、作者组织、教材编写、跟踪实验、市场营销等各方面卓有成效的推进，获得了全新的发展；另一方面，市场竞争中"百花齐放"，优势力量正在显现，全国出现了几大教材出版基地。

三、放眼世界——伦敦"奥运经济"助力图书贸易

作为全世界最具影响力的体育综合盛会，奥运会很大程度上可以成为举办国宣传本国传统文化的平台。英国文化拥有璀璨的历史，但是近年来一直受到美\日等国文化的挤压，英国也试图借奥运之机输出本国的传统文化。

（一）伦敦书展的文化预热

伦敦国际书展由英国工业与贸易博览会创办于1971年，每年四月在伦敦西区Earls Court展馆举行，历时三天。伦敦书展经过近三十年的发展，已逐步成为拥有40多个国家、1400多个参展商的国际大型书展。中国以"市场焦点"主宾国身份参展，2012年伦敦国际书展更是受到了国内外广泛的关注，可谓是伦敦奥运前的一次文化预热。

（二）奥运推动文化输出

2012年6月21日到9月9日，"伦敦2012文化节"在英国伦敦举办。此次奥运文化节是2008年启动的"文化奥林匹克"活动的最终高潮部分。2012年的伦敦艺术节已经在英国的多个地区开幕，成为最大范围、最高质量和具有最广覆盖面的英国文化庆祝活动，并使整个英国的民众感受到了2012年伦敦奥运会及残奥会的喜庆氛围。

版权贸易中的出口增长在很大程度上仰仗于进口国对其文化的认可度。英国借奥运东风推动文化输出，也为本国图书出版贸易发展带来契机。

四、2012年北京图书版权贸易凸显的问题

（一）版权贸易生态环境失衡

目前我国版权贸易缺少统一的操作规范和行业规则，哄抬版税的恶性竞争现象依然存在，这种缺乏行业道德的做法，不仅会使国内的兄弟出版社和行业整体利益受损，同时也破坏了版权贸易市场的秩序和规范，阻碍了我国版权事业的健康发展。我国在对外版权贸易的版权保护立法、执法和经营方面，与国外一些发达国家的差距还比较大。

（二）图书版权业国际化程度不高

在发展出版产业过程中，国际化是必不可少的一步，同时也是使北京图书出版产业上一个台阶的重要措施。经过几年的发展，北京图书出版产业的国际化进程虽然取得了一定的成绩，但同产业国际化程度较高的国家和城市相比还有一定的差距。首先，北京发展图书出版产业缺乏国际化发展的整体规划。其次，具有国际竞争力的大型出版企业数量较少，国际影响力较弱。

（三）图书版权业产业链不完整

成熟的图书版权产业应该形成相对完整的产业链。目前北京图书版权产业发展过程中还未形成集群式发展，整个产业的运作未形成一个有序的链条。出版企业在开发、生产和营销等环节上缺乏密切的协同与合作，企业自身的产品和服务难以融入到客户企业的价值链运行当中，产业链的整体竞争能力差。出版与印刷、出版与批发、批发与零售的关系不顺畅协调，很多出版社困于"三角债"，书店不结售书款，出版社不结印书款。

（四）图书出版业融资渠道不通畅

近年来，北京市政府对于图书出版产业的金融投入在不断扩大，但由于使用条件严格、行政程序复杂等原因，远不能满足广大

中小图书出版企业的需求。相对于不断扩大的金融需求，北京图书出版产业的金融供给明显不足。与此同时，民间借贷、中小企业上市融资、担保与再担保、风险投资与私募基金等融资渠道由于缺乏行之有效的对接机制和融资平台，而无法发挥效用。民间借贷使用相对比较广泛，但范围很小，抑制了社会对于文化创意产业的投资热情，该融资渠道作用没有发挥。另外，由于创业板的门槛高、要求多，中小企业很难通过创业板上市发行股票实现直接融资。

五、北京图书版权贸易发展对策与建议

（一）政府

1. 政府务实完善产业政策

政府应该提供大力的支持，完善版权贸易立法和相关政策，做到政企互动。政府必须加大对外宣传的力度，对现有实力较强的出版社直接给予政策上的支持，并在信息提供和数据统计上提高服务水平，支持企业踊跃参加国际书展和国际图书贸易洽谈会，通过书展和书会的辐射力和影响力，提高北京图书产业的国际影响。

2. 政府推动中小型企业发展

在产业扶持政策上，应加大对中小出版企业的税收优惠力度，作为政府职能，要加快出台专门针对文化创意产业投融资活动的法律法规，有效约束各方利益主体的行为，划清权利和责任归属。应进一步推进体制外的民营企业上市和发行企业债券工作，充分利用资本市场，针对不同类型企业特点建立起多层次的资本市场运作体系。专项资金的扶持重心逐步由大型企业转向中小型企业。对有特色的中小出版社，应发挥在本地区的作用，扶持具有北京特色的精品文化，扩大输出。

（二）金融领域

1. 金融机构创新支持模式

金融机构应开发适合图书出版产业的信贷产品,探索更加灵活的信贷模式,并通过完善的业务流程、内部控制和风险管理,为企业提供更多的间接融资支持。积极探索适应图书出版产业特点的信贷模式。例如可尝试在出版产业集聚区内开设银行分支机构,对同一产业集群或产业链中的中小企业通过"联保联贷"等方式提供信贷资金支持。对于拥有境外投资销售项目的企业,可以运用押汇贷款、对外担保等方式予以信贷支持,对于拥有专利权、商标权、自主版权等核心知识产权企业,经过专业资产评估可以知识产权质押或未来收益权质押的方式发放贷款,配合政府提供的贷款担保与专项资金贴现政策逐步扩大无形资产抵押贷款范围,并根据未来现金流量情况创新采用等额本金、等额本息等多种还款方式,增强信贷产品的市场适用性。

此外,可在综合考虑相关企业的规模特点、行业比重、盈利状况等因素的基础上,科学制定有利于产业发展的信贷考核指标体系,优化信用评级制度、简化贷款审批程序。加强产业贷款的利率定价机制建设,根据风险预期在基准利率基础上实行差别化定价,对于重点项目给予浮动范围之内的适当优惠。

2.构建产业融资体系平台

构建综合性的多层次融资服务体系,各银行金融机构与担保公司、保险公司等非银行金融机构应加强合作,融合多种融资渠道,整合多种金融服务,形成囊括信贷、担保、保险等一揽子金融工具,既能与政府产业基金形成融合,又能与资本市场融资形成有效衔接的综合融资链条,为企业从创业期到成熟期提供包括银行贷款、股权投资、辅导上市等一条龙的金融服务,从而构建多元化的融资供给体系。应加强资本市场对文化创意产业的金融支持,鼓励企业通过资本市场进行股权、债权融资,扩大直接融资规模,针对企业特点建立多层次的资本市场运作体系。

（三）相关企业

1. 提高数字出版质量

虽然数字出版已是大势所趋，但传统出版企业在数字化建设方面还明显滞后，内容优势和技术优势有待整合。数字版权贸易的开展需要注意两方面的问题：一方面，数字出版需要事先获得内容版权的授权；另一方面，数字时代作品的创作群体和创作方式也在发生变化，出版社需要对数字作品的价值进行判断，还需要对作品的权利进行选择和掌握。

2. 借助产业链运作实现版权增值利用

出版企业与相关企业合作实现版权增值利用需要借助于产业链运作。出版产业链中具有某一环节优势的企业，应将更多的资源集中于自己业已形成的优势环节，进一步凝聚核心竞争力；处于弱势的小型企业，更不能热衷于小而全的经营方式，而应该专注于某一环节的出版业务，融入到有利于自身发展的出版产业链中去。系统化产业链的建立，能够使图书、报纸、杂志、网络、影视等通过互动，实现对内容资源的多媒体立体开发、深度加工和增值利用。

3. 塑造出版品牌提升传播效果

出版品牌日益成为出版业核心竞争力的重要组成部分，它反映了出版企业对社会公众的现实影响力，在行业发展中的竞争力以及获取行业资源的优势地位。

出版品牌塑造、传播和运营是出版经济发展到图书商品相对过剩阶段的必然选择。综观当前出版业，同质化、同构化、泡沫化现象突出的问题表现在出版社战略、产品线、市场营销等多个方面，具有数字媒体特色的出版品牌塑造与传播更应成为打造核心竞争力的关键因素。积极应对社交媒体下的品牌传播变化，将有助于出版品牌抓住网络媒体发展带来的新机遇，实现品牌塑造与传播效果的整体提升。

企业应注重实施品牌战略，按照国际文化市场的需求对文化产品和服务进行深加工，借鉴国外先进的营销手段和营销方式，打造世界知名文化企业集团。

第四节 先行先试，探索我国文化贸易纵深格局[3]
——北京文化保税区的建立与发展

2012年，国家对外文化贸易基地落户北京。作为文化部和北京市共同建设的国家级对外文化贸易基地，北京国际文化贸易服务中心集成国家支持中国文化产品和服务的政策资源体系、北京市发展文化创意产业的政策支持体系、天竺综合保税区的政策法规体系，形成政策叠加的综合优势，成为北京发挥全国文化中心示范作用，推动中国对外文化贸易发展的重要平台。根据规划，基地规划用地260亩，建筑面积50万平方米，投资总额50亿元，预计将于2015年全部建成并正常运营，年营业额将超过500亿元。发展定位是国家对外文化贸易的创新示范区、国家级文化贸易口岸、中国文化走出去的能力培养区和亚洲最大的艺术品交易市场。基地将国际贸易中针对普通商品的保税政策及通行做法运用在文化贸易领域，并根据文化产品创意、设计、生产、存储、销售的特点进行政策资源的整合和制度创新，形成适应文化产品生产规律、促进文化对外贸易的专门保税形态。国家对外文化贸易基地将在天竺综合保税区内以园中园的形式进行建设，为国际、国内文化生产、传输、贸易机构提供专属保税服务。实现区内企业自由文化贸易；国内文化产品、原材料进口退税；国外文化产品进区中转及存储免证、保税、交易免税；外贸及合资文化贸易、中介、生产企业特许入区等。

保税区以园中园的形式进行建设，涵盖国际文化商品展示交易

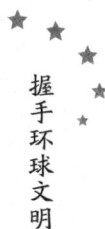

---

3 本案例由欧阳神州撰写。欧阳神州，中国人民大学研究生。

握手环球文明

中心、国际文化贸易企业集聚中心、国际文化仓储物流中心三个功能区，届时为国际国内文化生产、传输、贸易机构提供体量大、功能齐全、规划先进的专属保税服务。

可以说，此举通过利用国家支持中国文化产品和服务的政策资源体系、北京市发展文化创意产业的政策支持体系等政策叠加的综合优势，将保税区的鼓励政策运用于文化创意产业的发展。在充分依托北京作为全国文化中心、国际交往中心，在中华文化走向世界方面具有得天独厚的区位优势、资源优势、人才优势之上，发挥其全国文化中心示范作用，实现高起点规划、高质量建设、高水平运作、高效率服务，推动中国对外文化贸易发展的重要平台。

从目前发展态势来看，保税区的发展前景、战略意义与未来谋划之策，可以从以下几个方面进行思考：

一、文化保税区搭建税收政策新平台，交易成本得到压缩

文化保税区为文化产业发展提供财税优惠政策的平台与试验田。在空港文化保税区内，以往由国家综合保税区享有的"免证、免税、保税"优惠政策，都将被应用在文化产品贸易方面。从功能发挥的角度来看，保税区将探索把国际贸易中针对普通商品的保税政策及通行做法尤其是工业贸易企业的优惠政策移植、创新、运用到文化贸易领域，并依托文化产品本身创意、设计、生产、存储、销售等方面的特质特点进行一番政策资源调整整合与制度创新开发，形成既能适应精神产品生产规律又能尊重文化对外贸易发展规律的专门保税形态。具体措施可以有以下方式：实现区内企业自由文化贸易；国内文化产品、原材料进口退税；国外文化产品进区中转及存储免征、保税、交易免税；外贸及合资文化贸易、中介、生产企业特许入区等。从实际操作层面来看，从创意策划企业、文化生产制作企业、文化产品营销企业到为文化产业服务的报关公司、

金融公司、会计事务所都可以向保税区申请后进驻。这些形式都有助于文化企业及其产品在文化保税区内能够享受免进出口许可证的待遇，节省一部分报关环节，提高文化产品的国际转运效率。

以大型艺术品拍卖会为例，拍卖品的总估价往往动辄近10亿元，按照规定，境外艺术品入境正常报关则需要先交30%以上的关税、增值税等，那么将存在数亿元的资金占压，占用负担重。同时，时间限制也凸显出来，现在进口艺术品只需申报备案，就可以在区内外自由流通。而此前，企业需要申报、备案并交纳与税收等额的保证金后才可以流通。并且按照规定境外物品入关展览时间不能超过6个月，否则视同销售需征税。以上这些对于文化企业来说无疑是极为棘手的发展瓶颈。这种格局构成此前国际重量级大型艺术拍卖和展览很难登陆中国的重要原因之一。在文化保税区内，可以由歌华文化评估后出具保函，免除这30%以上的税费，而只需要缴纳一定的服务费，临近6个月之时可以回到位于文化保税区的展示交易中心，相当于出关进而可以展期6个月。此外，在保税区内，进口货物不征税，出口货物可退税，企业同时还可享受国内唯一空港保税区的特殊政策。整个业务流程与资金限制得到简化与弱化，降低了双方交易的成本，方便了境外来我国开办各种展览的积极性，节省了展览公司的时间。

从这个角度来说，时间限制趋弱与成本减低、效率提升是文化保税区政策红利的集中体现。

二、配套服务功能趋于完善，文化走出去格局有望强化

从目前对文化保税区的发展定位与布局规划来说，"文化保税区"定位于国家对外文化贸易的创新示范区、国家级文化贸易口岸、中国文化走出去的能力培养区和亚洲最大的艺术品交易市场，将专注于文物艺术品交流交易、文化产品创意设计及制作、高端艺

术展览、时尚设计等领域的国际文化贸易服务。

按照这个思路，保税区的配套服务设施建设得到拓展性完善。根据规划，北京国际文化贸易服务中心将投资建设实体建筑的总额达50亿元，于2015年全部建成并正常运营，年营业额将超过500亿元，同时文化保税区筹划相配套的一系列服务功能。据了解，歌华文化已会同海关及文化主管部门，拟定文化内容及艺术品进出保税区等方面的监管实施细则；与中国版权保护中心合作完善国际设计版权在中国的登记；同时积极与太平洋保险公司等机构展开业务合作，针对于艺术品特性开发出专业保险品种。

另外，文化保税区在从事文化产品的创意、制作、存储贸易、营销的同时，也提供评估、担保、保险、融资等金融中介服务，形成国际文化贸易服务的专业化体系。

比如，目前主营艺术品经营的歌华美术公司已迁入保税区内，积极开拓国内外文化艺术品的销售渠道，如代理境外艺术品在中国的销售与拓展中国艺术品海外贸易路径。至于回流中国文物、艺术品修复业务等也可以在保税区内得到发展。

正如歌华文化发展集团总经济师张佳春认为，天竺文化保税区的首要任务在于推动文化贸易的体制创新、机制创新、服务创新、管理创新、业态创新，争取在海关监管、财政税收、工商注册、金融服务、商务和外汇管理等方面试点，推出一系列便利服务措施。2014年1月的"北京艺术周"涉及海关监管服务、金融服务和政府审批等多项环节，北京海关为此专门创新监管服务模式，通过应用全球定位物联网监控系统等技术手段实现在区外提供监管服务，让文化贸易更为便利化。

综合保税区推出的文化保税政策之一是艺术品只要不出区，就能免去关税、增值税。如果买家形成了实际购买，艺术品需要出区之时，企业可再就具体的货物申报交税，随时退运，形式灵活而不占压资金。类似天竺综合保税区的这种文化保税模式世界范围内只有瑞士是成熟典范，亚洲的香港和新加坡也粗具规模，但在中国内地还远未成熟。作为北京市对外文化贸易工作的创新区和试验田，文化保税区的发展思路为文化贸易走出国门提供了颇具竞争力的实例。

三、文化贸易竞争格局谋变，保税区夯实文化软实力、巧实力

国际文化贸易格局在一定程度上考验的是一国文化产业巧实力的发挥，文化贸易竞争力是一国综合国力与软实力高下之分的标杆与衡量指标。

当前国际文化产品交易市场的竞争异常激烈，相比较过去传统交易市场，如拍卖会、博览会、艺术节等形式已越来越难以满足国家间文化贸易竞争日趋白热化的现实要求与发展挑战。以保税区、免税区形式为标志的新一轮竞争正在拉开帷幕。比如，瑞士、伦敦、纽约、新加坡先后建设一定规模的文物艺术品的保税区，着眼于延伸本土文化产品的国际竞争力、影响力与控制力的辐射范围。另外出于分散风险的考虑，进行海外分中心、备份中心的建设也成为一些十分集中的文物艺术品保管地的发展布局规划之中，这也间接推动了保税区建设的进行。凡此诸类，我们可以看到，随着经济全球化进程步伐的加快，文化贸易市场的竞争激烈程度与其他领域国际贸易的竞争加剧并无二致，文化贸易竞争格局的变化促成新的文化贸易模式、贸易方式与发展方式的变革。

就北京市文化保税区来说，国际文化贸易企业集聚中心、国际文化商品交易服务中心、国际文化产品展览展示及仓储物流中心三个功能区汇聚一起，相互依托，互为补充，为文化企业创意、制作、仓储、物流、展示、交易提供一种产业链条式的服务，还在文化、财税、金融、商务、海关等领域的行政审批和监管服务方面先行改革，是文化产品贸易便利化程度最高、服务体系完备的国家级

握手环球文明

文化贸易口岸。通过一站式通关的运营模式和保税功能，帮助企业提高效率，节约成本，促进机场航空口岸功能向纵深化、广域化延伸发展。入驻企业包括影视传媒、动漫游戏、出版发行等，经营范围既存储进出口文化产品和其他未办结海关手续的文化产品，也有文化产品的展示、展览、分销、配送、对外贸易、国际采购以及国际中转和检测。

通过将文化保税区打造为国家对外文化贸易创新示范区、国家级文化贸易口岸、中国文化走出去的能力培养区、亚洲最大文化产品交易市场，客观上夯实了文化作为我国对外竞争发展的软实力与巧实力的重要作用的基础，这也是我国新形势下探索文化大发展、大繁荣的路径需要。

四、保税区政策红利持续发挥，"加速度"发展态势谋划有待加码

目前，北京天竺文化保税区进入"加速度"阶段，许多优惠政策逐渐落地，红利正在一步一步释放出来。比如，苏富比"北京艺术周"举行的拍卖、巡展、私人洽购展、专家讲座与艺术论坛，让人目不暇接。其中，拍卖的总成交额2.27亿元人民币，成交率79%，保税拍品成交额达9687.8万元，成交率89%[4]。拍卖的130余件现当代中国艺术作品中有9件拍品由国家对外文化贸易基地（天竺文化保税区）提供保税服务。按照中国税则规定，进口艺术品应缴纳货值24.2%的税费，临时进口按应缴税费同额度向海关交付押金，而在保税区内经营则无此负担。以此次苏富比艺术周的展品为例，在成交之后，买家可以选择将买到的艺术品办理进口、复运出境或长期存放在保税区，也可申请临时入境保税展出。此外，天竺

---

4 网页资源：http://kfq.people.com.cn/n/2014/0102/c54918-23999462.html。原载于《人民日报》2014年1月2日。

文化保税区还先后为意大利文艺复兴复制艺术品展售、英国古董商北京展售、西班牙展、国际机床展等项目提供了保税仓储服务，并为北京国际文物博览会、北京国际设计周、尤伦斯当代艺术中心展会、北京国际电影节等展会提供全流程的保税服务，开创了利用保税区进行会展服务的先例。

不过，如何有效保证红利的持续发挥，让文化产业在保税区获得一次长时期的持续、快速、健康发展，也还在一些方面考验着保税区相关软硬配套设施的后续完善与建设。

有专家指出，文化贸易涉及许多高附加值的服务，如创意设计、软件设计，影视动漫制作、艺术品的物流、咨询、广告等，然而我国的文化贸易市场至今还存在规模较小、专业配套服务缺乏、国际开放程度偏低、经营不规范等诸多问题。对于文化保税区的发展而言，也必须充分考虑到这方面的现实发展困境。因此，建立一套科学有效的服务体系，为文化贸易提供有力支持，成为当务之急。天竺文化保税区如何有效将文化产业特点与财税政策、文化发展与保税区建设结合，建立健全不断跟进的发展机制、发展模式成为题中之义。

同时，保税区试水成功能否达到预期效益也还有待进一步观察，尤其是保税区在我国发展终究要考虑到地域、文化与市场环境等具体因素的影响。如果没有与之相匹配的有针对性的设施建设与制度安排进行加码推动，红利释放的能量到底有多大，也将成为质疑之处，甚至是可能大打折扣。中央财经大学刘双舟教授指出，要解决艺术品的税收问题不能单靠保税区独立实现，还需要辅之以相关法律法规的完善，比如关税标准中艺术品与奢侈品归属一类，有待商榷；相关政策扶植能否到位与落地也是不可回避的问题，在我国目前条件下，一级市场疲软而二级市场强势，这一局面也会影响到保税区作用的发挥程度。另外，文化产业及贸易行业部门众多，

特点不一，保税区在促进文化产品发展的目标下，在管理上需要有所区分，"不能进行一刀切，要依据不同行业特色，考虑以总的管理平台和原则为基础，实行行业部门分类管理模式的探索和创新"[5]。在重视保税区功能定位的基础上，分类改革引导发展。还有，由于保税区的政策客观上存在鼓励藏家将作品存放在保税区的倾向，很容易导致对艺术品的关注在于其短期投资与炒作，难以发挥其艺术品的艺术价值，如阿夸韦拉美术馆馆长迈克尔·芬得利所指出："在自由港，艺术未曾驻足。"所以引发一部分对保税区给出的市场信号是解决关税的"权宜之计"的质疑。这些问题多少影响着文化保税区功能的全面发挥。

作为全国首批国家对外文化贸易基地，北京国家对外文化贸易基地的成立，是文化部与北京市共同推动对外文化贸易工作的一次有益尝试，文化部将与北京市委、市政府携手努力，积极支持和指导基地的建设运营，推动其早日成为中国文化走出去的桥头堡和示范区。

总而言之，文化保税区开启了我国文化对外贸易发展的新篇章，将以多种方式释放财税政策红利，促成文化贸易格局向纵深方向发展。作为文化"走出去"战略的重要举措之一，文化保税区的试水改革，有助于推动文化产业的国际化发展与增强中国文化产业的国际竞争力、影响力，将以文化的软实力与巧实力的形式来凸显我国综合国力的提升。当然，文化保税区能否真正释放最大化的能量，还有待相关的措施加码，以一种系统工程的视角来谋划，发挥各方的合力。

需要补充的是，北京的新媒体产业高速发展，取得重大成就。从文化产业转型升级角度来看，互联网和手机等新媒体继续高歌猛

---

5 李小牧、王海文：《文化保税区：新形势下的实践与理论探索》，《国际贸易》，2012年第4期。

进，在全球快速扩张，向社会纵深渗透，新媒体领域"革命"不断、热点频现，新媒体发展出现了质的跨越。

网游行业龙头企业完美世界公司自2004年成立起，已在120多个国家和地区运营自主研发的游戏产品。北京四达时代通讯网络技术有限公司目前已在非洲14个国家注册成立公司，成为非洲最大的地面数字电视运营商。2012年，北京动漫游戏产业总产值达到167.57亿元，其中出口15.6亿元，相比2011年增长约30%。在首届中国（北京）国际服务贸易交易会（简称京交会）上，专门开设了"双轮驱动"展示区，举办数字动漫游戏专业洽谈会，引进"法兰克福故事驱动大会"，为国内外文化贸易企业学习先进经验、探索发展模式创造了较好的契机。京交会带动了趣游、华韵尚德等一批具有战略意义的文化类项目成功签约，签约项目数81个，签约金额99.39亿美元。同时，连续4年组织企业参加"东京电玩展"，参展企业累计28家次。市商务委积极支持动漫游戏海外推广平台建设，帮助动漫游戏企业开拓海外市场；发挥北京文化贸易专家顾问委员会、北京服务贸易协会等机构的作用，通过政策建言、资源整合等多种方式，搭建文化贸易行业管理、信息服务、沟通交流的互助平台。

北京海关统计数据显示，"十一五"期间，北京文化贸易进出口额从2006年的12.65亿美元，快速增长至2011年的26.79亿美元，5年时间翻了一番多，年复合增长率达16.2%。[6]2011年北京地区文化产品进出口总值达到5.7亿美元，同比增长4.9%，其中，出口1.7亿美元，同比增长16.3%，进口4亿美元，同比增长0.5%。"十二五"以来，北京文化贸易继续保持稳定性增长，2012年北京文化产品进出口额达到6亿美元，同比增长6.3%。[7]

握手环球文明

6《北京文化发展报告（2012-2013）》，第214页。
7《中国对外文化贸易年度报告（2012）》，第299页。

143

参考文献

[1] 陈柏福：《我国文化产业"走出去"发展研究》，厦门大学出版社，2011年版。

[2] 徐丹丹：《北京文化创意产业发展的金融支持研究》，经济科学出版社，2011年版。

[3] 尹章池、张麦青、尹鸿：《国际图书与版权贸易》，武汉大学出版社，2011年版。

[4] 马海群：《版权与图书外贸》，黑龙江人民出版社，2009年版。

[5] 王霁霞、田绪永：《从北京演出业现状看我国演出业的法制建设》，《北京社会科学》，2012年第5期。

[6] 王海文：《中国文化演出业国际化机遇、挑战与战略选择》，《上海商学院学报》，2012年第3期。

[7] 杨鹏：《从英国皇家歌剧院的演出看中国舞美创作的不足》，《文艺报》，2012(7)。

[8] 北京第二外国语学院国际文化贸易研究中心，《首都文化贸易发展报告（2012）》，中国商务出版社，2012年版。

[9] 《鼓励和引导民间资本进入文化领域的实施意见》，中华人民共和国文化部官方网站。

[10] 褚劲风：《东京动漫产业集聚空间组织与空间优化研究》，《世界经济研究》，2009年第6期。

第六章
北京建设国际文化交流
展示中心的资源与优势

从文化发展看，北京是中华民族优秀传统文化和现代文明交汇的窗口，也是我国文化艺术人才、文化设施、文化总部和文化资本最为集中的地区，这为北京建设国际性文化交流与展示中心提供了现实可行性；从自身实际看，北京目前已经发展成为拥有2000多万常住人口的超大型城市，加强国际性文化交流活动已经成为北京的必然选择；从未来发展看，随着综合国力的日益强大，北京理应代表中国在政治、经济、文化等诸多方面发挥国际中心的影响和作用，定位国际型文化交流展示中心是北京服务全国的战略优选。经过多年的规划发展，北京已为成为国际文化交流展示中心奠定了一定的资源基础。

第一节 硬件设施与软件环境

一流的硬件设施才能成就一流的文化交流展示基础。大都市国际文化交流离不开良好的硬件设施。作为国际文化展示中心，城市必须具备一定的硬件条件，从外部产业环境到具体的文化设施建

设，都应有相应资源与之匹配。在这方面，北京充分认识到城市的空间结构对于城市发展的重要意义。在这一过程中，产业发展扮演着十分重要的角色。近年来，北京市加快了产业结构调整，改变中心地区功能过度集聚的状况，疏散传统制造业，在市域范围内建设多个服务全国、面向世界的城市职能中心。2004年，北京开始实施（2004—2020年）城市总体规划。2008年奥运会之前，首钢涉钢产业开始搬出，钢铁、化工等传统优势领域逐渐调整退出，山区矿山关闭和低端工业淘汰转移也在加快，传统制造业在北京产业结构中所占比重逐年下降，而第三产业得到快速发展。到2013年7月，第三产业在北京所占比重已经达到了78%，远远领先于国内其他城市。这表明近年来北京的工业结构调整成效明显，而第三产业中则以现代服务业为主，文化创意产业在其中扮演了很重要的角色。

除了整体城市空间布局产业结构上的调整，具体到文化领域，北京一个很重要的发展便是城市文化场馆的发展。这里的城市文化场馆包括可供进行文化交流活动的各类场所、设施，如图书馆、各类博物馆、展览馆、文化活动中心、影院剧院、音乐厅、游乐场等，这些设施的数量、质量在一定程度上影响了城市接纳各类文化活动的水平和规模。通过"新建与扩建、改造与置换"相结合的模式，北京建成类型各异的综合文化中心，满足不同层级的文化交流活动需求，并在文化场馆的再利用方面积累了经验。

第一，文化场馆设施建设数量迅速增加。北京市在我国文化机构和文化设施的数量上接近世界水平，博物馆、公共图书馆、大型会议展览场所数量居全国之首。2013年，北京市共有博物馆165家，各类专业艺术剧团35家，艺术表演场所68家；全市共有院线影院135家，总银幕数达726块；文物拍卖机构115家，全年举办文物艺术品拍卖215场次，成交金额达240.35亿元。

第二，文化场馆建设质量大幅提高。随着奥运会、园博会等一系列重大文化体育活动在我国召开，一大批地标级精品场馆纷纷涌现。鸟巢、水立方等奥运场馆在世界享有盛誉；中国国学中心、国家美术馆、中国工艺美术馆等国家级重点文化工程集中落户于北京奥林匹克公园。2008年投入使用的北京中国国际展览中心新馆是北京市规模最大、功能最为完善的展览中心，为展览行业量身订做，其功能达到国际专业展馆建设一流水平，是中国顶级专业化展馆之一。这些文化场馆已经具有国际一流水准。

第三，文化场馆服务效果显著改善。随着文化场馆服务条件的改善，文化场馆服务效果也明显改善，越来越多的高水平文化消费需求得以满足，社会文化服务能力显著增加。北京在2011年年底率先成立了博物馆大联盟，打造博物馆文化群落，到2012年年均举办各类展览500项，实现年接待观众4000万人次。

第四，文化场馆的再利用取得良好效果。奥运会后，北京奥林匹克公园始终坚持"国际文化体育商务中心和大型国际旅游会展中心"的科学定位，积极推进由赛时竞赛运行向赛后长效发展的转变，形成了以现代服务业为核心的产业体系，逐步实现了场馆利用的市场化。2011年北京奥林匹克公园累计接待人次已经突破1亿人，举办各类文体活动和会展项目约1500余场次。

在城市空间布局和文化场所等硬件发展建设的同时，北京市意识到软环境对于促进国际文化交流的重要作用，"软件"环境要从两个方面去看：

其一是充足而稳定的本地消费群体。文化贸易相关理论与实践证明，文化产品贸易的形成往往是建立在巨大的内需基础上，即文化产品在当地具有巨大、成熟的文化消费市场。这是吸引文化企业和项目争相入驻的基础。近年来，北京一方面致力于公共文化体系的建设，满足不同地区居民的实际文化需求；另一方面也积极培育居民的文化消费习惯。目前，北京人均GDP达到1.3万美元，但是

北京文化消费量还有很大的拓展空间。为了改善北京的文化消费结构，2013年，北京举办首届惠民文化消费季，这对一个城市的气质提升，对北京打造世界都市过程中文化标识的确立，对市民文化行为的养成都具有重要的现实意义。

其二是搭建功能齐全的文化服务平台。作为国际性的文化交流与展示中心，需要创新、包容的城市精神，需要文化、法律、金融、科技、人才等多方面支撑条件。"创新""包容"正是北京城市精神的体现，而这种精神也体现在北京的文化活动中。在制度软环境建设方面，从2006年北京提出发展文化创意产业以来，北京市从不同层面逐步完善健全产业发展的制度环境，倡导科技与文化的融合、大力培育或引进相关人才，为文化事业和文化产业的发展培育了良好的氛围和条件。此外，北京市政府还强化了自己作为服务型政府的功能定位，为"走出去"和"引进来"的文化交流项目做好咨询、服务工作。一个功能齐全的国际化交流服务平台正在形成。这种交流服务平台一方面加强了北京同世界各国之间的交流与合作，使其成为国际间友好交流的一条纽带。另一方面，也服务于北京的国际文化贸易活动。

第二节　交流内容与交流渠道

国际文化交流与展示是文化内容产品的交流与展示。进入国际文化交流渠道的产品数量和质量决定了该城市在国际文化交流活动中的地位。

从国际交流活动的数量来看，截至2012年12月31日，北京市文化局共受理出访国外及港、澳、台地区文化交流项目152批3525人次。其中出访国外及港、澳、台地区112批2195人次，引进国外及港、澳、台地区40批1330人次。北京市坚持实施文化"走出去、引进来"工程,有效扩大了中华文化影响力。

从文化贸易的产品数量上看,近年来,北京的文化产品和服务进出口持续稳定增长。2012年年底,北京市文化产品进出口额达6亿美元,同比增长6.3%,其中出口额达1.6亿美元。从全国来看,北京地区文化产品进出口规模在各省(市)当中排名首位,占同期全国文化产品进出口规模的30.7%。文化贸易进出口总额达到30.54亿美元,同比增长15.55%。北京文化贸易企业主要通过海外授权、项目国际合作、境外直接投资等形式实现国际化运作,更加注重利用具有自主知识产权的原创文化产品和服务拓展海外市场。北京的文化产业及对外贸易顺应社会文化经济发展规律,呈现出健康良好的发展势头。[1]

从交流展示的产品内容上看,北京对外文化贸易发展经历了从文化资源对外呈现到自主创新产品力拓海外市场这一发展变迁过程。

北京作为建设中的世界城市和国际文化中心,引领着先进文化的发展方向,随着建设"东方演艺之都""亚洲演出之都"目标的实现,首都演艺产品对外贸易呈现出繁荣、健康的发展景象。2012年,北京市演出产业贸易处于稳中求进的态势,其中不乏亮点,既有旅游演出业的持续升温和演出机构运营模式的加速转变,也有演出产业多元化格局的初步形成。随着文化体制改革的不断深入,北京市新增注册的民营艺术院团呈现井喷式增长,仅半年就超过2011年全年新增注册总数。

广播影视产业方面,民营资本助力北京影视对外贸易。北京影视业有如今的发展状况,离不开民营企业的支持。在文化贸易方面,民营企业的作用也不可小觑。越来越多的影视企业走出国门,在海外有着迅猛的发展。仅2011—2012年度,北京就有18家企业、7个项目被评为国家文化出口重点企业和重点项目。为鼓励更多企业

---

1 参考《首都文化贸易发展报告(2013)》。

握手环球文明

走出国门，北京市广电局在2012年组织12家企业赴法国戛纳电视节参展，共展出电视剧31部、纪录片16部、动画电影1部，实现交易金额120万美元，达成合作项目金额320万美元，为历年之最。

在图书版权业，出版单位出去意识得到强化。近几年，我国出版业改制、集团化、股份制、上市等阶段性战略的实施，促成国有和民营出版单位不同程度上实现了转身，数字出版技术推动新型出版单位异军突起并且角逐出版领域。图书出版走出去战略成效显著，版权贸易呈增长趋势，尤其是引进版权数量增长较大。与此同时，2012年，北京图书出版业的整体实力和国际竞争力在一定程度上得以提升，一些知名出版单位开始有意识地进军国际市场。传统图书出版业进一步向规模化、集约化、专业化发展，图书出版新业态迅猛发展，图书出版产业体系、结构、布局不断优化，出版传播能力显著提高。

新媒体产业则步入内容为王时期。2012年中国的新媒体领域体发展迅速。以广告为主要营收模式的网络视频行业保持了较快的增长势头；手机首次超越台式电脑，成为第一大上网终端；同时，强调"多屏合一"的互联网企业也开始试水电视屏。2012年1—11月，文化产业中与新技术应用有关的领域快速发展。互联网信息服务行业、无线广播电视传输服务行业、卫星传输服务行业等均实现较大幅度增长。2012年，北京动漫游戏产业总产值达到167.57亿元，相比2011年的130亿元增长约29%；出口15.6亿元，相比2011年增长约30%；影视动画生产总量为34492分钟，约占全国总量的7.1%。2012年，中国网络游戏企业海外收入规模达到55.2亿元，增长率达53%，整体增速平稳，行业已过集中爆发期。中国原创PC网络游戏海外出口持续增长，总计有40家中国网络游戏企业的177款国产原创网络游戏进入海外市场，海外出口实际销售收入为5.7亿美元，较上年增长57.5%。

作为第三产业中的重要组成部分，会展成为北京重要绿色增长点。2012年，北京会展业依托信息、科技和文化等独特优势获得了较大发展。会展业正从单纯的会议业和展览业走向集会议、展览和奖励旅游等多业态融合发展的新阶段。2012年，北京全市规模以上会展单位实现直接会展收入250亿元，比上年增长21.8%，从业人员达21.9万人，比上年增长2.7%。会展业已成为重要的绿色经济增长点。伴随着会展业总体规模的不断扩大，会展业在带动相关产业发展，促进首都经济发展方式转变方面发挥着积极的促进作用。各类专业展会已成为参展商和参会者拓展国际市场、提升产业整体水平的重要途径。

良好的软硬件环境，丰富的文化内容，需要配备畅通多维的交流渠道，才能获得良好的交流效果。一般来说，国际文化交流的渠道可以分为两类：政府和民间。政府渠道是指由政府出资或是主导的国际文化交流平台。多表现为由政府搭建的文化年、大型文化节庆、文化交易会、文化艺术奖项以及政府之间通过文化交流协议所进行的文化团体的互访。政府渠道具有规模宏大、影响广泛、社会效益显著的特点。近年来，北京市政府支持的文化交流项目突破了传统的"老三样"模式向深层次交流发展的趋势。文化交流活动品牌化、文化"走出去"、拓展商业贸易渠道等成为亮点。

在交流活动品牌建设方面，近年来，北京承办和培育了一系列重大国际体育赛事和文化活动。其中，中国国际网球公开赛、北京国际马拉松赛、北京国际斯诺克赛等赛事的国际影响力扩大，大学生电影节、国际旅游节等文化交流活动也颇具影响。国际园林博览会、世界草莓大会、世界葡萄大会、国际种子联合会年会等农业领域大型国际会议，科博会、文博会、节能环保展、国际汽车展、服装服饰博览会等会展在北京的举行又进一步地提升了北京的国际影响。在文化艺术交流方面，北京实施了北京国际艺术节海外推广计

握手环球文明

划，创办北京国际电影季、北京国际儿童艺术节、北京国际图书嘉年华、北京国际音乐节、北京国际戏剧舞蹈演出季、相约北京联欢活动等品牌文化活动。此外，北京市还通过每年举办"北京国际教育博览会"和"诺贝尔奖获得者北京论坛"等重大国际活动，积极参加国家级和市级的高层次对外合作交流项目，充分利用友好城市的资源优势，积极打造对外合作交流平台。北京国际教育博览会举办7年来共吸引60多个国家和地区的近3000个教育机构参会，共举办了330多场论坛、洽谈会、讲座、项目说明会等活动，签约合作项目200多个，观众累计超过45万人次。多种渠道形式进行国际文化交流，国际一流文化项目纷纷落户北京。

除了依托在京举行的大型会展活动以外，北京市仍然不断探索尝试文化"走出去"，着力打造"魅力北京"文化品牌，在系列文化年活动中凸显北京的价值，开辟了文化交流的多种渠道。2012年，北京市以文化节、文化周、非遗展示等方式面向主流国家、主流城市和主流人群开展文化交流，取得突出成绩。仅2012年，北京市便赴芬兰、爱沙尼亚、西班牙、德国举办"欢乐春节"活动，赴阿尔巴尼亚、肯尼亚举办了"北京之夜"综艺演出，赴纽约举办了"北京文化节"、举办了德国中国文化年北京文化周活动、土耳其中国文化年北京文化周活动、俄罗斯中国文化节北京文化周活动，精心筹备了伦敦奥运会"北京文化周"，举办了"2012两岸城市互访系列——北京文化周"等。在众多交流形式中，北京市特别重视中国传统文化的呈现，推动非物质文化遗产"走出去"。选派京剧、昆曲艺术主动走出国门，传播中国传统优秀文化，展示我国非物质文化遗产保护和传承的成果。

除了传统的政府为主导的交流渠道以外，北京市也充分利用发掘城市资源，积极探索促进文化贸易发展的新机制、新形式，创新拓展文化贸易服务渠道。2012年，北京国际文化贸易服务中心在临近首都机场的北京天竺综合保税区奠基开建，成为国内首个依托空港保税区建设的"文化保税区"。它以国际文化商品展示交易中心、国际文化贸易企业集聚中心、国际文化物流中心为功能定位，处于中国开放层次最高、政策最优惠、功能最齐全、最接近于自由贸易区的综合保税区内，将有效利用保税区政策，为国内外文化产品和文化项目提供生产、展示、推介、交易、仓储、物流等综合服务。在奠基仪式上，文化部正式将北京国际文化贸易服务中心命名为国家对外文化贸易基地并揭牌。预计在2015年建设完成并投入运营。根据规划，基地规划用地260亩，建筑面积51万平方米，投资总额50亿元，预计将于2015年建成并运营，年营业额有望超过500亿元。

文化交流的另一个重要渠道则在民间。仅仅依靠单一的官方渠道已很难满足需求，必须通过全面的"民间化"，建立多渠道才能真正实现文化全面的交流。民间交流渠道一直是国际文化交流的重要形式，具有形式多样、灵活高效的特点。民间组织在北京的文化交流活动中扮演着十分重要的角色。在北京，各种形式的民间文化交流非常活跃，民间资本也大力助推了文化贸易的发展。北京汇聚着众多代表国家水平的各类学术团体、艺术机构，它们在相应国际组织中发挥建设性作用。在北京，也有为数不少的非公有制文化企业、文化非营利机构在对外文化交流和文化贸易中发挥作用。此外，在京的海外侨胞也积极参与中外人文交流活动，这些民间交流渠道都扩大了北京对外文化交流的参与面。

总体说来，北京的文化交流渠道体现出多层次化、多样态化的特点。在推进政府主导的文化交流的同时，北京依然在积极探索社会化、市场化运作方式，把政府项目与商业运作结合起来，把政府交流与民间交流结合起来，把文化交流与文化贸易结合起来。

第三节 交流主体与国际人口

作为一种新的产业形态，文化交流与贸易领域横跨众多领域，建设面临着比较多的技术经济问题，需要依靠多个主体之间的合作实现资源集聚，优势互补。北京作为一个国际文化交流、文化贸易活动频繁的国际大都市，实现了交流主体多元化和运营模式的多元化，构成其国际文化交流主体的多层次结构呈现出互为补充的格局。在这个多层次结构中，既有实力雄厚的国有大型文化集团，也有分散灵活的民间组织中小型文化企业。

作为中国的文化中心，北京聚集了包括中国对外文化集团公司、中国保利集团公司、北京歌华文化发展集团等在内的大型国有文化集团和文化机构。其中，总部位于北京，成立于2004的中国对外文化集团公司（CAEG）是经中华人民共和国国务院批准设立的第一家大型国有对外文化企业集团，是国家对外文化交流的重要渠道，为我国文化艺术产品走向世界市场搭建了宽广的桥梁。中国对外文化集团公司拥有19家全资境内外企业以及多家控股、参股企业，旗下核心企业中国对外演出公司（中演公司）和中国对外艺术展览中心（中展中心），分别成立于1957年和1950年，目前是全球最大的中国演出和艺术展览供应商和运营商，也是迄今中国唯一拥有全球演出业务和艺术展览业务的企业集团。半个世纪以来，中演公司和中展中心在运营承办数以千计的国际文化交流项目、境内外商业演出与艺术展览项目过程中，积累了丰富经验。

这些大型国有文化机构和文化集团，通过有效利用政府、社会、市场资源，运作大型文化项目，发挥着作为北京对外文化交流的主渠道、主桥梁的作用，与世界各国著名文化机构、美术馆、博物馆和著名文化企业、艺术院团、著名艺术家建立了和保持着广泛联系与密切合作。

不过，从发达国家经验看，文化交流和文化产业领域不同于传统行业，很多参与主体都是灵活、富于创新的民间组织和中小企业。民间组织在北京的文化交流活动中扮演着十分重要的角色。它们的民间身份和非营利性等特点，使其在开展文化交流活动时更具亲和力，更容易实现交流和理解。文化类社会组织为开展国际文化交流提供了一种独特的宽松场所和基地，很多文化交流项目在促进文化认同方面所产生的作用与影响是巨大的。而中小型企业如独立工作室、时装设计公司、小型文艺公司、数码设计公司、广告公司、文化经纪公司等，这些企业更加适合以民营企业的形式存在和发展。在发达国家，整个文化行业的增长主要依靠私营的中小企业。因此，近年来，北京逐渐增加了政府对民营文化企业投资力度，吸引大量民间资本投入文化产业，大力发展民营文化中小企业，这是北京丰富文化交流主体形式、拓展文化交流覆盖面的重要举措。

衡量城市人口国际化水平和城市国际化水平的重要指标，是城市中侨民、外国移民以及经商、科研、教学、旅游等方面的外籍流动人口的比重。因为这意味着这个城市是否吸引了足够的世界资本、人才，是否在全球经济中活跃。世界城市的外籍人口比例通常在10%以上，伦敦的外国人口约是三分之一，巴黎的外国人口约是四分之一。只有城市人口的异质性提高，才能使城市真正成为世界文化交流中心。

作为国际大都市，北京以自己独特的魅力吸引着来自世界各地的人们。在中国的众多城市中，北京已经成为外籍人士来华就业工作的主要目标城市。近年来，来京的外籍人员呈逐年增多的趋势，根据2010年全国第六次人口普查结果，北京共有10.7万港澳台居民和外籍人士居住。

2011年5月，北京世界500强总部及跨国公司数量都已经超过纽

约和伦敦，世界级跨国公司在北京的分部数量也超过东京。北京市所拥有的世界500强企业总部数量为21家，超过纽约(18家)和伦敦(15家)，总部经济特征明显。而在美国《财富》杂志公布的"2013年世界500强排行榜"中，北京2013年世界500强企业总部数量首次达到48家，超越东京成为世界500强企业总部最多的城市。在经济全球化、科技信息化和交通条件大为改进的背景下，跨国公司总体上还是考虑落户全球、国家或区域的中心城市。近年来，跨国公司越来越多地到中国设厂、投资，尤其是国内北京、上海等大城市，这也从一个方面说明北京的国际化程度在不断加深。

在京的外籍人士中，以学习为目的的人占多数。2012年，北京的高等教育外国留学生在校学生数为40549人，毕(结)业生数25570人，授予学位人数4455人，招生数29165人。[2]其中，来自亚洲、欧洲、北美洲的留学生数分别占据了外国留学生人数的前三位。根据北京市"十二五"规划纲要，在未来几年，北京将大力发展来华留学教育，争取到2015年在京留学生数量超过12万人次。

北京接待的入境旅游者，1995年为207万人次。2012年，北京接待入境旅游人数500.9万人次，旅游外汇收入总额514900万美元。入境的旅游者，17年间增加了293.9万人次，平均每年增加17.29万人次，平均年增长率为6.39%。截至2012年年底，北京有外国及港、澳地区企业代表机构8911家，与包括纽约、东京、华盛顿、马德里、巴黎等在内的48个城市缔结为友好城市。[3]北京国际人口、国际机构代表以及友好城市的增加，证明北京作为一个国际性大都市，对世界的吸引力正在逐渐加大。

北京将以积极心态应对外籍人士的加入，并且意识到自己和纽约、伦敦、巴黎等城市在国际人口结构上的差距，持续改善软、硬

2、3 数据来源《北京统计年鉴2013》。

件环境，为国际人士提供便利的工作和生活环境，增强对外国人的吸引力。

第四节 国际形象塑造与品牌建设

城市发展的核心在于它不断寻求创造其自身繁荣的途径，作为中国北方最大的城市和全国政治文化中心，北京以首都地位对内汇聚全中国资源，对外有广泛的国际联系，具有其他城市没有的、不可替代的地位。作为亚洲的典型的世界性城市，近年来北京的全球化进程表现出了强劲的发展势头。2012年，北京成功入选联合国教科文组织评选的世界设计之都。

2008年前后，借助举办奥运会契机，北京加强了与国际的交流和合作，城市化、现代化水平显著提高，国际形象显著提升。2010年中国社科院发布《全球城市竞争力报告》指出，包括北京在内的中国城市的整体竞争力接近世界中等水平，特别是在国际影响力、跨国公司指数方面，北京已超世界城市巴黎，其经济规模在全球排名为第16位，是中国未来10年最具潜力的城市之一。

2012年，中国社科院发布《全球城市竞争力报告（2010-2012）》，在进入榜单的亚洲城市中，北京成为过去6年中竞争力指数提升最快的城市之一。2011—2012年度，北京城市竞争力位列全球第55，比2009—2010年度稳步上升5位。而在全球城市竞争力的分指标中，北京的跨国公司指数、产业层次等都已经进入全球前十名。在综合竞争力方面，北京虽然与公认的四大世界城市纽约、伦敦、东京、巴黎相比还有较大差距。但是，在分项排名中北京有几项表现得比较出色，北京在企业本体中排第5位，跨国公司指数排名第6位，当地需求排名第7位。在这一报告中，还有一个很重要的指数：全球联系。这一指标主要是通过经济、政治和国际的联系

程度，以及举办国际会展、城市在国际上的知名度、城市的自然区位，以及航空、公路、互联网等方面的对外基础设施所衡量的。在这一方面，北京在500座城市当中排名第13位。数据表明，北京目前已处于世界城市的腾飞起步阶段，经济已进入高速增长时期，并且开始重视经济增长方式的转变，产业结构高端化趋势凸显，成为中国的现代服务业中心和高端制造业、高科技研发中心。

第七章
北京建设文化交流中心面临的
国际国内竞争与挑战

从全国范围来看，北京、上海、广州三大城市依其雄厚的经济、政治和科技文化实力，逐步向着国际文化交流中心、国际著名会展旅游城市迈进，大型会展活动的承办数量多，专业化会展公司发挥的作用强，国外会展企业的参与更增强了它们的竞争力，对各类会展表现出"通吃"效应。

而在三地的辐射带动作用下，围绕三地的天津、青岛、大连、南京、杭州、宁波、深圳、珠海、厦门等地，结合自身优势，采取积极的区域合作发展道路，呈现出明显的北、中、南三带的带状发展模式，在与京、沪、深三地联合举办会展的同时，也形成了自己的品牌，如青岛国际啤酒节、大连国际时装节、广东的广交会等。

西部地区的成都、重庆、昆明、西安等地，在东部会展城市强大的垄断形势下，腹地大，展会稀薄，竞争相对薄弱的西部会展旅游城市，成为西部会展旅游的几个增长极，各地均积极建设基础设施；增强市场服务和竞争力，因时、因地发展面向国内，兼顾国际具有浓郁地域特色的品牌展会。

西部大开发战略的实施，中国会展业京、沪、深三足鼎立的局面已变成了多极化的发展格局，成都、重庆等作为中国西部的区域性会展中心城市之一，发展势头很猛。

因此，北京建设国际文化交流中心虽然具备许多优势和先决条件，但是也面临着来自国内外著名城市的竞争与挑战，存在着诸多劣势和不足。这些劣势在一定程度上制约了北京建设国际文化交流中心的进程。

第一节 国内竞争与挑战

《北京文化发展报告（2012—2013）》指出，北京文化创意产业发展全国第一，而公共文化服务相对滞后。2012年，北京的文化创意产业较为发达，在31个省（区、市）中排名第一，表明北京在文化创意产业发展上在国内是具有较强竞争力的城市；北京的"创新竞争力"较强，在全国城市中位于深圳之后，位居第二，在4个直辖市中北京是唯一进入前10名的城市，表明北京的创新知识和创新水平位于国内前列；北京市四级公共文化设施平均覆盖率达到98%，市和区县两级覆盖率100%，但"2011年全国31个省（区、市）公共文化服务指数"中，北京的公共文化服务得分为50.39，位居22，表明北京公共文化服务在国内的竞争力方面亟需大力加强。

从大的方面来说，与上海、广州、重庆、成都等大城市相比，北京建设国际文化交流中心还存在着一定的不足，这些因素归纳起来主要有以下几点。

一、政策和管理不适应产业发展的因素

一是政企关系改而不断，难以培育出真正的市场主体。以前的

文化事业单位，虽然成功改制，披上了"企业"外衣，但距离真正作为市场主体的企业差距较大，市场效率难以有效发挥。一方面改制企业的"等、靠、要"思想依然严重，市场创新的动力不足，竞争力不强，导致有限的文化创意资源难以发挥最大效用；另一方面，相关部门的"有形之手"伸得太长、管得太多，严重制约了改制企业的主动性和创新性，导致无效投资、重复建设等问题依旧，遏制了文化产业、会展业等的发展和升级。

二是多头管理、条块分割、缺乏统筹规划，极大地影响了资源配置效率。市委宣传部、文化局、新闻出版局、旅游局、文物局等多个部门分别负责管辖文化产业、文化产业产业、会展业等某个细分行业，从而形成了"多头管理、条块分割"的布局。事实上，任何一个文化创意产品都是文化、科技、创意的完美结合，可能同时涉及多个部门。这种状况往往会导致政出多门、手续繁杂、效率低下，也必然会增加企业成本、降低资源的配置效率、影响竞争力，最终会阻碍文化创意产业、文化产业、会展业的健康、有序发展。

二、高昂的生活成本导致人才流失

2013年12月，国际人力资源咨询机构ECA发布的一份调查报告显示，对于海外派遣员工来说，在北京、上海、广州和深圳这4个中国内地一线城市的基本生活成本超过美国纽约，全球排名均在40名以内。与上年相比，这4个城市排名均有上升，北京从2012年的第21位上升至2013年的第15位，上海从25位上升至18位，广州和深圳分别从57位和61位上升至38位和40位。而"看起来很贵"的巴黎和纽约曼哈顿仅排在第29位和第33位，低于北京、上海的排名，仅高于广深。

国际人力资源咨询机构ECA在2013年3月和9月分别对这些城市的部分商品物价进行调查后撰写了这份报告，调查内容包括一张电

影票、一顿快餐、一罐饮料（50毫升）、一打鸡蛋（12枚）、一公斤香蕉、一升牛奶、一升汽油等基本生活物品。但是，这份报告没有把房屋租赁、公共服务（水、电和燃气）、购车和上学等费用计算在内，而实际上这些方面的开支在城市居民的日常生活开支中占据了很大比重。

北京生活成本高昂，不仅不利于海外人才来北京工作、生活，而且不利于年轻的文化创意人才聚集。北京文化产业从业人员的一个显著特点就是年轻化，据调查，在全体从业人员中，25岁及以下的人员约占78.35%左右，低龄化现象非常明显。从从业年限看，从业在两年及以下的人员高达73.2%。无论从年龄还是从业年限看，北京文化创意产业队伍都是非常年轻化的。这一方面说明年轻人富有想象和创新能力，更适合文化创意产业发展的需要；另一方面年轻人物质积累薄弱，正处于创业初期和事业的上升期，选择聚集地区时，会比较、参考生活成本因素。北京当前高昂的房租和房价必然会影响年轻人的现实选择，阻碍年轻的创意人才在北京聚集，从而制约了北京文化创意的持续发展。日前，人才"逃离北上广"意向渐浓就是最好的例证。

"逃离北上广""退居二线""回老家去"近几年一直都是不少历经千辛万苦"挤"进大都市的年轻人热议的话题。在网民评出的10个最想逃离城市榜单中，上海、北京、广州毫无争议地排名前三。人满为患、房子太贵、娶不到老婆、压力太大、焦虑失眠、漂泊感……各种逃离理由勾勒出日益严重的"大城市病"。调查显示，2013年在校大学生中分别有15.0%、5.1%和1.7%会在求职时优先考虑北京、上海、广州三个城市。与2012年相比，在校大学生计划在京、沪、穗三城市就业的比例呈现下降趋势。其实对于"逃离北上广"的人群来说，在北上广留不下的一个很重要原因就是日益高涨的房价，包括买房和租房的价格。

北京市统计局发布的2012年各区县人口统计数据，也证实了这一点。数据显示，2012年北京市常住人口（包括户籍人口及在京居住六个月以上的暂住人口）达2069.3万人，其中1297.5万人有北京户口；暂住人口则比上年减少41.6万人。对于暂住人口减少现象，北京大学社会学系教授陆杰华表示，北京市暂住人口下降是由政策调控、环境污染、生活成本等原因造成的。

与国内其他城市比较，中国发展比较好的城市群，比如说长三角以上海为中心的城市群，以及珠三角的城市群，相对都是非常好的，可以体现出来一个中心城市带动周围的中小城市的发展，而且之间经济的互动关系也非常好。从这个意义上来讲，这两个地方进一步容纳人口的潜力还是有的，而且也不会引起特别大的问题。

但是北京周围和珠三角、长三角相比有所不同，北京一个城市独大，周围中小城市发育没有那两个城市好。从三大城市群的概念来讲，北京进一步吸纳人口的能力不是特别被看好，因为环境的承载、经济的发展等，它没有形成和周围的中小城市良好的互动。

北京的主要问题是周围的发展水平和北京相比差别太大。这既有历史的原因，也有自然方面的原因，北京周围的山地比较多，贫困的农村也比较集中。但是从管理或者政府决策的角度讲，可能也有一些问题值得进一步探讨，比如说因为北京长期作为首都，一家独大，过去政策方面的倾斜也是存在的。周围一些中小城市从北京的发展当中得到的收益并不是特别显著。所以说，北京容纳人口，乃至文化产业、创意产业发展的潜力不被看好。

三、文化精品数量少

创意不足，从而导致产品劣势，制约了文化创意产品市场的扩大，这是北京创意产业面临的十分棘手的问题，也是一个显著劣势。"功夫""熊猫"都是中国特有的文化元素，为何《功夫熊

猫》花落美国，却能在内地首映就突破4000万元大关？究其原因，创意不足则是根本。北京乃至全国的文化创意目前绝大多数都是在简单地复制、模仿，真正原创性的创意产品甚少，所以中国创意产业大而不强就不难解释了。北京文化产业、创意产业、会展业近来虽在创意方面取得了较大成绩，但是"创意不足"仍然是制约产业发展的头号"顽疾"，向"创意"要市场在今后相当长一段时间内仍是产业发展的重中之重。

四、融资政策阻碍了中小民企的发展壮大

中小民企融资困难击中了文化产业、创意产业、会展业发展的瓶颈。北京作为世界有影响力的金融之都之一，资金充足，发展文化产业、文化创意产业、会展业的资本优势明显，但是，如何将这种优势转为胜势？这是北京发展文化产业、创意产业、会展业首先要解决的难题之一。

据调查显示，从从业人员的数量上看，北京市70%以上的文化创意企业的雇员在100人以下，其中11—50人的企业占29.17%，51—100人的企业占25%，是被调查企业中比例最高的，这充分表明目前文化创意产业、文化产业、会展业的主体仍然是中小型企业。从企业性质上看，民营企业的数量最大，占总数的32%，是北京文化产业、创意产业、会展业的主力军。而民营中小企业融资难之又难，是众所周知的事实。所以，当前北京文化产业、创意产业、会展业面临的融资现实是：一方面国有大中型企业资金充盈、融资非常容易，而另一方面作为产业大众的中小民企却资金严重不足、融资困难。中小民企的融资难题在相当一段时间内将长期存在，严重束缚了中小民企的发展壮大，成为制约文化产业、创意产业、会展业发展的新的瓶颈。

上海早在20世纪二三十年代，作为东西方文化交汇点，就已经

成为我国现代经济的火车头，并且初见国际文化交流中心城市的功能。在这种背景下形成的海派文化，以其兼容并蓄、海纳百川的气度，为上海的经济和城市发展注入了蓬勃的生机与活力。

上海曾经是中国新文化运动的发祥地之一，产生了许多影响深远的文学作品、流派、思潮和团体，孕育了一批在中国文化史上脍炙人口的大师。上海还是近代中国最富有文化创造力的城市，中国现代艺术中的不少门类就发端于此。例如上海不仅是中国电影的发祥地，还演绎成为中国电影的制作重镇。报纸、期刊、戏剧等文化种类，都得益于这一片神奇的土壤而在此得到长足的发展。甚至在战争年代，上海还出现了不少值得中华民族引以为荣的文化精英。

2013年10月27日在第25次上海市市长国际企业家咨询会上，上海市市长杨雄表示，文化是城市的灵魂，是城市软实力的集中体现。一个软实力强的城市，必定是一个具有深厚文化底蕴、浓郁文化气息、鲜明文化特点的城市。要着眼于推动城市发展、满足市民需求、加快建设国际文化大都市，不断提升上海的文化软实力。

杨雄表示，多元包容是上海文化最显著的特质。外滩的建筑群、新天地就是多元文化融合发展的典型产物，上海要保护和传承好城市文脉。上海在各个历史时期都形成了比较丰富的物质文化遗产和非物质文化遗产。对这些宝贵遗产，进行保护前提下的合理利用，就是对多元文化的最好传承。今后要继续扩大文化领域开放，在更广范围、更深层次上，吸收借鉴世界各地经典文化、优秀文化的精华和精髓，使之发展成为上海文化的新元素。

今天，上海的目标就是建设国际文化交流中心，成为全球文化传播网络的重要节点，充分发挥中外文化交流的桥梁作用。通过各种形式的文化活动，让中华的优秀传统文化、全国各地的特色文化、世界各地的优秀文化，在上海这个大舞台上展示魅力、交汇融合，促进中外文化交流，推动文化产业发展。

公共文化是文化发展的基础和归宿。上海一直高度重视发展公共文化，不断完善公共文化服务体系。2012年，把世博会中国馆、城市未来馆等场馆资源，改建成了中华艺术宫、上海当代艺术博物馆等公共文化设施。今后，要把公共文化更深地融入市民生活，充分利用各种公共空间，举办市民喜闻乐见的文化活动，让广大市民在日常生活中更多地体验文化、享受文化。

而以世博会为契机，上海现在成了具有国际味道的会展新贵。上海作为我国主要的经济中心城市，在硬件上有辐射华东、眺望全国的地理优势。上海的开放意识较强，吸引了众多海外企业的关注，引进了优秀人才和先进技术理念，发展了会展经济，无疑提升了上海作为中国会展中心城市的地位。在软环境上，上海的展览环境相对宽松，市政府对会展业的发展十分重视。

近年来上海作为国际经济、金融、贸易中心，一直将无污染、高效益的会展业作为产业发展的重要一翼来扶持。正是因为得天独厚的大环境和历届政府的重视，从20世纪90年代以来，全国性或国际性会展数量以每年近20%的速度递增。专业的会展公司、搭建公司、运输公司已逾百家。

众多国际知名企业在上海安营扎寨，也给上海带来了许多国际性的会议。全球排名前100位的工业型跨国公司，已有半数以上云集沪上。一些全球性的经济会议纷纷选择在上海举行。另外，包括APEC会议、上海工博会、国际商会年会、环太平洋论坛年会、亚太法官会议、国际引航员大会等多个高层次国际性会议先后在上海举行，为上海赢得了国际会议中心的声誉。特别是2010年上海举办世博会，更奠定了其在国际会展业的重要地位。

随着上海自贸区的挂牌成立，上海将迎来新一轮的跨越式发展机遇。

上海解放前就是整个亚洲的金融中心和物流中心。后来船越造越大，上海的大陆架地形导致大船进不了港，再加之中国的计划经济导致上海失去了自由贸易港的身份，于是上海慢慢地失去了物流中心的地位，接着又失去了亚洲金融中心的地位。但是上海的地缘优势是一直存在的：上海不仅距日本、韩国、朝鲜、台湾、俄罗斯远东和香港、澳门地区是等距离，而且南距广东，北至天津、大连、青岛、烟台、营口也几乎是等距离。更重要地是有一条大河（长江）辐射到内地。上海也不会像新加坡那样几乎是纯粹的中转港，自身的建设也需要大量货物，运抵上海的货物起码有一多半是不需要转运出去的。这就是说，把上海作为中转港口，优势要远远超过新加坡。战略上，上海的位置比新加坡更加优越，它处于全球第二大经济体海岸线的最腹部位置，与全球第三大经济体日本和蓬勃发展的韩国的距离非常理想。如果上海不仅有免税区，还有自由贸易区的金融政策，上海就会多出比新加坡更多的外资银行，还会产生上百万个白领的工作机会，就会获得更大的发展空间。上海欠缺的仅仅是没有深水港和自贸区的政策。

于是20世纪末上海就开始筹划在大小洋山岛上建设深水港。洋山深水港建成才几年，世界所有货运巨轮就都已经能靠上洋山港码头，吞吐量取代新加坡成为世界第一大港。而上海自贸区的设立为使洋山港充分发挥其效能提供了可能。自贸区的建立，将使亚太各国的货物可以自由地从上海港进出、交割和结算，区内人民币的可自由兑换为这些活动提供了可能。以人民币结算的设在自贸区的原油期货很快将会成为现实，上海具备成为继美国德克萨斯州、伦敦北海布伦特之后的第三个国际原油定价中心。

广州是一展带来百展兴。有"中国第一展"美誉的广交会展览面积达17万平方米，已走过45个春秋，举办了90届，这是中国日前历史最长、层次最高、规模最大、商品种类最全、到会客商最多、成交效果最好的综合性国际贸易盛会。

中国贸促会副秘书长王锦珍认为，广州的优势就在于有先进的设施和好的环境，不仅拥有中国第一展广交会的宝贵财富，毗邻港澳，而且拥有会展经济发展的产业基础，广州的会展业发展拥有巨大的潜力。

不仅如此，以广交会为首的珠三角会展区现在还形成了"两小时会展圈"，即将深圳高交会、东莞电博会纳入"两小时会展圈"范围之内。"两小时会展圈"包含珠三角与香港、澳门这个会展黄金带，以及香港、广州、深圳、顺德、东莞等珠三角会展产业带。因为地域相邻，海外参展商来香港、深圳参展，同期可以到广州、东莞、顺德、中山等地看多个展览，并且可以直接到工厂看样品。

成都则是随西部大开发战略而崛起的一个新的国际文化交流中心。2013年11月，由国家新闻出版广电总局、国家互联网信息办公室指导，中国网络视听节目服务协会主办的"首届中国网络视听大会"在成都举办。这是中国网络视听领域内首个国家级、综合性行业大会，被业界视为网络视听行业的年度"风向标"。

首届网络视听大会之所以选择成都，是因为成都作为中西部地区的文化强市，具有独特的文化资源、丰富的文化产业门类、政府的强力支持等因素。近年来，成都不断加大文化事业发展的投入。2012年起，成都市财政设立了1亿元的公共文化服务专项资金、5000万元的公共文化政府采购资金、1.1亿元的乡镇（街道）公共文化服务经费、1亿元的村级公共文化服务经费，全市公共文化财政保障经费达5.4亿元。

电子信息产业和文化产业融合发展，则为成都网络视听产业发展提供了强劲的产业支撑。2012年，成都电子信息产业增加值突破3000亿元，规模仅次于北京、上海、广州，对成都GDP的贡献超过1/3。目前，成都正加快推动以新一代信息技术产业为重点的电子信息产业快速发展。其中，移动互联网产业纳入重点发展的新兴产业，聚集了超过200家的移动互联网应用服务企业。目前，成都有6个国家文化产业示范基地、9个四川省文化产业示范基地。"国家动漫游戏产业振兴基地"落户成都，全市动漫文化相关企业超过160家，实现收入超过10亿元。成都作为首批16个国家级文化和科技融合示范基地之一，正加快建设全国最大的数字音乐聚集地，建设三大正版数字音乐运营平台。

第二节 国际竞争与挑战

由北京市社会科学院、社会科学文献出版社联合出版的《北京文化发展报告（2012—2013）》指出，北京未进入2012年全球城市竞争力、世界城市竞争力、全球城市竞争力指数的前10名，但进入了全球竞争力排行榜，位居第9，表明北京在世界城市竞争力体系中的地位得到一定认可，但与一些世界著名城市相比，仍有较大差距。在世界影响力城市排名中，北京位居第14，在首都城市中位居第9名，而著名世界城市纽约、伦敦、东京均位于前5名，这表明北京已成为具有一定世界影响力的城市，但是与纽约、伦敦、巴黎、东京、香港等城市相比仍有很大差距。

北京文化设施总体偏弱，与纽约、伦敦、巴黎、东京相比较，北京公共图书馆数量为25座，仅为纽约的10.9%、伦敦的6.3%、巴黎的2.9%、东京的6.4%，每10万人图书馆占有量北京位于其他4城市之后，相差较大；在国家博物馆数量中，北京位居第2，而国家级博物馆位居第1；北京的美术馆数量远低于其他四大城市。这表明北京与这四大城市相比，有其优势，也有其差距，但总体偏弱，北京的公共文化设施、公共文化活动和公共文化参与度有待于进一步加强。北京缺乏集文化娱乐、文艺演出、餐饮休闲等于一体的综合消费场所。2012年，北京市人均GDP达13797美元，而文化消费只有

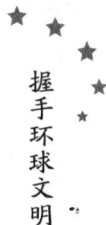

1658元，仅占家庭收入的4%，纵观发达国家这一比重均在10%以上。北京的城市文化国际影响力明显不够，文化交流和传播者远远不足，北京的外籍人口占总人口比重仅为0.53%，远低于纽约、伦敦、巴黎，甚至低于东京。

北京年度举办的国际会议次数低于伦敦、巴黎、东京；国际总部数量北京更是屈指可数；年入境旅游人次北京高于东京，而低于纽约、伦敦、巴黎；留学生数量同样低于列表中的其他城市。北京的国际文化领军企业数量太少，竞争力不强。2012年，中国文化产业企业进入前50名的有中国出版集团公司，排名40；中国电影集团，排名44；中国凤凰出版传媒集团，排名47，北京有两家文化企业进入50强。总体上看，北京仍然缺乏有较大竞争力的文化领军企业，纽约是世界上真正的文化产业领军企业聚集之都。

上海交通大学教育部哲学社会科学研究重大课题攻关项目《我国文化产业发展战略研究》课题组于2012年7月发布的《中国文化产业发展指数报告》指出，"2006—2010年中国文化产业发展指数"排名，上海以87.27位居榜首，北京以85.69排名第二。该指数同时显示：目前，上海与北京处于我国文化产业发展的第一梯队，且两地区间指数值差距较小，第二梯队集中在广东、山东、江苏和浙江四省，中国内地另外25个省（区、市）处于第三梯队，文化产业发展缓慢。《报告》中还指出，中国文化产业发展尚处于政策哺育期和成长发展初级阶段。

从国际文化交流中心要素来说，不仅要有第一流的文化设施、第一流的文化环境，更重要的还在于要有第一流的文化创造力和生产力。判断一座城市的文化有没有活力，取决于这座城市是否真正拥有良好的文化环境、文化生态，以及文化创作人员的生存状态。在被人们誉为国际文化交流中心的那些城市中，市民的英语交流普及率达到40%，外籍居民在全市居民中的比例在10%以上。

与纽约、巴黎、伦敦、法兰克福等著名国际文化交流中心相比，北京在环境、气候、交通等方面，存在着如下一些劣势和不足。

一、空气污染和环境质量差

如果说北京2013年的国际吸引力会有所下降，那么罪魁祸首肯定就是雾霾。民间环保组织"自然之友"2013年4月发布的《中国环境发展报告(2013)》中，对全国省会城市和直辖市2012年的空气质量情况进行排名，兰州排名垫底，北京位列倒数第二。成都、天津等城市也因大搞基建或工业化快速扩张造成空气质量下降严重。这些报道多来自欧美国家的媒体，它们非常关心在华外国人这一群体。

2013年4月，《华尔街日报》一篇报道北京雾霾月的文章用"逃离雾霾的北京"作为标题。英国《金融时报》就把北京的雾霾天气形容为"空气末日"。"'空气末日'促使外国人离开北京"这样的报道频频出现在欧美国家的媒体上。汤普森在英国一家公关公司任职，经常到北京出差，他认为，雾霾污染对北京国际大都市形象的打击更大，超过经济利益的损失。PM2.5数据正像一个挑战者，外国人甚至一些中国人因雾霾天气"逃"离中国或移民的现象确实存在，北京过夜外国游客数量同比一度减少近四成。

住在北京的俄罗斯夫妇麦凯威已在中国生活、经商十年，对北京感情很深。但自从去年9月女儿诞生后，夫妇俩越来越意识到空气污染对孩子健康的影响，已决定夏天离开北京，到环境更好的马来西亚定居。他说，空气不好时我们会头痛、咳嗽。几个月大的女儿也显得有点异常，总是睡不好觉。在英国猎头ANTAL国际中国公司负责招聘咨询工作的普赖斯说，有两家德国知名汽车公司的外籍律师和技术人员要求被派回国。普赖斯今年31岁，来自英国，他在北京工作一年，染上肺炎。他注意到，有不少外国人希望到中国的二、三线城市

工作，环境相对好是原因之一。他说最近四五个月以来，一些外国人跟雇主商议续签合同时会要求公司付给他们额外的"危险津贴"作为在北京继续工作的前提，而这个津贴通常是公司派遣员工到例如安哥拉、尼日利亚等政治不稳定、可能会有人身安全威胁的地区才有的。一般危险津贴是整个薪资待遇的1/10。据他了解，某外企支付雇员在北京工作的危险津贴达到每年15万元人民币。

俄罗斯商人麦凯威表示，除空气污染，北京的水污染、食品安全问题也是让他们夫妇选择离开的部分原因。北京的物价、房租上涨，交通拥堵，还有越来越明显的贫富差异，都让他们感到不适。

尽管中国的巨大商机甚至中国的文化和社会生活仍会吸引大量的外国人来华，但北京等大城市空气污染问题今后如得不到有效治理，终将会让一些人望而却步。美国众达律师事务所北京代表处合伙人、在华居住已十年的新西兰人郝莱特表示，虽然还是有很多外国人愿意到中国来工作，但空气污染已经让很多国际公司很难再把北京作为一个招聘的卖点了。[1]

曾获格莱美奖的佩蒂·奥斯汀原计划2013年10月18日在北京进行表演，但其经纪人表示，奥斯汀抵达北京后就咳嗽不断，随后被送至医院，被诊断为因呼吸道严重感染引发哮喘，无法演出。这是这位63岁歌手平生第一次出现此类情况，奥斯汀表示抱歉。这篇微博引起了不少网友关注，大家纷纷调侃，奥斯汀是被北京雾霾空气"熏"病的。

北京市旅游委召开的2013年上半年全市旅游工作会上透露，今年以来全国入境游人数均呈下降趋势，上半年全国入境游下降了4.2%，其中外国人下降了7.1%。具体到北京，上半年北京入境过夜

1《北京雾霾里的外国人：外企为雇员家中配净化器》，《第一财经周刊》2013年第21期，2013年6月6日，《环球时报》驻美国、英国、新西兰、日本特约记者张川、纪双城、王森、孙秀萍、闫爽《北京雾霾，吓走多少外国人》，《环球时报》2013年5月3日。

游人数达到214.3万人次，同比下降14.3%，其中日本游客同比下降54.5%，韩国游客同比下降22.3%。

北京市旅游委分析，2013年北京入境游人数下降的主要原因包括：国际经济持续低迷，欧美远途旅游出游能力下降；受综合因素影响，周边主要客源市场的日本、韩国下降明显；人民币升值，带来入境旅游成本上升；上半年的雾霾天气，经国外媒体持续炒作对入境游也产生了不利影响。

而来自旅行社统计，2013年前三季度北京各旅行社接待的入境游客数量下降明显，共接待入境过夜旅游者332.5万人次，比上年同期下降12.9%，部分旅行社的接待量下降了近50%。旅行社认为，入境游市场下降的主要原因包括两方面：国外经济低迷的同时人民币却不断升值，由此造成了入境成本增加，外国游客减少；雾霾、禽流感等环境因素，阻挡了一些外国游客入境旅游的步伐。

可见，不论是来自旅游委的官方报告，还是来自旅行社的民间消息，都把雾霾、空气污染等作为导致北京旅游人数下降的重要因素。

二、交通拥堵和人口密集

在北京，交通需求量的大幅度增长已远远超过了交通供给的增长，市区道路网以及城市运输服务系统长期处于高负荷运行状态，已逐渐失去应有的整体调节能力。这些仅仅是在日常环境下的各种交通现状。北京交通发展研究中心透露，2013年上半年的交通指数是5.0，比上年同期增长6.4%，属于轻度拥堵。工作日路网的平均拥堵时间是1小时40分钟，比上年多了30分钟。晚高峰有10天出现严重拥堵，指数在8.0以上，比上年上半年增加两天。

而2010年北京全年交通拥堵指数为6.1。当年，政府实施了新的缓解交通拥堵的28条。2011年，交通指数下降至4.8，为轻度拥堵。2013年上半年，交通拥堵程度随着机动车保有量的增长变得更严重

了。因此，也就不难理解旅游、大规模的会展活动给这个城市带来的沉重压力。

由中国社科院、首都经贸大学以及国家发改委、北京市发改委等单位的专家学者组成的蓝皮书课题组发表的《京津冀发展报告（2013）——承载力测度与对策》，重点对京津冀区域及其区域内的特大城市承载力进行了全方位考察和系统研究。

蓝皮书根据课题组构建的综合承载力指标体系建立了综合承载力模型，北京分值为"1.38"，超过警戒线"1"，表明城市综合承载力处于危机状态，主要原因是城市承载压力过大，而城市支撑力随人口增加而下降。河北省为0.96，表明综合承载力尚有有限的发展空间，但基础脆弱。天津介于京冀之间，2010年、2011年综合承载力略微大于1，说明天津综合承载力已达到警戒线，如果进一步恶化，将难以承载目前的人口规模及其经济活动。因此，在京津冀，水源枯竭、垃圾围城、雾霾肆虐、交通拥堵……人口超载所带来的不良后果正在逐渐显现。

一是北京人口承载"超标"。蓝皮书测度结果显示，京津冀土地资源综合承载力总体水平不高且不平衡，其中北京市最高，天津市及河北省环京津城市偏低。基于指标概算，京津冀土地资源人口承载力可达17080.75万—19101.07万人，人口密度可达1023.97—1145.08人/平方公里。而统计数据显示，北京市2011年常住人口已达2018.6万人。人口密度由1999年的766人/平方公里增加到2011年的1230人/平方公里，已经超出了土地资源人口承载力。随着社会经济的发展和城市化的推进，土地开发建设强度不断扩大。如北京市建设用地面积占总面积的比重日益提高，年均以0.4%的比例增加，而人均耕地不断减少。北京市山区面积广阔，生态用地要求大，因此，后备土地资源空间已非常有限。

天津市2011年常住人口为1354.58万人。人口密度由1995年的

790人/平方公里增大到2011年的1134人/平方公里，也已经接近承受的极限。

相比之下，河北省的土地人口承载力尚有空间。河北省土地总面积187693平方公里，尽管河北省的人口密度也在持续增大，由1990年的328人/平方公里增大到2011年的386人/平方公里，人均用地面积也在不断下降，由1990年的3047平方米/人下降到2011年的2592平方米/人，但与京津相比，其人口密度相对较小：只相当于北京的31.4%，天津的34%，人均用地面积相对较大：是北京的3.18倍，天津的2.93倍，其土地资源仍有较大开发潜力。

二是人口迁入加重负担。纵观近十年的数据可以发现，京津冀地区人口自然增长缓慢，北京和天津人口自然增长率不足4%，河北不足7%。影响京津冀地区人口增长的主要因素是天津、北京地区迁入人口规模的增加。

根据专家对京津冀未来人口的预测，北京市2006年以来净迁移人口增长基本维持在每年50万人左右，假定2010—2020年北京市每年净迁入人口规模保持不变，仍为50万人，或持续增加，按每年增加70万人计算，2020年北京市人口规模将分别为2506万人和2618万人。天津情况与北京相似。2006—2009年净流入人口四年年平均为51.3万人，假定2010—2020年天津市每年净迁入人口规模维持在50万人或持续增加按70万人计的话，2020年天津市人口规模将分别为1936万人和1945万人。到2020年，京津冀地区总人口将介于11680万—12137万人之间。

在考虑所有影响人口的各种指标——包括经济、社会、自然资源等，均能同时满足的条件下，2015年京津冀地区人口承载力为8620万人；在考虑各要素内部能够相互补偿的条件下，京津冀地区人口承载力为9807万人。可见，如果不进行人口控制，京津冀地区将难以承载人口负重。

三是人口老龄化严重，解决未富先老成关键。根据对地区人口结构的分析和预测，京津冀地区劳动年龄人口的比例会不断下降，由2010年的77%下降到2020年的73%或72%，而少年儿童人口（0—14岁）和老年人口（65岁及以上）将呈增长趋势，由于老年人口增长速度明显快于少年儿童增长速度，老龄化程度越发严重。

虽然京津冀地区劳动年龄人口比例下降，但由于迁入北京、天津的人口大多是处于劳动年龄的青壮年人口，劳动力绝对数量是充足的。预计到2020年，京津冀地区劳动力供给在8473万—8794万人之间，这反映了在我国城市化加速、大量农民从农村转移出来的社会背景下，京津地区仍可以在一段时期内享受劳动力红利。

分析未来十年，京津冀地区一方面劳动力供给仍然充足，就业形势依然严峻；另一方面，老龄化程度在不断加剧，公共服务和社会保障压力增大。因此，解决好大量劳动人口就业和"未富先老"问题，成为未来京津冀地区发展的关键。

四是北京公共交通系统已严重"饱和"。"人进去，相片出来；饼干进去，面粉出来……"这些形容北京地铁拥挤的语言毫不夸张。2013年3月9日，北京的地铁日客流量首次突破1000万人次大关，超过莫斯科日均800万—900万人次的客流量，成为世界上运力最大的地铁，这也印证了蓝皮书的研究结论：北京的交通承载力已经严重超负荷。2000年以来北京机动车保有量增长迅猛，机动车高峰小时流量严重超过城市道路承载力，公交系统交通承载已经饱和。根据《2012年北京交通发展年度报告》提供的调查数据，2011年年底早高峰时六环内公共汽（电）车出行量为121.6万人次。假设所有线路公交汽（电）车按5分钟发车间隔在路行驶，则早高峰时段平均每一辆在驶公交汽（电）车承担的出行量为135人次，即使是大型公共汽车也会有拥挤感。随着机动车保有量的激增，从北五环到南四环，中心城区交通拥堵已常态化，且拥堵范围、车辆行驶缓慢的路段呈现沿着城际交通向周边城市扩展的趋势。

五是北京垃圾填埋场四五年内将填满。蓝皮书指出以北京为例，2009年全市生活垃圾产生量669万吨，日产生量1.83万吨，但全市垃圾处理能力仅1.27万吨/日，缺口较大。其主要原因是北京的垃圾资源化水平较低，垃圾分类不够，垃圾处理结构不尽合理，以填埋为主，焚烧和生化处理比例很低。按照现在垃圾产生量和填埋速度，全市大部分垃圾填埋场将在4—5年内填满封场。单就解决垃圾填埋问题，从2011—2020年，北京就需要3200亩土地。

高度拥堵的交通、高度密集的人口，给北京带来了沉重的交通和环境压力，也给北京的国际文化交流、旅游业、会展业的发展带来了很大的阻碍。

以会展业为例，要想成为国际会展中心城市，必须具备四大条件：独特的资源环境、良好的气候条件；地理位置优越、交通便捷；优势产业、市场条件好、开放度高；完备的展馆和配套措施。

根据国际大会与会议协会（ICCA）发布的数据，2012年北京以接待109个国际会议的成绩列居榜单13位，在全国居首位，在亚太排名第二，仅次于新加坡。但与北京2011年接待国际会议111个，位居全球城市排行榜第10相比，在国际排名有所下滑。与世界著名城市相比，北京会展业起步较晚，规模不大，水平也不高，在场馆建设、运行机制、管理手段、配套服务等方面，与国际水准相比，还有相当差距。北京市旅游发展委员会副主任、ICCA中国委员会主席孙维佳曾指出，目前北京与处于"第一梯队"的维也纳、巴黎、巴塞罗那、柏林、新加坡、马德里等城市相比，还有不小的差距。如国际性、多层次的会议场馆设施仍显不足，国际会议审批流程复杂，国际会议申办周期较长等原因，导致会议承办主体缺乏申办国际会议的积极性。由于语言和文化差异，北京会议行业整体管理和服务水平亟待提高。

一是会展场馆设施落后。北京的展馆虽然数量名列前茅，但缺乏大型、特大型展馆，以中小型居多，并且展馆功能单一、设施和设备陈旧，尤其缺少集会议、展览、娱乐、餐饮于一体的大型综合性展览中心。根据中国贸促会发布的《2012年中国展览经济发展报告》，从展览会面积统计的大、中、小型展会情况看，上海在各个面积区间展览会的数量均排名第一，北京小型展览会数量较多，但大型展览会数量不如广州。目前，北京、上海拥有室内可使用面积在10万平方米以上展览馆均为7个，广州为5个，但室内可使用面积总量广州排名第一。中国国际展览中心（新馆）作为北京最大的展览馆在室内可使用面积上仅排名第七，相比第一的中国进出口商品交易会展馆（广州）少20余万平方米。由此可见，展览馆面积的不足也是制约北京展览业发展的一个主要因素。

上海会展研究院出版的《2012中外会展业动态评估年度报告》，首次发布了全球会展城市实力排名。报告从场馆展能、商展规模、展商实力三个维度，将相关城市区隔划分为三层级团组，广州、上海、北京被定为国际会展二线城市，北京按得分排名位居广州、上海之后。

另外，北京的展馆大多建成年代久远，设计理念老化，交通、通信、水电等设施落后，住宿、餐饮等配套服务跟不上，从而使其功能大大削弱。北京场馆的这种单体规模过小、配套设施落后的现象，使得许多本可以在北京举行的大型展览会却因为场馆规模和功能的欠缺而不得不另辟蹊径。北京在举办大展时，如机床展、服装展、汽车展，都要搭建临时展馆。而且现有展馆均超负荷运转，设施老化，基本没有时间进行大的维修改造，已形成破坏性使用。设施陈旧落后已严重制约了会展业的未来发展，与北京成为亚太区重要的经济、科技、文化交流中心的国际化大都市的形象不符。

当然，未来怀柔雁栖湖国际会都的建成，将能弥补北京大型场馆不足的短板。但新场馆的郊区化，以及交通网络尚不够发达，将仍然困扰着会展业的发展。因为从会展的角度来说，一个好的展馆，不仅仅应该具备完善的内部设施和服务机制，更为重要的是它的周边环境。其一，好的展馆应处于交通网络发达地区，四周交通便利、换乘方便，各种交通设施齐全，便于游客和参展者的参展行为。其二，展馆地址应远离居民区和其他行政机构服务区域，避免给附近居民带来困扰或者妨碍其他公共事务。其三，展馆附近应配有齐全的配套基础设施，如宾馆、酒店、商场、健身场所等，为展会和旅客提供方便的同时，也避免了重复建设所造成的浪费。其四，展馆群体架构应呈现狭长分散型，而非集中聚集型，避免因展馆过分集中而带来的车辆拥堵，难以对其进行有效地集散。这样既可以使观众有效参展，又能够发挥展馆优势。

北京会展业的旧场馆本来就很分散，而新建场馆的进一步郊区化，导致北京所有的场馆呈现独立的散点状分布，相互之间距离遥远。会展就其本质而言，是一个传递信息的枢纽，它起着上传下达、科技推广、交流信息的作用，因而会展举办地的交通条件十分重要，同时，会展业的发展也需要更多部门的支持，如物流、广告、翻译、印刷、贸易中介、报关、保险、旅游、酒店、餐饮等。在场馆过于分散或交通不便的情况下，单一场馆是无法支撑相关服务的，一旦这些会展配套服务跟不上，势必会影响会展业的发展。如果场馆相对集中，则有利于物流、广告、翻译、印刷、贸易中介、报关、保险、旅游、酒店、餐饮等服务业的生存，反过来，这些配套服务项目的完善又会促进会展业的进一步发展，这就是会展业聚集所产生的"共荣效应"。然而北京在规划新场馆的时候却没有考虑到市场聚集的因素。

二是管理体制滞后。主要表现在：缺乏对会展业发展的长远规划和总体布局；行业管理体制和相关制度不健全；举办会展审批手

续过于繁杂，周期过长；行业管理不规范，存在多头管理，多头审批，重复办展，低水平恶性竞争，甚至出现骗展、虚假展览等情况，给发展中的会展业带来了诸多负面影响。

三是市场环境不够完善。主要表现在：政府部门对会展业缺乏完整系统的管理、协调、鼓励、支持办法，缺乏对经营者和从业人员的资质认定和审查制度；办展主体素质差，缺少了解国际惯例、掌握外语、精通会展的策划与组织、富有实际操作经验的专业人员；缺乏对展会的认证和评估，侵权现象严重等。

目前政府主导或介入会展业具体展览活动较多，业界市场化程度太低。会展业属于服务业，尤其是经济技术类专业展览活动，完全属于竞争性经济活动，政府应该完全退出，而以法律法规进行指导和调控。与其他竞争性经济领域相比，政府在会展业的介入也是过多的。因此，推进中国会展业的发展必须推进此一领域的市场化进程，充分发挥市场主体的作用。在市场的作用下，使会展业的资源要素得到合理流动和配置，以提高我国会展业的国际竞争力。

四是整体服务水平不高。目前，北京会展业的整体服务水平相对来说还比较落后，与国际标准相比存在较大差距。如何按照现代国际会展的标准和要求做到使观众和客户满意，并把服务对象所需的配套服务方便、简捷、快速、公正地送到其手中，是大部分会展面临的普遍问题。

在这方面，与德国著名的会展城市相比，北京尚有很大的差距。如随着会展业竞争越来越激烈，客观上要求主办者提供更优质的服务。德国会展业对参展商和参观者提供的服务非常丰富和完善。每一个会展中心城市，纽伦堡、莱比锡、慕尼黑、汉诺威、法兰克福、科隆、杜塞尔多夫等城市，都能提供周到的配套服务，包括"硬件"和"软件"方面的服务，使参展商和买家感到非常贴心，感到与会的时间都充满了价值。

在提供传统的优良服务的基础上，德国会展业现在更提出服务的高质化。他们评判一个展会是否成功，不仅要看本企业的收益，更要看通过展会是否树立和保持了公司的良好形象，是否强化和深入了与客户的关系，是否发展了新的有潜力的客户，是否收集到了有价值的信息，公司推介的新产品是否得到了客户的认可等。德国会展公司亦非常关注参展商的获益情况，并且认为参展商的获益情况将决定展会的生命力。基于此，他们很关注为参展商提供包括展台形象设计、参展产品宣传以及潜在客户源寻找和市场开发支持等方面的服务。

"品牌"是会展活动中一种重要的无形资产，是决定展会规模、影响力以及竞争力的重要因素。北京要充分利用潜在的市场优势，营造公开、公平、公正的市场竞争环境，引导和鼓励国内外著名会展公司在北京投资办展，在做大、做强原有北京国际科技产业博览会和北京国际汽车展等精品展会的基础上，加强政策引导，逐步打造一些名牌专业展会，进一步提高北京会展业的国际知名度和竞争力。

五是专业人才匮乏，理论研究薄弱。展会能否达到国际化和专业化水平，还取决于是否拥有熟悉业务、了解国际惯例、富有操作经验的专业人员。从香港特区、新加坡等"国际会展之都"的发展历程看，几乎都遵循了一条"软件与硬件同步发展"的轨迹。

单纯从数量上看，我国俨然已成为一个会展大国。但是，无论从会展业的市场化、法制化、产业化、国际化上看，还是从业界品牌的知名度、业界集约化程度以及业界的服务水平等诸多方面来看，我国距离会展强国均还有较大的距离。

因此，与国外会展业发达城市相比较，北京会展业除缺乏资金雄厚、竞争力强的大型专业会展服务公司外，突出的问题是缺少一支稳定的、高质量的专业队伍，专业化服务水平不高，大型国际会

展策划、装修与组织、营销等高素质人才十分缺乏，尤其缺乏掌握外语、精通展览设计、熟悉组织策划、了解国际惯例、富有实际操作经验的高级人才。会展活动的组织者、管理者和从业人员大都来自各相关行业，没有经过专门培训，制约了北京会展业的办展水平和服务质量，难以满足会展业国际化发展的专业化要求。

展会从业人员整体素质不高影响了大型国际展会的申办和组织接待。调查显示，在会展业1.6万从业人员中，大学本科及以上学历人员占27%，每12个人中只有1人具有高级技术职称。在硬件设施日趋完善的趋势下，凸显出从业人员整体素质和展会高级管理人才的培养问题。缺乏对会展业的调查统计和理论研究，难以准确评估和预期会展业对地区经济的影响和带动作用，会展行业的专业人才和专业培训严重缺乏，没有形成独立的理论体系、教育体系和教材。

会展经济又被称之为"眼球经济"，是以美感吸引顾客，提升商品的推销价值的。因此，要在会展上获得推销商品的高效益，会展的从业人员又须具有美学、立体设计、平面设计等全方位的专业知识。通过空间、造型、色彩、灯光来建构环境氛围和形象实体，从而达到聚升人气的目的。我国会展业是一个新兴的行业，至今无人才资源建设总规划，无人才资源建设实施系统，无自己的会展科学理论和会展管理科学体系，更无一套针对会展从业人员素质要求的培训教材。有专家称，培训的真正价值在于传授一种具有指导性和可操作性的科学思维方式和技能，需要有一套完整的科学而实用的教材来体现、来规范。如美国的国际展览管理协会，从20世纪70年代就已着手推行CEM（即注册会展经理）的培训体系，考试合格以获得注册会展经理证书，作为上岗资格的重要标志。

此外，北京会展业发展公共服务环境尚不完善，制约了北京会展业的发展。如会展期间安保、检疫工作，展览消防设施的重复购买、重复放置，在一定程度上加大了会展单位的运营成本，展馆周围的交通堵塞问题也在一定程度上加剧了北京会展业外移。

从整体分析来看，在会展旅游业的理论研究和调查统计方面北京还存在很多不足，不能很好地评估和预测会展旅游对北京经济所带来的影响推动作用。到目前为止还没有独立完整的会展旅游教学体系和理论，缺乏专业的培训，导致实际操作经验的专业人才严重匮乏。

而德国拥有世界上最发达的会展业。德国每年举办的大型国际展览约150个，展出总面积超过650万平方米，国际参展商近40%；世界最重要的展览会有三分之二在德国举办，世界十大展览公司，德国占据5席。

目前，德国会展业已经完成了国际化、集约化、规范化、品牌化的发展阶段，现正在向全球化方向发展，尤其关注与新兴的具经济潜力和消费潜力的国家开展会展合作。据德国经济展览委员会（ＡＵＭＡ）统计，近几年，该会会员出国办展以年均10%的速度增长。德国政府对德国会展机构开展全球会展合作给予了大力支持，每年给予的财政资助均达数千万欧元。

会展业发展有一个主要原则，即贴入原则。一个展览的影响力与该展览的举办地物理距离成反比关系，离展览地越近，该展览的影响力越强；相反，离展览地越远，该展览的影响力越弱。因此，要最大限度地发挥展览的功效，展览的举办地应该最大限度地贴近消费市场。德国之所以能够成为世界会展业的领头羊，一个重要的原因就是德国经济发达，本身具有很大的消费市场；同时，德国又地处欧洲的中心位置，欧洲各国人员来往和交易的便利性，使德国成为覆盖全欧洲的巨大消费市场的影响源。这一贴近市场的因素，使得德国占尽地利之势，是其会展业得以迅猛发展的根本动因。

如今德国会展业越来越关注专业细分，追求大而全的会展已经

被认为不能带来良好的效益。在此背景下，一些展览由综合性向专业性转变。如汉诺威公司早些时候已经将不具专业性的会展予以拆分或归并、取消。他们认为，应使展会更具针对性和专业性，必须让人们感到物有所值。这样才能够更加吸引参展商的有限投资。

此外，除了传统的来展、出展、展览策划、国际会议组织、展览设计、展览广告、展览运输、展馆投资建设以外，德国会展业还在展馆管理经营、展位搭建、会展旅游等方面进行拓展。他们越来越看重场馆的营销，充分挖掘场馆的利用潜力。如根据具体品牌展览，为参展商提供既符合品牌展览要求，又具有个性化的展馆搭建，包括展位设计、展板设计和制作、展台材料的购置、展台布置和搭建等，这样既方便了参展商，又使展位搭建更具专业性。

特别值得重视的是，他们与旅游机构合作，把会展与旅游结合起来，为参展商和参观者提供酒店预订、旅行安排等增值服务。会展与旅游结合是会展价值延伸链上一个极具潜力的服务增值点。把"会展"与"旅游"两者进行嫁接，形成一个新的"会展旅游"服务产品，给传统的会展业和旅游业带来一种全新的运作模式。

第三节 网络信息时代的新挑战

互联网、移动互联及物联网等新技术的快速发展，则从另一个方面对北京的国际文化交流中心地位提出了挑战。这些高科技的发展，使得物理时空的界限被打破，人们分散居住在不同的地方，不必聚集在一起就可通过网络实现人与人之间的交流、思想的碰撞，也使得"中心"的意义淡化。所以，从某种意义上说，互联网、移动互联及物联网等新技术的发展具有去中心化的特点，也免去了人们的车马劳顿、长途奔波之苦。

随着人们对信息网络的依赖超过对其他基础设施的依赖，人们生活和工作的许多内容可以依靠信息网络来完成，因此，引起了城市功能边界的模糊，如生活与办公、生产与流通、工业与商业等。在这一背景下，城市产生了离散化趋势，即人们为避免拥挤、噪声以及高地价、高房租，纷纷迁往郊区或周边卫星城。由此引起城市空间的重组，即从"中心地"等级结构的圈层式走向"多中心"的网络化。

通过互联网，人类过去、现在、未来的生活图景，以及不同地区和想象中的生活景象都可以汇合在一个共同的时空中，进行重新拼接，再现几乎所有人类社会现实和理想生活的生动景观，人们超越日常的经验生活，在虚拟时空中形成了对现实性来说一种不可能的可能性。网络的虚拟世界把人类历时态的认识成果"同时态"地展现给人们，把人类以多种方式（感性的、理性的、文字的、图像的等）把握世界的认识成果以一种数字化的方式展现给人们，把人们对世界的多层次认识以一个平台的方式展现给人们，打破了时空、层次和方式的传统界限，在网上实现了时空、层次和方式的非线性联系。

过去，由于地理环境、经济交往等因素的制约，异质文化间的交流只在有限范围内进行。而互联网完全打破了传统的空间限制，世界上各种各样的文化思想都能在网上迅速传递、交汇，发生着碰撞和融合。网络的方便与快捷给文化交流提供平台，促进了不同民族文化的接触。同时，互联网也改变了传统文化产业的营销模式。文化内容提供商可以跨越中间渠道，通过网络平台，利用电子商务、推送服务等方式，将丰富多样的文化产品直接提供给客户。

网络的发展，形成各种文化的共享，极大地丰富人们的文化生活，尽可能多地满足人们日益增长的精神需求。如今，利用网络欣赏全世界的优秀文化艺术节目，使全球的艺术资源共享，正在成为事实。足不出户就可以游遍世界一流的图书馆、展览馆、歌剧院。

网络丰富了人们的文化生活，网民大受其益。

再者，移动互联网的快速普及和广泛应用已经成为网络文化发展新引擎、网络文化发展新载体和网络文化消费新领域。它进一步打通并促进了不同领域、不同业态、不同服务的融合，催生新的业务形态、产业形态和商业模式，极大丰富人们的消费内容，极大增加了人们的文化选择。它不仅推动了微博社交网络在我国的兴起，扩展了人们交往的深度和广度，也为传播先进文化，放大正面声音提供了新的平台。

移动互联网在我国快速发展，使人们深切感受到从人随网走到网随人走的重大变化，使互联网真正处于无时无地不在，感受到移动改变生活，一方面互联网覆盖并会集了更广大的人群，特别是对中国广阔的农村地区和广大的进城务工人员来说，使用手机上网已经成为他们首选的上网方式，也是更为实惠和简便的方式。据调查，在2012年上半年新增网民中，农村网民占51.8%，而这一群体使用手机上网的比例占到了60.4%。移动互联对我国互联网普及应用和弥合数字鸿沟具有重大意义。另一方面，还大大丰富了互联网服务和应用，手机新闻、手机电视、手机阅读、位置服务、移动搜索、移动支付、移动电子商务等移动互联网应用，为传统互联网应用提供了新的发展空间，推动了微博社交网络等的加快发展。今天人们已经有理由说移动互联网成为技术发展最快、市场潜力最大、前景最广阔的新兴产业，以移动智能终端、云计算、大数据为代表的迅速升起，提升了行业经济效益，推动行业转型发展，并发挥了重要作用，也带动了商务金融等各方面的应用和创新，推动了相关产业持续发展，促进了互联网向经济社会各领域的广泛渗透，在促进经济结构调整和转变经济发展方式方面，发挥了日益重要的作用。

移动互联网的发展，不仅丰富了互联网信息内容，也深刻改变了信息传播方式、接受方式、消费方式，有助于大大推动我国网络文化的建设和发展，打开了互联网发展的新前景，创造了互联网发展的新机遇，注入了网络文化繁荣兴盛的新动力。

中国首部移动互联网蓝皮书《中国移动互联网发展报告(2012)》指出，目前中国移动互联网发展呈现八大特点，未来将给中国社会带来七大影响，并会有四大发展趋势。

蓝皮书说，2011年中国移动互联网的发展呈现出八大特点：从量变到质变，魅力初显；智能终端旺销带来巨变，"入口之争"呈白热化；"第三方开发"蓬勃兴起，中文应用商店规模庞大，移动应用服务精彩纷呈；移动上网群体发生结构性变化，高端用户持续增加；移动电子商务发展迅猛，正成为产业整合的"发动机"；微博移动应用成亮点，SoLoMo(社交＋地理位置＋移动)模式叫好不叫座；移动互联网产业链未成形，兴趣与信念支撑各方不断投入；"三网"融合步履艰难，"三屏"开始融合于智能手机。

蓝皮书认为，中国移动互联网的高速发展，不仅给传播生态和信息产业格局带来了变革，也引发中国经济、政治、社会、文化、新闻传播等诸多领域的变化，给中国社会带来了全方位的影响，其影响主要体现以下七个方面：对中国发展，加速社会转型，增添发展动力；对经济生活，构建智慧网络，转变营销观念；对政治生活，人人拥有无线麦克风，随时随地"参政议政"；对个人生活，改变生活方式，提升生活品质；对新闻传播，加快传播模式转变，改变媒体产业格局；对文化生活，无限的学习与创作空间，丰富的文化消费与享受；对人类文明，更为透明、开放的高度信息化社会将要来临。

蓝皮书称，未来中国移动互联网将有四大发展趋势：用户增长、应用开发、信息服务将进入爆发期，围绕"入口"与"地盘"之争将更趋激烈；新闻服务、社交活动、政治参与将有大发展，移动商务、移动娱乐、移动教育等天地更为广阔；内容、服务、商业模式、接入方式更趋多样、多元，不同服务模式、平台的融合、兼容将是趋势；移动互联网的快速发展将促进云计算时代的到来，数据"即存即取"并不遥远。

与此同时，物联网也开始异军突起，获得长足发展，被认为是继计算机、互联网之后，世界信息产业的第三次浪潮。在大力推动新型工业化与信息化融合的大背景下，物联网昭示着人类面临的又一个重大发展机遇。

物联网是一种基于互联网传播、通过传感器将物与物相互联结和感知的信息传播方式。更准确地说，物联网就是一种"物物相连的互联网"，其核心和基础仍然是互联网，是在互联网基础上进行延伸和扩展的网络，其用户端延伸和扩展到了任何物品与物品之间，能够在物品之间进行信息交换和通信。当然，物联网和互联网又有所不同，其最大的区别就在于，互联网是人与人之间的信息交互，是一个虚拟世界，而物联网则是借助于互联网和传感器对现实物理世界各种物体当然也包括人的一种感知和互联，其最显著的特征是"物物互联，感知世界"。

和互联网相比，物联网传播已经呈现出比较明显的优势，主要体现在：首先，物联网将互联网的人际传播，拓展到了人与人、人与物、物与物之间的传播，最大限度地拓展了传播的对象和范围，形成了一种真正的"天罗地网"。物联网只要在各种物体上植入某种微型感应芯片使其智能化，然后借助无线网络，就可实现人和物体的"对话"以及物体和物体之间的"交流"。其次，物联网最大的特点是，无须人为干预，就能够非常准确快捷地把物体的信息传播出去。目前已经有些行业和部门利用射频自动识别、无线数据通信等技术，通过计算机互联网实现了物品（商品）的自动识别和信息的互联与共享，使用起来简便快捷。此外，物联网的信息传播能够给人们的日常生活带来无限的便利，实用性非常突出。有专家预言，物联网在10年以后有可能大规模普及，到时候，人们的生活方式和思维方式都将会因物联网而发生根本性的改变。

随着物联网技术的开发和应用，物联网技术下思想文化传播逐渐凸显出一些新的特点。第一，文化渗透加剧。物联网是一个比互联网更为庞大的网络现实世界，几乎所有的人和物体都会成为物联网中的一个节点，人与人、人与物之间的沟通、交流将摆脱空间距离以及语言和文化壁垒的束缚与影响，人类文化行为将成为超越民族、国家疆界的大规模活动，思想文化的传播也将变得无所不及或无远弗届，各种思想文化的碰撞、交融，将成为文化发展的一种常态。第二，文化监控困难。通过物联网传输思想文化，目前实际上很难对其进行有效监控。

物联网具有无可限量的媒介沟通能力，物联网时代是一个物物（包括人）相连、彼此沟通、信息共享的时代。这个时代既是一个文化全球化、文化差异逐渐缩小的时代，同时又是一个民族文化彰显其独特价值的时代。我们应该充分利用物联网这一庞大信息平台的沟通和承载功能，将中华民族共同的理想信念、强大的精神支柱和基本的道德规范广为传播。一方面，用以应对经济全球化所带来的文化全球化；另一方面，通过弘扬中华文化，凝聚普天下中华儿女之人心，鼓舞全体炎黄子孙之斗志，进一步强化思想文化的凝聚力，建构中华民族共有精神家园。

单从会展业角度来看，利用网络的虚拟空间进行展览和贸易活动，在欧美发达国家已经是一种非常普遍的现象。网络会展突破现场展会时间、空间的局限性，被誉为"永不落幕的展会"。美国已经有98%的企业将电子商务应用到企业的市场经营活动中，有72.4%的企业接受过网上虚拟展会服务。

传统线下的实体交易会受时间、场地、费用等多种因素限制，

而网上交易会永远在线，不受时空限制。尤其对于中小企业来说，加入网上交易会，得到全球客户资源，又节约了资金和时间，用最经济的手段，寻找最合适的采购商。网络展会具有易于管理和组织、成本低廉、便利和快捷、低碳环保的特点。但在北京，在国内其他城市都还属于起步阶段，存在很大差距。

第八章
北京建设国际文化交流展示中心的短板与问题

2008年北京奥运会，对于旨归于建设国际文化交流中心的北京而言，具有极为关键的历史、现实和象征等多重意义，被专家学者称为北京建设世界城市的奠基礼，标志着北京的发展从此进入了另一个新的阶段。自筹办奥运会以来，北京在很多方面取得了长足的进步，城市经济发展、基础设施建设、社会建设、国际化程度、现代化水平、城市美誉度等都大大增强和提高，已经成为世界注目的东方大都会，北京从中获得了宝贵的经验和自信。可以说，北京加快世界城市进程，建设国际文化交流展示中心的主、客观两方面条件都已基本具备。

从国际化程度的总体状况看，北京已属典型的国际大都市。如北京拥有全球500强企业总部数量已相对较高，甚至超过了伦敦和纽约。从入境旅游人数和年举办国际会议次数看，北京与世界城市之间距离已不十分明显。北京建设世界城市已具备相当基础。

在这个基本判断之下，我们并不讳言要关注北京建设国际文化交流展示中心仍旧存在的短板问题。

早在20世纪中期之后，知识化、人本化、生态化就

已经成为了发达国家城市化的总趋势。随着二十世纪后半期经济全球化浪潮的到来和区域合作的迅速加强，任何一个现代化大城市都必然要具备国际化和区域(包括国内、国外)集群化的特点。可以说，正是知识、人本、生态、国际、集群这五个趋势和特点构成了世界城市的基本标准和基本要素。如果我们以此来衡量北京，就会发现：北京与一个真正的世界城市相比较还存在着相当的差距，未来还有一段很长的路要走。

由北京市社科院出版的"2010—2011年北京社会发展""北京城乡发展"两部蓝皮书，曾经详细分析了北京与伦敦、纽约、东京等世界城市的差距，并首次使用量化指标分析了北京与这些世界城市的差距。蓝皮书对比分析北京和纽约等世界城市的四方面数据：经济、社会、文化、设施和环境后得出结论，北京的总得分是34.02分，而世界城市的平均得分是66.96分。如果按这个分数差距来估计，蓝皮书认为北京与世界城市的差距至少在30年左右。

第一节 硬件问题

一、城市交通拥堵

道路交通设施是城市最重要的基础设施之一。北京作为我国的首都，自建国以来修建了大量的城市道路。特别是在"十一五"期间，北京加快了交通基础设施建设。根据《北京市"十二五"时期交通发展建设规划》显示，北京市区城市道路总里程已达到6355公里，其中城市快速路达到263公里，比"十五"末增长14.3%。干线公路里程达到3462公里，比"十五"末增长15.6%。截止到2011年年底，北京市城市道路长度已达6258公里，城市道路面积已达9164万平方米，增长速度很快。

图1 1995—2002、2007—2011年北京市城市道路长度（公里）

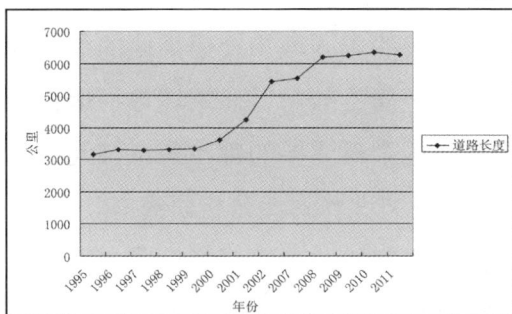

数据来源：中华人民共和国1996—2003、2008—2012年统计年鉴

图2 1995—2002、2007—2011年北京市城市道路面积（万平方米）

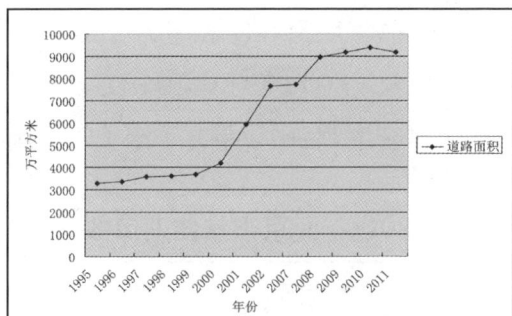

数据来源：中华人民共和国1996—2003、2008—2012年统计年鉴

但是，不可否认的是，北京市道路交通拥挤问题非常突出。根据美国国际商用机器公司（IBM）2010年的一项研究显示，当年北京市与墨西哥城的通勤状况并列世界最差。IBM设定的通勤痛苦指数总分为100分，北京和墨西哥城都得了99分。其中，位列美国交通最差城市之首的洛杉矶的相应指数只有25分。总的来看，洛杉矶通勤表现大大好于北京，北京的交通状况比洛杉矶差出将近5倍。这一状况已经严重影响了城市居民正常的生产和生活，同时也成为北

京城市国际化进程中所面对的重大难题。另外，可以预见的是，随着首都经济社会持续快速发展，城市化、现代化、机动化进程进一步加快，人口、资源、环境矛盾日益加剧，未来数年的北京交通形势依然会异常严峻，这一问题在短期内可能无法彻底克服。

就其原因分析，人口密度过大、道路面积率较低、路网结构不合理，是以北京为代表的中国城市交通拥堵的关键因素，也是结构性矛盾。这个结构性矛盾不破解，北京城市拥堵就无法得以真正解决。我们可以把东亚两个最重要的都市东京与北京从人口密度、道路面积率、路网密度三方面作对比分析研究。

先看人口密度。北京的城市建成区每平方千米土地常住人口数量过多，正是造成城市交通拥堵的基本原因。东京都面积2187.65平方千米、总人口1316.3332万（2011年），平均人口密度6017人/平方千米。北京市城区面积12187平方公里，建成区面积1995年年底是476.8平方公里，2011年底为1231.3平方公里。1978年北京市常住人口总数为871.5万人，2011年已达2018.6万人。单纯看数字，远高于北京的平均人口密度1196人/平方千米（2010年）。

图3 1978—2011年北京市常住人口数（万人）

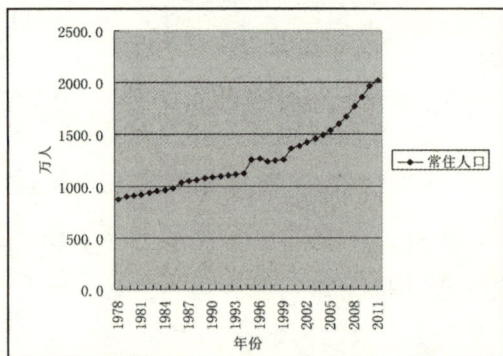

数据来源：2012年北京市统计年鉴

表1 2011年北京市核心区以及城八区土地面积、常住人口及人口密度

地区	土地面积 (平方公里)	常住人口 (万人)	常住人口密度 (人／平方公里)
全市	16410.54	2018.6	1230
首都功能核心区	92.39	215	23271
东城区	41.86	91	21739
西城区	50.53	124	24540
城市功能拓展区	1275.93	986.4	7731
朝阳区	455.08	365.8	8038
丰台区	305.8	217	7096
石景山区	84.32	63.4	7519
海淀区	430.73	340.2	7898
城市发展新区	6295.57	629.9	1001

数据来源：2012年北京市统计年鉴

图4 1995—2009年北京市建成区面积（平方公里）

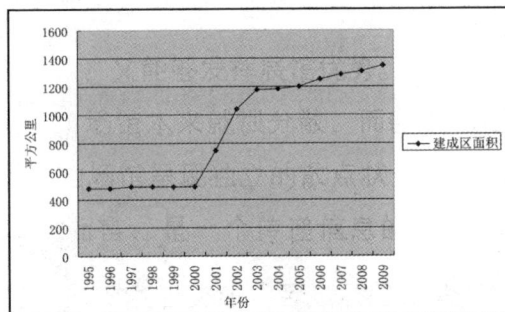

数据来源：中华人民共和国1996—2010年统计年鉴

图5 2007—2011年北京市城市人口密度（人／平方公里）

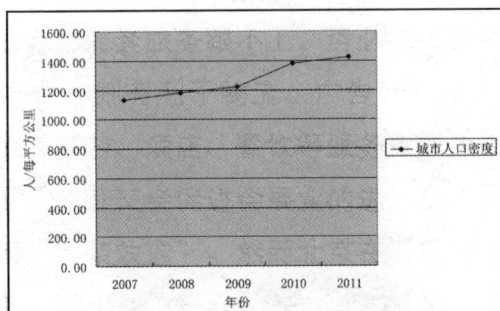

数据来源：中华人民共和国2008—2012年统计年鉴

由此，普通公众会被误导得出结论北京人口密度远远小于东京。

但是问题在于，北京是以行政区划（郊外山区均包含在内）为单位，根据统计表得到的"城市人口密度"，而东京的统计数字是按照聚落形态的真实城市（即建成区）人口密度。为让数据更具可比性，我们可以比较城市建成区人口密度。东京都中心23个区面积621.98平方千米、人口895万人，平均人口密度为14389人/平方千米。我国人口统计都是以行政区域为单位，缺乏建成区的数据。但我们可以根据2010年北京行政区划调整后由东城区和西城区组成的首都功能核心区面积92.41平方千米、常住人口217.0万计算，得到北京建成区平均人口密度为23487人/平方千米。比较结果是聚落形态上的城市人口密度，北京反而是东京的1.63倍。

再看道路面积率。北京1289.3平方千米建成区内，城市道路面积为91.64平方千米，道路面积率为7.11%（含开放型工业区和住宅区道路在内、路面宽度在3.5米以上的各种铺装道路在内）。东京都中心23个区道路面积101.3平方千米，道路面积率达16.29%。北京只有东京的43.65%。北京首都功能核心区道路面积率12.03%，只有东京市区平均水准的73.85%。包括郊区在内的东京都道路面积率8.25%，也超过了北京的建成区。值得注意的是，由于北京市人口数量过多，致使人口密度和土地利用强度过高。所以虽然北京市修建了大量的城市道路，但人均道路面积却一直不高。轨道交通、公共交通虽然走在全国的前列，但城市道路交通还是十分拥堵。

图6 1995—2002、2007—2011年北京市城市人均道路面积（平方米）

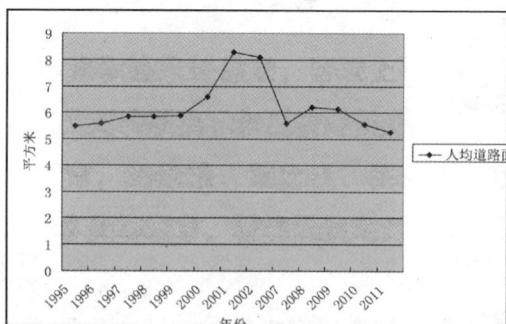

数据来源：中华人民共和国1996—2003、2008—2012年统计年鉴

最后看影响一定地域交通流量更为重要的因素——路网密度（平均每平方千米地面内道路的延长）。这个数据北京与东京差距更大。就行政区全域的平均路网密度而言，北京为1.73千米/平方千米，仅是东京都11.13千米/平方千米的15.54%。建成区路网密度，北京为4.85千米/平方千米，相当于东京都23个区路网密度19.04千米/平方千米的25.47%。北京首都功能核心区路网密度达到10.86千米/平方千米，但也只有东京市区平均水平的57.04%。东京都平均路网密度都超过了北京市核心区。北京路网密度与东京的差距远大于道路面积率，根本原因在于北京道路普遍比东京宽阔许多。据统计，北京核心区道路宽度（未计人行道，但包括小区道路在内），北京城市道路平均宽度为14.64米；而日本道路车道与人行道合计的平均宽度为为6米，其中车道只有4.2米。北京城市道路平均宽度是东京的两倍以上。在道路面积率一定的情况下，路网越细密，意味着道路长度增加，更多住宅、商店等城市元素直连道路。反之，宽阔道路使路网稀疏，人车过度集中于数量有限的大路，大幅增加了交通事故发生率，并且一处交通障碍容易诱发瘫痪一大片。交通选择途径少，绕道造成的浪费较大。

二、展馆布局不合理

据北京市"十二五"规划指出，到2015年，北京会展场馆硬件设施将达到世界一流水准，室内展览总面积将达到60万—70万平方米，其中新建规模20万平方米以上的大型专业展馆一座；在区县建成6处以上可接待定时定址、规模超过1000人的大型国际会议接待中心。同时，根据商务部服务贸易和商贸服务业司发布的《2012年中国会展业发展报告》显示，2012年，北京共举办展览会430场，展出面积562.5万平方米，会展场馆8座，可供展览面积29万平方米。

就展览馆面积分析而言，随着近年来北京国际展览中心新馆、国家会议中心等现代化场馆的相继投入使用，大大增强了北京展览馆所的硬件条件。客观地讲，单纯的展馆面积已经不是制约北京展览业发展的最大短板。目前在展馆面积上，北京展馆已经逐渐接近世界一流城市展馆，并几乎处于同一水平。目前北京的展览馆设施方面主要存在的问题是周边基础配套设施不够完善，一些展览馆布局不合理，市内联系交通不太方便，同时，与展馆相关的停车、餐饮、酒店等方面配套设施有待进一步完善。

表2 世界主要城市展览馆

城市	设施名称	展览面积（平方米）
东京	东京国际展览中心	800000
	东京国际贸易中心	56000
	东京会议中心	12500
	日本东京有明国际展览中心	17000
伦敦	伦敦国际展览中心	12691
	伦敦奥林匹克展览中心	20000
	皇家伯爵展馆	19800
巴黎	凡尔赛博览中心	219677
	巴黎维勒班特国际展览中心	191000
	Nord Villepinte 展览中心	300000
	Paris Le Bourget展览中心	10530
	法国巴黎国际会展中心	50000
纽约	贾维茨会展中心	23500
	纽约国际展览中心	15980
	JKJ展览中心	300000
北京	中国国际贸易展览中心	8300
	国家会议中心	40000
	国际展览中心新馆	200000
	国际展览中心老馆	67000
	北京展览馆	22000

就场馆使用率分析而言，北京会展场馆的使用效率状况并不令人乐观。北京目前符合现代会展业发展要求，并且运营良好的会展场馆不多。有一些会展场馆由于建造之初设计定位没有更好地考虑到市场的实际需求，甚至导致建造之后运营不善，与当地经济的发展要求不相符合，出现了一定的场馆空置现象。

以国际展览中心新馆为例，作为北京体量最大的展馆，该馆称得上北京展览馆的代表，但实际上该馆的利用率并不高。国际展览中心2011年全年仅仅举办了不到20个展览。甚至其间1月、5月、7月、9月、12月有5个月份没有办过展览项目。从2012年的数据来看，北京新国展展览数量虽然有所增加，但大部分展览只是租赁部分场馆，总体利用率仍然偏低。

表3 北京新国展2012年开展计划

第二十二届中国国际钓鱼用品贸易展览会	2012-2-6~2012-2-8
第14届中国汽车用品暨改装汽车展览会	2012-2-14~2012-2-17
第十一届中国国际门业展览会	2012-2-21~2012-2-24
第57届全国汽车保修检测诊断设备(春季)展览会及北京国际汽车用品展览会	2012-2-27~2012-3-1
第十九届中国(北京)国际建筑装饰及材料博览会	2012-3-5~2012-3-8
第十四届国际木工机械及家具生产设备展览会暨第十四届国际家具配件、材料及木制品展览会	2012-3-12~2012-3-15
2012年第十二届中国(北京)国际石油石化技术装备展览会及中国国际管适防爆电气自动化展览会	2012-3-19~2012-3-21
2012第八届北京国际Um展览会	2012-3-19~2012-3-21
2012中国国际服装服饰博览会	20 12-3-26~2012-3-29
2012年中国国际供热通风空调、卫生洁具及城建设备与技术展览会	2012-4-4~2012-4-6
第二十三届国际制冷、空调、供暖、通风及食品冷冻加工展览会	2012-4-11~2012-4-13
第十三届中国国际冶金工业展览会+第十一届中国国际铸造览会	2012-5-9~2012-5-12
2012中国国际体育用品博览会	2012-5-17~20 12-5-20
第二十一届中国国际专业音响-灯光-乐器及技术展览会	2012-5-24~2012-5-27
第十七届北京埃森焊接与切割展览会	2012-6-4~2012-6-7
第十一届中国国际机床工具展览会	2012-6-12~2012-6-16
中国(北京)时尚家居装饰展览会	2012-7-12~2012-7-14
第12届中国光伏大会暨展览会	2012-9-5~2012-9-7
中国国际金属板材、管材、型材及线材切割、冲压、成形、制作技术及设备展览会	2012-9-10~2012-9-13
2012(第十届)中国国际啤酒、饮料制造技术及设备展览会	2012-9-19~2012-9-22
中国国际妇幼产业博览会	2012-10-11~2012-10-13
2012北京国际马业马术展览会	2012-10-16~2012-10-18
2012年中国国际社会公共安全产品博览会	2012-10-22~2012-10-25
2012北京国际门窗幕墙博览会	2012-11-8~2012-11-10

数据来源：中国国际展览中心集团公司官网

除了同一场馆的利用率偏低问题，北京的会展场馆还存在较为严重的区位分布差异等问题。以新进入展览市场的九华山庄会议展览中心为例，该中心拥有70000平方米的室内展和136800平方米室外展面积，但是在2011年只举办过两个展览。而在同一年的北京中国国际展览中心老馆，则一共举办过98个展览会，利用效率相对较高。从北京不同展馆利用率的差异可以看到北京展览馆的忙闲严重不均，这与北京不同展览馆的区位分布、场馆经营主体的社会资源和配套能力的差异有很大关系。

三、城市配套与公共设施规划

2012年7月，一场突降暴雨将北京近些年来城市建设隐含的一些短板问题得以集中暴露。这场特大暴雨共导致37人丧生，大约190万人受灾，经济损失近百亿元。这场持续近十多个小时的暴雨为北京带来了前所未有的困难和考验，城区多处积水严重，路面交通中断，部分地铁停运，500多架次航班取消或延误。在一些积水严重的街道，车辆如水中孤岛一般泡浮水中，行人只能蹚涉在齐腰深的水中。

近些年来，北京城市建设飞速，给人以日新月异之感。大量建筑拔地而起，道路及地下轨道建设提前竣工并投入使用的报道不绝于耳。一幢幢高楼、一处处广场、CBD、购物中心，美轮美奂，但是一场暴雨让这些亮丽的外观黯然失色，让北京城市建设的短板问题暴露无遗。木桶理念告诉我们，木桶盛水的多少取决于它的最短板，一个城市的完善与否、现代化与否并不取决于它盖了多少高档亮丽的写字楼，而是在于这座城市交通排涝、道路等短板体现出来的城市功能。

城市排涝只是容易让人遗忘的城市公共设施之一。综合来看，北京社区的文化、教育、体育、医疗等公共设施，与世界城市的成熟社区相比，也有大量隐藏问题值得关注和重视。特别体现在设施分布不均、供给不足、使用效率低等方面。

比如，北京市区停车设施不仅车辆必备的自用停车泊位严重短缺，而且公共停车场也严重不足。在这种情况下，还存在着停车管理不到位的问题，如停车收费不合理、公共停车设施利用率不高等。

第二节 软件问题

建设国际文化交流展示中心，不只需要完备高效的硬件条件，软件也是构成一个城市综合魅力的必要部分。许多时候，这些软件因为人的主观情感因素关联，甚至能起到更为关键的影响作用。

根据2013年7—8月进行的"魅力中国——外籍人才眼中最具吸引力的十大城市"评选，7.2万余人次外籍人才参与投票的结果显示：上海、北京、天津、广州、深圳、厦门、南京、苏州、杭州、青岛获选2013外籍人才眼中最具吸引力的十大城市。

北京及上海18项分指标得分比较（2013年）

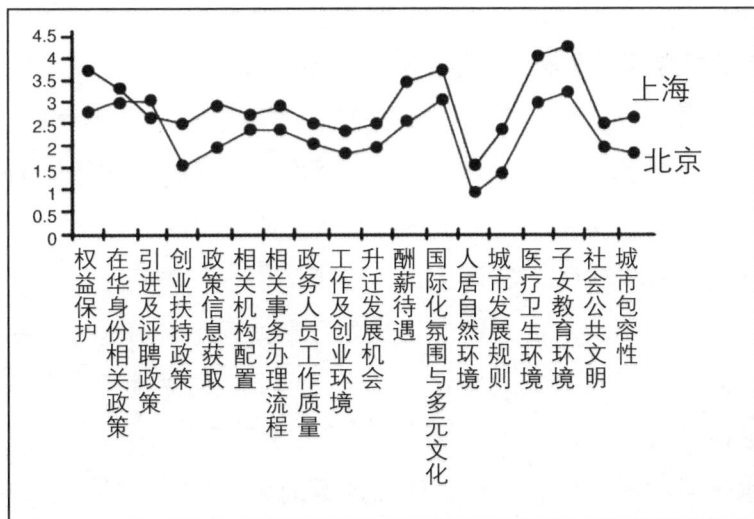

一、城市环境综合承载力危机

北京的资源和环境承载力是建设一座具有无限魅力与吸引力的国际文化交流展示中心必须面对的难题，过往的全能型城市建设所带来的环境和资源压力及其后果，还在一直影响着今天的北京。

根据中国社科院和首都经贸大学联合发布《京津冀蓝皮书：京津冀发展报告（2013）——承载力测度与对策》的研究表明，北京现实人口规模已超过其区域承载能力，交通拥堵、用水紧张、教育医疗资源告急、环境污染严重等现象在这座特大城市已经凸显，问题非常严重。蓝皮书根据其所构建的综合承载力指标体系建立了综合承载力模型，北京分值为1.38，超过警戒线1，表明城市综合承载力处于危机状态，主要原因是城市承载压力过大，而城市支撑力随人口增加而下降。

其中，自然环境方面，水资源极度短缺被视为京城最大的"短板"。按照国际公认标准，人均水资源低于3000立方米为轻度缺水，低于2000立方米为中度缺水，低于1000立方米为重度缺水。2011年北京水资源总量为26.81亿立方米，按照2011年年末常住人口2019万人，加上流动人口约240万人，北京市人均水资源占有量仅为119立方米，远低于国际上重度缺水的标准。

蓝皮书分析显示，北京市的水资源人均需求量约为345立方米。以此推算，北京市当地水资源只能承载667万人，相当于现有人口规模的40%；现实供水量的水资源承载力约1000万人左右，相当于现有人口规模的60%。实际上，北京现实供水量均高于当地水资源量。全市多年平均水资源量为23亿立方米，近年来用水总量在35亿立方米左右，用水缺口约12亿立方米，主要靠超采地下水和从周边省份的调水来弥补。

水资源枯竭之外，北京还面临严重的大气污染问题。近年来北京的大气质量虽有一定改善，但城区可吸入颗粒物的年均浓度，仍然超过国家标准的42%，是世界卫生组织确定可以接受的区域临界值的两倍。根据北京市环保局公布2013年全市空气质量状况显示，2013年北京空气质量优良的天数为176天，占48.2%，重污染累计58天，占15.9%。2013年北京市PM2.5年均浓度89.5微克/立方米，与年均35微克/立方米的国家标准还存在较大差距。全年PM2.5共有204天达标，达标率是55.9%。比较严重的2013年1月，雾霾一直笼罩着北京达29天。而北京雾霾预警信号的数量也居其他气候预警信号之首，达到30次。相当于北京市民每隔一天就要经历一次雾霾天气。大气污染水平飙升让许多外籍员工离开中国，还有很多人因此拒绝前来中国。2013年4月2日，英国《金融时报》发表《北京污染赶跑外国人》的文章，指出：从外交官、高管和为外籍居民服务的企业介绍的情况看，空气污染正促使外籍人士离开北京，同时显著加大了企业延揽国际人才的难度。中国美国商会2012年进行的一项调查显示，在244家公司中，有36%因空气质量问题在招聘高管时碰到了困难，高于2010年的19%。

图7　2013年空气质量级别分布情况

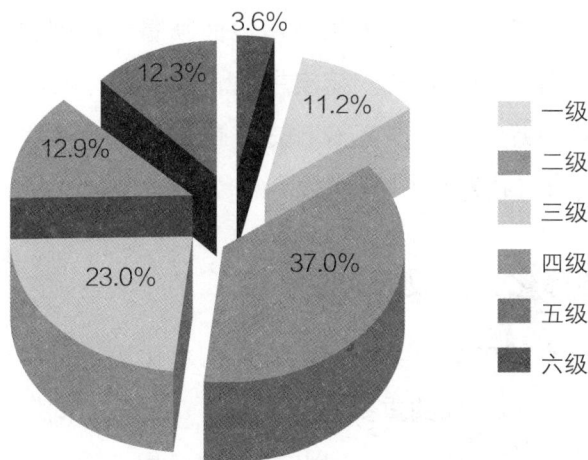

- 一级
- 二级
- 三级
- 四级
- 五级
- 六级

3.6%　11.2%　37.0%　23.0%　12.9%　12.3%

图8 2013年各月空气质量各级别天数

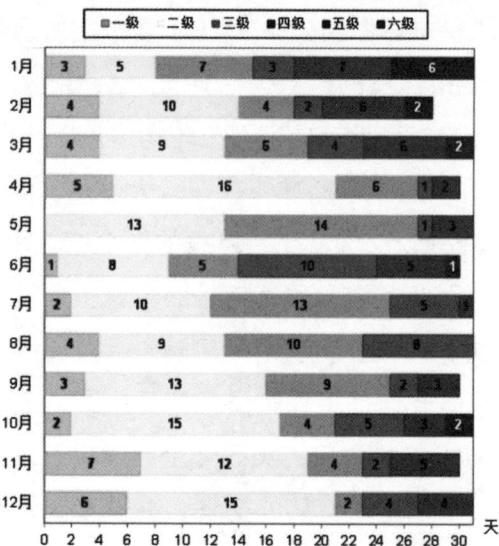

（以上两图引自北京市环境保护局网站[1]）

此外，一些能够反映城市居住舒适度的指标，北京的表现亦不理想。比如公共绿地现代化世界城市人均占有公共绿地面积一般在30平方米以上，而目前北京不足10平方米；另一个问题是：城市空间的无限扩张，导致北京的土地供应量达到了临界点。

自然环境以外，北京的人工环境也面临着垃圾围城、交通承载力严重超负荷等问题的挑战。蓝皮书以北京为例，2009年全市生活垃圾产生量669万吨，日产生量1.83万吨，但全市垃圾处理能力仅1.27万吨/日，缺口较大。

二、缺乏国际化、开放的人文环境

其一，北京城市的公共空间系统与艺术化设计是实现建设国际文化交流展示中心目标的重要内容之一。"公共空间"一般被定义

---

1 http://www.bjepb.gov.cn/bjepb/323474/331443/331937/333896/383912/index.html.

为由公共权力创建并保持的、供所有市民使用和享受的场所和空间。它包括商业中心、文化中心、博物馆、交通枢纽、街道、广场、居住区户外场地、公园和体育场地等。公共空间艺术是城市的灵魂，缺乏公共空间的城市是不具备持续发展力的。城市的公共空间体现着一个城市的文化内涵和品位，反映了一个城市的精神气质，高质量的公共空间，形象鲜明，往往能成为城市的标志性建筑。目前北京城市公共空间建设主要存在的问题有两个：一是城市公共空间系统尚未建立，公共空间系统规划相对滞后、无序、低效，仍然处于分散、局部建设局面，缺乏公共空间系统建设概念。二是公共空间艺术化设计品质亟待提升。

其二、营造优良的国际语言环境，提高市民对外交流水平和国际化意识，是提升城市现代化文明程度、国际化和综合宜居水平，打造"国际活动聚集之都、世界高端企业总部聚集之都、世界高端人才聚集之都、中国特色社会主义先进文化之都、和谐宜居之都"的重要内容和有效途径。在提升城市的国际化水平过程中，北京市对城市国际语言环境存在着诸多需求，包括对高级外语人才、普通市民外语交流能力、窗口行业外语服务能力、公共设施对外服务功能等方面的需求，但这些需求尚不能完全满足，城市的多语言服务网络尚未完善，水平也需进一步提高。未来，如何坚持学校教育和社会教育并重，努力提高外语人口的数量和质量，全面提高外语服务水平，是北京面临的一项长期任务。近十年以来，北京市民的外语水平有所提升，但仍有较大提升空间。据初步统计，全市外语人口数量已从2002年的300余万人发展到2012年的550余万人，超过常住人口总数的35%。

其三，外籍人口数量和所占比例常常作为衡量一个城市国际化的重要可量化指标，反映了这个城市在国际分工中能在多大程度上吸引外国企业、外国留学生、外国专家和外国人才移民。这意味着

这个城市是否吸引了足够的世界资本和人才，是否在全球经济中足够活跃。目前世界上公认的国际大都市，外籍居民占常住人口的比重达到20%以上，如伦敦的外国人口约是三分之一，巴黎的外国人口约是四分之一。同时，国际交往人口的规模一般都在500万—1000万人次左右。而北京最高的年国际交往人数也只有310.38万人次。2011年，根据第六次全国人口普查数据显示，常住北京的外籍居民9.1万人，仅占全市人口的0.46%。外籍人员加港、澳、台居民共计10.7万多人，占全市人口的0.54%。

其四，相比较其他国际化大都市，北京国际传媒数量不占优势。据外交部统计，截至2013年1月，共有59个国家438家外国新闻机构在华派驻记者，外国驻华记者总数近700名。虽然其中大部分都派驻北京，但绝对数量还是比较小。同时，考虑到国内媒体的国际影响力相对有限，北京要更好地讲述中国故事、传播中国声音，就需要去打造更多更好的宣传渠道。

其五，北京建设国际文化交流展示中心，城市创新驱动能力建设是其短板之一。

根据上海社会科学院发布的2013年《国际城市蓝皮书》，中国内地城市上海和北京入选"国际城市2.0"的70强，分别排在第11位和第15位。蓝皮书指出，在2000—2010年的10年间，上海和北京在强调资本枢纽功能的排名中分别攀升17个和20个位次，最新排名达第9位和第10位，但在强调创新驱动能力的评价中均在20名开外，分列第24位和第53位，拖累了综合排名，未能进入前10强。其他"金砖国家"城市也有同样的表现，创新已是"金砖国家"城市的普遍短板。

首都科技发展战略研究院的《首都科技创新发展报告（2012）》曾选取纽约、伦敦、巴黎等在世界上具有重要影响力的世界城市，就其科技创新发展水平与北京进行了对比。结果显示，国际城市科技创新能力非均衡特征明显。从总指标得分看，排名前5名的城市分别为纽约、伦敦、东京、巴黎和北京。其中纽约和伦敦指数值均在95分以上。北京虽排在第五名，位居中游，但得分仅为56.39分，与前4位相比存在一定差距，仍存在较大的进步空间。

第三节 人才、渠道和产品问题

现代社会竞争激烈，而人才竞争力已成为评价国家发展潜力的标准之一。据法国一家商学院公布"全球人才竞争力指数前20国家"排行榜，瑞士、新加坡、丹麦位列前三名。亚洲国家中，日本排第21名，韩国第28名。尽管中国是全球第二个最重要的经济体，却排行第47名。中国人才竞争力与世界的差距由此可见一斑。同时，2013年中国企业联合会推出中国前100家跨国企业的跨国经营指数，用来衡量我国大企业的跨国经营水平，其研究结果显示，中国前100家跨国企业的跨国经营指数平均为13.98%，不仅远远低于2013年世界100大跨国公司的平均跨国指数61.06%，而且远远低于2013年发展中国家100大跨国公司的平均跨国指数37.91%。这说明在跨国经营中中国企业做得不好。而究其原因，最大的障碍就是国际高端人才的缺乏。

从世界范围来看，世界城市，尤其是国际化程度比较高的城市，人才国际化的数量和质量是一个非常重要的衡量指标。北京从改革开放以来，国际间的交流不断增强，但是人才国际化的程度不高。北京市人力资源中心发布《北京人才发展报告（2010—2011）》显示，与纽约、伦敦、东京相比，北京在人才产业、人才环境、人才投入产出等方面依然有不小的差距，未来产业发展的高端化、国际化，迫切需要一支具有国际视野、现代理念和创新思维的高素质、高水平的人才队伍作为支撑，而目前北京市的人才发展

面临结构性短缺，还无法满足世界城市的发展要求，北京迈向世界城市的路仍然漫长。

即便是和国内竞争城市上海相比较，北京目前存在的问题也很突出。一是北京人才的创新能力在国际人才竞争力的比较中较弱，重要领域原创性人才十分缺乏；二是外籍人口率比较低。

总的来说，北京人才结构性短缺主要体现在人才产业分布不合理、人才规模量大质不优、复合型文化人才缺乏。

分析研究当今世界城市的产业构成可以发现，其典型产业特征是高科技产业、金融产业和文化创意产业特别突出。如纽约、伦敦、东京约有50%—55%的从业人员集中在这三个产业中，而北京相应的数字只有17%左右。北京人才产业分布不合理，在典型产业的集聚效应尚不明显。

北京人才发展的不合理还鲜明体现在人才质量上。虽然从人才规模来看，北京的人才基础雄厚，人才总量大约是纽约和伦敦的3倍、东京的1.5倍；但从人才质量来看，北京很难与其他世界城市相提并论——北京每万名从业人员中R&D（科学技术领域）活动力数量为204人/年，而纽约、伦敦、东京分别为664人/年、410人/年和795人/年；北京25岁以上劳动力平均预期受教育年限只有10年，而纽约则为16年。

此外，北京同样缺乏熟悉国际文化产业运营规则的复合型文化经营人才。由于不熟悉国内外文化市场及国际服务贸易规则，很多文化企业即便拥有好的文化产品和服务项目，但往往受限于人才而无法运作。

与其他世界城市相比，北京在人才经济环境方面的差距也很明显。《北京人才发展报告（2010—2011）》数据显示：北京GDP总量为1510亿美元，约为东京的1/10、纽约的1/4和伦敦的1/3。北京人均可支配收入仅为3256美元，约为伦敦的1/12、东京和纽约的

1/11。这种现状制约了北京对国际人才的吸引。除经济环境以外，北京的人才事业环境、人才生活环境和人才人文环境也不容乐观。比如，从事业环境来看，目前，北京市所拥有的世界500强跨国公司总部有21家，超过纽约（18家）和伦敦（15家），世界级跨国公司分部数，北京也已超过东京。总部经济特征明显，但都是国有大型企业。

北京进行国际文化交流展示，中国文化"走出去"的渠道有待创新和加强，需要积极从政府主导送出去转变为利用市场机制引进来、走进去。

国际文化交流，以前政府更多关注的是我们自己"做了什么"而非传播对象"获得了什么"。对文化传播效果关注不够，是国内一些机构对外文化交流存在的诸多弊病之一。

长期以来，我们对"文化走出去"的政府职能、主体责任、市场定位认识不清，而且，文化市场导向意识不足，对文化的社会属性和市场属性之间的关系存在认识分歧，以塑造国家形象为主要的非营利性"为交流而交流"的对外宣传和文化交流的频率要大大高于对外文化贸易的互动。

北京市每年国外的年度交流计划达到100多个，每年经北京市批准的中外文化交流项目达200余个。这些交流活动一方面的确是北京"文化走出去"的重要内容，但另一方面由于其经济属性的缺失，后期持续性难以为继，效果和影响难免要打折扣。很多对外文化交流的演出活动，往往都是一次性活动，缺乏整体包装和长远考虑。2013年被媒体广为报道的维也纳"金色大厅"成为中国演出团体的自费秀场，是对外文化交流中走形式主义的典型现象，值得反思。

就文化贸易而言，除产品和内容方面问题以外，首都北京文化贸易遭遇的最大难题是渠道缺乏的问题，"走出去"的渠道短板明显。目前，北京的文化贸易企业主要是通过海外授权、项目国际合

作、境外直接投资等形式实现国际化运作，更加注重利用具有自主知识产权的原创文化产品和服务拓展海外市场。

同时，虽然近几年北京文化贸易中介组织发展加快，但面向国际的文化中介贸易组织较为缺乏，没有与国外代理商建立广泛的良好联系，营销渠道链条断裂现象普遍，而很多文化企业自身又缺乏国际文化市场营销运作经验，导致文化产品和服务出口渠道一直不够顺畅。

实际上，创意与创新不足，文化资源转换产品能力的不足，导致产品不能适合国际市场需求。

北京在文化"走出去"过程中，文化产品大多为低端产品，如民乐类、传统杂技类中真正有影响力的精品不多。与全国其他地区一样，北京同样存在两方面的问题：其一是将现成的而非针对海外市场的产品被动输出，成功率低；其二是经常出现主观想象、闭门造车，和海外市场不对路的问题。很多对外输出文化产品的内容、切入点、翻译等都不符合海外消费者的习惯，根本无法吸引国外消费者。

长期以来，我们并不缺乏文化资源，只是缺乏将文化资源转化为文化产品的能力。目前的对外文化贸易中，首都能够"走出去"，适销对路的文化产品不多，原创的文化精品更是有限。基于国际受众的需求分析，打造一批文化精品，凝聚一批文化品牌，是首都"文化走出去"的重要途径。

第九章
中国文化走出去案例研究

　　案例研究是当今哲学社会科学研究的重要方法与途径。本节选择了四个案例探讨了国际国内创意产业与文化贸易中企业发展的经验、教训、方法与模式，即选取了国际上成功的案例，也选取了失败的案例，企业的决策是否合理、成功，需要在实践中不断探索、校正，对企业的发展思路、规则框架、基础设施和创意人才等诸多要素进行认真思考评估。国内的文化贸易重点企业和重点项目正处在全面上升的重要阶段，只有总结经验教训，预先发现问题，才能少走弯路，加快发展。

第一节 向海外传播中国文化　向世界传递"正能量"
——追梦人黄永军与英国新经典出版社

　　2012年4月，北京求是园—英国新经典出版社董事长黄永军接到了牛津大学的邀请，要他去讲讲中国共产党的成功之道，讲讲为什么要做中国共产党的图书。黄永军没有说那些深奥的理论，但他有他的真诚，有他活生生的见证："为什么我们的中国共产党系列图书能够得到西方读者欢迎呢？我想主要是因为中国近年来的快速发展，对全球经济和国际政治产生了巨大影响。中国的一举一动，

再不是一国一族的事情，而是全球的事情，和地球上每一个人都有关系。那么要了解中国，首先要了解中国共产党。"

那么，牛津大学为什么要请一位中国出版人讲这样一个"政治话题"呢？

新经典出版社是第一家在海外成立出版社的中国民营企业。以向全球传播中国文化为己任，至今已经出版英语图书200多种，这些图书目前已经在欧洲、美洲、非洲等国际市场几十个国家进行销售，在伦敦书展和法兰克福书展等国际著名书展上，新经典的图书屡次掀起了"中国热"，激起海外读者对中国文化的巨大热情。中央电视台《新闻联播》在报道2012年伦敦书展时提到了此届书展最有影响力的五本书，其中有四本是英国新经典出版的：《历史的轨迹：中国共产党为什么能》（*CHINA! CHINA!! CHINA!!!*）、《中国共产党建设90年》（*ON THE CPC*）、《关注中国：41位驻华官员谈中国共产党》（*ON CHINA*）、《中国道路》（*THE TREND OF CHINA*）。

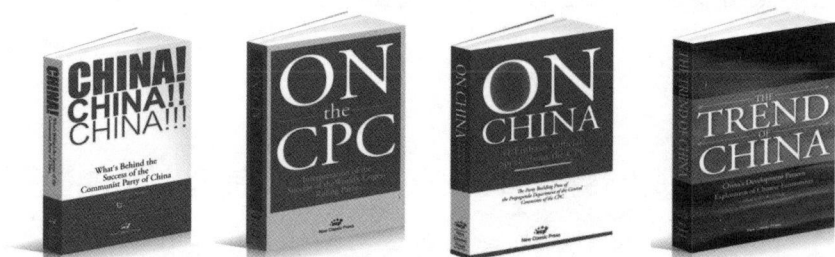

英国新经典出版社2012年伦敦书展推出的代表性英文版图书

2011年10月，新经典出版公司与中国外文局新世界出版社联合对《历史的轨迹：中国共产党为什么能》（*CHINA! CHINA!! CHINA!!! What's Behind the Success of the Communist Party of China*）一书在法兰克福书展和马克思故乡特里尔进行重点营销。10月12日，法兰克福国际书展上经过精心策划的《中国共产党为什么能》英文版首发式，吸引了来自世界各地出版商和读者的高度关注，引起海外媒体、学者的热烈反响。

2012年4月的伦敦书展上，新经典出版公司与新世界出版社推出了《中国共产党为什么能》的多语种版本，共计11个文种、14个版本，是近年来时政类图书"走出去"的一件盛事。

2012年1月8日，"英国新经典出版社与红旗出版社举办了《关注中国：41位驻华官员谈中国共产党》一书英文版权的签约仪式。葡萄牙大使H.E.Ambassdor Jos Tadeu da Soares先生、巴基斯坦大使Masood Khan先生、土耳其参赞TOLGA UCAK先生、匈牙利大使第一秘书Jozsef LUKACS先生、印度尼西亚大使Imron先生以及海内外权威媒体记者等嘉宾领导参加了此次活动。中央电视台等权威媒体对此活动进行了报道。

《关注中国：41位驻华官员谈中国共产党》呈现了记者对41位国际组织驻华官员与外国驻华使节进行的访谈，讲述他们眼中的中国与中国共产党。该书视角独特，在国内外引起广泛关注。签约仪式后，《关注中国》英文版又通过伦敦书展等国际书展进行了重点营销。

2013年4月15日，伦敦书展开幕当日，《中国共产党执政兴国图集》英文版在伦敦伯爵宫展览中心首发。《中国共产党执政兴国图集》图文并茂，全面反映了中国共产党执政以来取得的成就，揭示中国共产党领导国家取得成功的密码。

英国前外交大臣、"亚洲之家"主席约翰·博伊德爵士从自身的外交生涯着手，高度肯定此书的出版价值，认为图集既是对历史的总结，又是对未来的期望，为英国人了解中国共产党、了解中国人提供了一个的平台、一个切口。中国驻英参赞李辉也高度评价此书的价值，认为随着中国国力的增强，国际影响力也在提升，但如何搞好文化"走出去"，尤其是主流文化"走出去"，是一个值得

研究及重视的急迫问题。《图集》的出版，使西方国家更加直接地了解中国、了解中国共产党，架起了中西方沟通的桥梁，成为西方主流国家了解中国的窗口。

来自乌拉圭国家行政社会科学部的巴克拉里对《中国共产党执政兴国图集》英文版非常喜爱，他在翻阅图书时激动地说："虽然我们是北美国家，在地球的另一半，但我们时刻都能够感受到中国的巨大影响。中国是乌拉圭的第二大贸易伙伴，所以我们特别想了解中国、了解中国文化、了解中国发展的动力，你们的书是我们了解中国的第一手材料，非常切合我们的需要。"

来自坦桑尼亚国家旅游部的官员迈克在展位前久久不愿离开，他手捧《中国共产党执政兴国图集》，爱不释手。他激动地说："中国是非洲真正的朋友，坦桑尼亚在1964年和中国建交，虽然两国相距遥远，但中坦关系一直十分密切。在坦桑尼亚，中国工程人员参与了坦赞铁路、坦桑尼亚国家体育场等大型工程的修建；中国医生用中医方法治疗疾病；中国食品也深入到了当地人的生活当中。中国人民向非洲人民伸出双手，非洲人民也向中国人民敞开怀抱。前不久，你们的国家主席习近平访问我国，对我们来说，是一件举国关注的大事。习近平有关'中国梦'的讲话让我感受到中国未来发展的美好前景，我以前听说过世界各地的人们都愿意为'美国梦'而奋斗，现在，中国这个世界第二大经济体开始拥有中国梦了。"

坦桑尼亚国家公园的拉姆德也激动地说："我们坦桑尼亚人民对中国的感情是非常深厚的，中国的发展对我们发展中国家是最大的鼓舞，也是我们学习的楷模，所以我们非常想了解中国发展的策略，了解中国共产党的执政理念。你们出版的图书我们非常感兴趣。"

中国特色社会主义民主和"中国梦"是国际上最关注的中国主题，也是西方争议最多、批评最多的中国话题。黄永军的新经典出版社就从这里入手。它的精准策划突破了西方传媒的固有框架和

"有色"传播，直指西方的批评、唱衰、攻讦和疑惑。2012年10月11日，第64届法兰克福国际书展开幕，新经典出版社推出的《中国民主论》《中国稳定论》《全球视野下的中国政府》英文版成为书展的一大亮点。特别是《中国民主论》英文版，因其对中国特色社会主义民主的深刻阐释而备受关注。《中国民主论》用大量的事实和科学的论证，证明唯有中国的民主，创造了世界历史上最大的经济奇迹，使亿万人民摆脱贫穷，进入小康社会。

《人民日报》海外版对《中国民主论》英文版的报道

《中国民主论》英文版的推出，在法兰克福书展引起了强烈反响。一位德国学者说："西方人应该放下架子倾听中国人的想法，民主本来就没有一个一成不变的模式，要适应国情和时代。"一位英国发行商说："西方读者对中国发展速度充满好奇，但他们更好奇的是推动这种发展的动力，我相信这本书会揭开其中的秘密。"书展期间，一些欧美出版界同行对这本书在欧美图书市场的前景非常看好，纷纷与出版社前来洽谈发行和版权事宜。

习近平总书记2012年11月在国家博物馆参观复兴之路展览时的

讲话指出："实现中华民族的伟大复兴，就是中华民族近代最伟大的'中国梦'。"很快，"中国梦"不仅成为当前中国的关键词，也成为全世界关注的焦点。新经典出版社立刻实施"中国梦对外传播外文书库"项目，计划在海外出版数百种有关"中国梦"的外文图书。并在2013年伦敦书展上推出《中国梦》（*China Dream*）、《中国共产党执政兴国图集》（*The Chinese National Great Rejuvenation*）、《国家》（*The Nation*）、《道路决定命运》（*The Path Decides the Destiny*）等"中国梦"系列图书英文版。

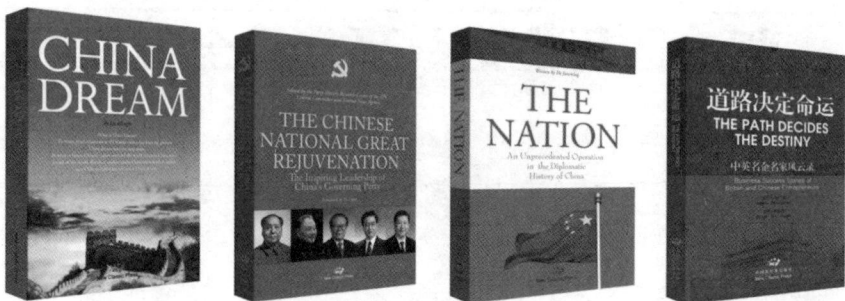

英国新经典出版社在2013年伦敦书展推出的"中国梦"系列图书英文版

向世界诠释中国梦，首先要用生动的故事告诉世界：中国是个什么样的国家？《国家——2011·中国外交史上的空前行动》是中国作协副主席何建明的力作。它以2011年的利比亚动乱危机中，中国有史以来规模最大、难度最大的海外撤侨营救行动为内容，讲述了这场国家行动鲜为人知的传奇故事，描写了一大批中国外交官的感人事迹，塑造了由中国外交官群体的牺牲与奉献精神所挺立起来的中国国家形象，展示出一个正在走向世界，正在全面复兴的民主国家。中国的国家形象，通过这本书的讲述，生动地呈现在世界面前。

中国梦，是中国共产党自建党以来就孜孜以求的梦想，也是中国人民的百年梦想。《中国共产党执政兴国图集》全景式记录了中国共产党领导全国各族人民进行社会主义革命和建设，特别是改革开放以来开辟中国特色社会主义道路、形成中国特色社会主义理论体系、确立中国特色社会主义制度的伟大历程，展现了中国特色社会主义的历史逻辑和发展轨迹。《中国共产党执政兴国图集》着力创新编撰体例，采用专题形式，从领导核心、经济建设、政治建设、文化建设、社会建设、军队和国防建设、祖国统一、和平外交、党的建设、伟大复兴等10个方面谋篇布局，从整体和宏观上全面展示了中国共产党执政兴国的主题与实践。同时，《中国共产党执政兴国图集》将目光更多地投向社会基层，透过城乡居民生活点点滴滴的变化，透过一幕幕温馨和谐的场景，反映出中国共产党"以人为本、执政为民"的理念和党的政策带给人民群众实实在在的实惠与福祉。

中国梦如何实现，中国未来发展需要什么样的战略？国防大学教授刘明福的《中国梦》尽现中国的雄心壮志。他指出，中国崛起必然引起华府戒心，中国虽满怀"和平崛起"之意，但战争风险难消。中美两国之间的竞争是"谁成为头号大国的竞争，是谁胜谁衰，谁来主导世界的冲突……中国要救自己、救世界，就要有当舵手的准备"。

有了宏大的梦想，还需要正确的道路，还需要脚踏实地的不懈努力。《道路决定命运》采用中英双语形式出版，讲述了20位来自不同行业的中英名企名家的故事，展现了中国改革开放的历程，展现了中国企业家走向世界的豪迈步伐。

四本书，一个梦，环环相扣，一脉相承，回肠荡气，生动而雄辩地将"中国梦"呈现在世界面前。

一位德国学者说："中国梦关系着世界梦，对于中国这个当今世界第二大经济体，它的未来发展和我们每个人都息息相关，所以我们想更加深入地了解中国，了解中国梦的内涵。"不少读者认

为，"中国梦"英文版系列图书可以帮助他们更深入地了解中国。

新经典出版社正在推出更多优秀作品，向全世界推广"中国梦"。向国外传播"中国文化"，向世界传递"正能量"，这也是英国新经典出版社自己的"中国梦"！

第二节 《甄嬛传》热播亚太　远销美国[1]

——国产电视剧走出去的经验与探索

2013新年伊始，一条消息被电视剧迷们称为"超级大逆袭"：热门宫斗电视剧《甄嬛传》被传要被翻译成英文、改编成六集的周播电视电影并在美国主流电视台播放。以往的国产剧，最多就是在当地的华人频道放一放，而此番《甄嬛传》不仅"逆袭"成功，更有望打破低价格局，在美国的卖价会比国内卫视首轮播出的价格高得多，同时，重新剪辑、补拍、配音的成本由美方承担。

在此之前，《甄嬛传》已经在中国大陆以及港台地区以及引发巨大反响，不少港台明星在追剧之余纷纷表示自己成了娘娘们的"粉丝"，更有甚者，有台湾媒体报道，在近期整容医院的病例中，许多少女要求整成"甄嬛"的电眼。

随后，"甄嬛热"漂洋过海，从港台烧到了日韩。韩国网友在论坛上不仅讨论剧情、演技，还对该剧的服装、道具、妆容大加赞赏，更有发烧友不厌其烦地将《甄嬛传》与此前大热的《步步惊心》进行对比；《全球华语广播网》日本观察员、《日本新华侨报》总编辑蒋丰发表博客称，在日本，被翻译成《宫廷诤女》的《甄嬛传》拥有近4000万观众，而日本人口才1亿多，也就是说有约1/3日本人观看过该剧；《甄嬛传》还卖到了马来西亚、新加坡、柬埔寨等国，其中在马来西亚最大之有线电视台—Astro 黄金时段播

---

1 本报告由王瑞津撰写。

出时，剧情演进刚到三分之一，已轻取收视第一名。

《甄嬛传》的走红绝不是偶然。

《甄嬛传》在筹备之初就充分考虑到了一些传统强势输出地区，如港台、东南亚等地的市场需求，比如知名香港演员蔡少芬、刘雪华，以及曾在海外热播剧新《三国演义》中饰演曹操的陈建斌等人的加盟，无疑为海外发行奠定了一定的基础。此外，国内播出时的高收视与好口碑更为该剧走出国门增添了有力的筹码。

就内容而言，《甄嬛传》在继承《雍正王朝》等历史剧传统优势的基础上，汲取了《金枝欲孽》等宫斗剧起伏跌宕的商业元素，描述出了真正的人性。台湾金马影后杨贵媚就曾概叹说："《甄嬛传》是一部台湾拍不出来的作品。"

值得一提的是，《甄嬛传》的原著语言精练、文采斐然，"甄嬛体"台词自成一统，被誉为"后宫小说巅峰之作"，改编之前已获拥趸无数。而电视剧的另一位核心主创郑晓龙无疑是一位兼具海外号召力与国际视野的优秀导演，其代表作《北京人在纽约》是我国首部全程在美国拍摄的电视剧。1991年，郑晓龙赴美创办华艺影视录像节目有限公司，在北美地区发行北京电视艺术中心生产制作的电视剧，并独家代理中央电视台中国电视节目代理公司在北美地区的录像节目发行业务，是中国在海外开辟的第一个电视节目发行阵地。

除去良好的先天基因，《甄嬛传》于2010年9月开机，拍摄期近5个月，后期制作近10个月，比一般电视剧的周期长了一倍。导演郑晓龙对画面、道具、台词、美术、音乐作曲等各方面更是做到了精益求精：剧组在服装、造型、化妆、道具上花了大量资金，"抠的都是细节"，例如把横店场景里的城墙颜色改成跟故宫一样的，演员冬天拍夏天的戏有哈气，就抹掉哈气；由顶级音乐人刘欢亲自填词谱曲的主题曲与配乐首首堪称经典；奥运会开幕式首席化妆造

型师陈敏正则感叹说给各位小主化妆的难度超过奥运会，比如孙俪饰演的甄嬛，前前后后一共38款造型，"她性格每有大变，妆容就随之大变。"为了让饰品禁得起高清镜头的推敲，陈敏正要求团队手工制作所有饰品。剧中嫔妃头上所有的"点翠"，都是他们买了羽毛、塑料、布花等材料，一点点"点"出来的，哪怕是宫女头上的塑料花，他也要求团队做出形状各异色调不同的花朵。如此复杂的妆容、发饰设计及制作，花费了陈敏正团队前后3个多月的时间，"几乎每天都是从早上9点忙到半夜12点。"

《甄嬛传》之所以能够成功进驻美国主流电视台，还有一个重要原因，由于使用电影级镜头拍摄，从场景选择、镜头构图、色彩光线等方面，影片质量完全符合美国电视台的播出要求。

《甄嬛传》的宣传发行亦多有可圈可点之处。线下除常规的媒体探班、见面、关机、开播活动之外，《甄嬛传》的主创为配合海外的宣传，还参与了不少当地的综艺节目。与此同时，不同语言、不同版本的宣传片也相继曝光，并借助微博等新媒体进行传播。同时，"甄嬛体"更是一炮而红，超越了电视剧文本本身，引发社会性的大讨论。

《甄嬛传》的主题与思想内容也引起了广泛争论。一部分批评家认为，此片着力描述宫廷内的恶斗，把中国人"窝里斗"的国民性弱点表露无遗。西方人认为是中国的"阴谋剧"，对中国国民形象产生负面影响。另一种意见则认为，《甄嬛传》走红，很大程度上是以思想的穿透力赢得了生命力，进而提升了影响力。这种观点认为，一段时间以来，一些宫廷剧、戏说剧把封建王朝美化成才子佳人的舞榭歌台，仿佛那是一个可以肆意撒欢儿的时代，一些年轻人甚至想穿越回去过浪漫生活。《甄嬛传》则不同，它以一个纯真少女在皇帝后宫几经沉浮、生死搏杀的命运轨迹，狠辣地撕开封建宫廷的重重帷幕，让观众真切地看到"颜色如花、命如一叶"的落寞与悲怆。

皇权之下，等级森严。从答应、常在、贵人、嫔、妃，到贵妃、皇贵妃，如登刀山，愈登刀愈尖。政治上的世袭制决定了皇帝必须绵延子嗣，这是后宫"最大的政治"。皇帝客观条件下的不能专宠与后宫女子主观意志上的竞相争宠，构成了不可调和的矛盾。这些日日自危的女性，为自己争，更为家族争，朝廷政治与后宫争斗绞合一起，成为权谋和腐败滋生的温床。《甄嬛传》对后宫斗争的展示比一般宫廷剧更为辛辣，但这不是歌颂阴谋、欣赏斗争，而是借一个个青春女性理想和生命的惨烈毁灭，揭示出封建社会的腐朽本质。这正是《甄嬛传》区别于一些同类题材剧的关键所在。

总之，《甄嬛传》的成功是产品的成功，是市场的成功，更是理念的成功。正是主创精益求精的态度、专业的海外宣发团队与国际化的视野，以及对于商业、历史、人性等元素的深刻洞察与娴熟把握，打通了不同种族、文化、语言之间的隔阂，帮助《甄嬛传》走出国门，博得了世界范围内的关注与赞誉。

要实现跨文化认同，题材不是决定性的，类型也不是决定性的，关键是如何表达，以及如何实现人性的共鸣，也就是大家常说的，重要的不是拍什么，而是怎么拍。拍得好了，即使是《甄嬛传》这样的"辫子戏"，依然在全球范围内具备相当的现实感与人性的深度；拍得不好，即使所谓现实题材，也难免显得轻浮做作、不合时宜。

如何满足受众需要，又如何坚持正确的价值观，照顾到输出作品的文化取向？此前，人民日报刊文指出，同样是讲述女性成长的宫廷剧，《大长今》比《甄嬛传》的价值观更正确。"甄嬛刚刚入宫时还是一个心地善良、简单纯朴的女孩，但在残酷的宫廷环境中，经历了一系列惨痛教训之后，她终于懂得了一个'真理'：在残酷的宫廷斗争中，你必须学会比对手更加阴险毒辣，你的权术和

阴谋必须高于对手，才能立于不败之地。也就是说，你必须更坏才能战胜对手。最后，甄嬛终于通过这种比坏的方式成功地加害皇后并取而代之，这就是《甄嬛传》传播和宣扬的价值观。"而与之相对的，是大长今虽然同样在宫廷中受到了恶势力的破坏，但她"没有通过比坏的方式战胜后者，而是始终坚持自己的道德立场和做人原则"。这样，作品的主题就是"只有坚持正义才能最终战胜邪恶"。

事实上我们知道，无论是长今始终如一的"正能量"，还是甄嬛异化蜕变的"血泪史"，绝大多数观众都拥有辨别是非的能力。在这里我们更需要探讨的一点，是电视剧作为一种传播意识形态的特殊商品，在满足观众心理需求之余是否需要倡导更为积极向上的价值观的问题。特别是涉及文化输出的时候，我们的艺术作品还肩负着向海外的观众传递国家价值、塑造国民形象的重大责任，这一问题就更应当严肃对待。

用文艺作品提升国家形象、实现政治诉求的做法其实早有先例，当年日韩关系紧张的时候，韩国就将热门剧《冬季恋歌》引到日本，极大地缓和了民间的对立情绪，促进了两国人民的交流与亲善。

对于《甄嬛传》"比坏"的价值观问题，制片人曹平曾解释说："《甄嬛传》的成功，还是因为我们有批判主义色彩，揭露封建王权对社会和人性的摧残。很多年轻人看完电视剧都说不要回到从前，要珍惜现在的生活。这就是我们拍戏的诉求。"但即便如此，不可否认的是，电视剧在全球化和本土化两极趋向的全球传播格局中，扮演着文化使者和商业赢利机器的双重角色，以经济波及效益和对国家形象的构建等方式表现出来，从而使政府偏好和经济效率偏好不谋而合。单从国家形象构建而言，相比较《大长今》给人留下的阳光、励志的形象，《甄嬛传》予人的感觉无疑是晦涩而阴暗的。

总体来看，《甄嬛传》无疑是近年来国产电视剧难得的佳作，在很多方面的成功经验都值得国内同行学习效仿。但就对外文化输出而言，在满足受众需求的同时，如何进行有效地、正面地价值观输出，也是值得进一步深思的问题。

目前我国电视剧营销方式还不够多元化，更多地还是依赖版权交易和少量的植入广告。而邻国韩国通过制度帮扶支持韩国电视剧出口，随后利用市场机制取得长线效应的做法值得借鉴。

就电视剧领域而言，韩国政府采取了强力干预与扶持政策，具体措施包括：通过立法对国内电视台播出进口剧目进行限制（主要针对日本电视剧）；对出口电视剧实行补贴政策；设立产业振兴基金，通过政府出资、融资、社会团体捐助等多种渠道筹集基金，形成官民共同合作的投融资运作方式等。就这样，通过立法保障、政策引导、资源协助三种方式管理，2003年，韩剧出口额已经达到3698万美元，成为韩国电视最大的输出品。而据一些分析人士指出，如果加上一些合拍剧、盗版等因素影响，韩剧的实际出口额现在已达数亿美元。其出口市场以中国、日本、新加坡等亚洲国家为主，一些经典剧目甚至还出口到俄罗斯、埃及和阿拉伯半岛等地。

同时，韩剧中常重复出现饮食、旅游、时尚、服装、科技等类型的植入广告，比如《大长今》掀起了全球范围内的韩国美食风，《想你》女主角尹恩惠的发型、衣饰乃至唇膏颜色都成了潮流女生的效仿对象，韩剧中反复出现的咖啡屋和汗蒸屋，成了韩剧迷必去的旅游胜地，甚至《冬季恋歌》中裴勇俊标志性的眼镜和短发，都成了当时亚洲女性的择偶标准。这些"韩流"现象的背后，离不开政府发展服务业、旅游业、时尚业产业链的一整套"组合拳"。

通过恰当的制度帮扶和充分的市场化运作，使主流意识和经济效率偏好不谋而合，使得二者以一种互动的方式向前发展，最终完

全可以达到共赢甚至事半功倍的局面。

第三节 文化巧实力与电视原创节目模式

——《中国好歌曲》进军海外案例分析[2]

2014 年伊始，央视与灿星制作团队在CCTV—3推出原创音乐真人秀《中国好歌曲》，节目通过自主研发节目模式、赛制与宝典，将表现重点集聚到原创歌曲本身，得到广泛响应与认可。在一段时间内多次位居同时段收视率首位，获得覆盖4.8亿观众、占收视份额37%的佳绩。4月在法国戛纳春季电视片交易会上，英国国际传媒集团ITV宣布从灿星制作订购模式节目《中国好歌曲》，将负责其国际发行权和英国播出权。《中国好歌曲》成为中国首档输出海外的原创电视节目，也是中国对外文化贸易的一座里程碑。这一事件扭转了中国过去两年版权引进节目井喷形势下的单向输入格局，为深入思考中国原创节目的发展和文化软实力、巧实力的提升提供了最佳的现实案例，尤其是在目前文化产业贸易逆差的商业生态环境下。

可以说，文化巧实力的发挥直接影响到包括文化在内的国家综合国力的竞争，关系到我国文化产业的国际影响力、控制力与辐射力，对于构建文化自觉、文化自信与文化自强的国际文化话语权与文化市场影响力具有十分重要的战略意义。本文试从基于《中国好歌曲》的海外进军案例分析，以原创节目模式的发展为切口，探讨当下文化商业生态格局下文化巧实力的建设与文化建设。

"巧实力"的概念梳理与文化巧实力的研究意义

"巧实力" 概念最早由美国学者苏珊尼·诺瑟于2004 年在

---

2 本报告由欧阳神州撰写。

《外交》杂志上提出。作为一个外交新理念，"巧实力"是一国的综合国力中"硬实力"和"软实力"的巧妙结合，是一种综合性的战略战术的组合。巧实力可以说是源于约瑟夫·奈在20世纪90年代提出的"软实力"（Soft Power)概念。只不过，巧实力既具有硬实力的支配性、支撑性的实力，也具有软实力的同化吸收与柔性化能力，融合了两种力量而具有新的科学内涵。

在文化领域，巧实力的深刻内涵与发展旨要同样具有适用性，如在一国的文化意识形态领域，文化信息的传播能力、舆论引导力、文化竞争力等，作为软实力的重要方面而构成一国巧实力的重要组成部分，对一国文化产业的发展具有十分重要的战略意义。

首先，文化巧实力是顺应新形势下我国文化体制改革大潮，探索文化大发展、大繁荣的路径需要。文化巧实力建设，有助于引爆文化资源、文化贸易、文化消费等潜存的文化生产力，促成文化产业日益成为国际环境下我国经济结构调整与转变经济增长方式的重要穴位、着力点与引擎。

其次，文化巧实力有助于文化"走出去"战略纵深发展，拓展中国文化贸易的空间大布局。在目前重要战略发展机遇期，巧实力的发挥能够推动中外文化交流沟通与文化大国形象的塑造，为文化贸易的发展提供文化认同的基础。

再次，文化巧实力也是顺应文化产业治理体系与治理能力现代化的客观需要。市场与政府的职能边界划定厘清，充分发挥市场在资源配置中的基础性作用与政府服务功能，是文化巧实力建设的重要方面。文化巧实力从文化产业治理体系和治理能力现代化的基本内容、亟待解决的问题、实施路径等方面，尤其是目前如何理顺市场与政府的关系，走出过去一段时间过于依赖政府投资刺激的局面，提供了一种新的发展视角与着力点。

握手环球文明

电视才艺节目模式面临的问题与困境

近年来，中国电视才艺节目逐渐火爆，才艺节目在内容形式上不断变化发展，培育出一种新的电视娱乐生态，但高歌发展的背后潜伏着一些危机。具体来说，表现在以下几个方面：

首先，节目模式存在原创性、原动力不足问题，版权依赖于海外输入。据统计，2013 年国内引进海外版权的综艺节目多达30 档，按照这个数据，平均每个月就有两档半的引进版权节目播出。引进的版权节目从短期来看，确实为中国电视节目注入一种新的元素与活力，但问题是这种缺乏原创的节目随着时间的推移，其负面作用在原有问题上累积，并逐步展现出来。比如，依据版权方提供的"宝典"不加以本土化改造，而一味被动地进行洋模式思维下的灯光设计、节目环节设置、人员设计，很难从根源上解决原创能力不足问题，也难以破解电视节目的发展困境。随着各种版权的引进，制作方抬高国外节目模式，甚至将其神秘化、神圣化，严重制约了本土节目的创新发展与文化自信自强。应该看到，电视节目作为全球化发展背景下一国文化巧实力、综合实力的话语权的重要构成部分，以一种文化符号的形式作为国家文化实力的代言者，直接关系到文化阵地的主导权、主动权与引导力问题，必须引起重视。

其次，粗制滥造，艺术水准不高与审美疲劳成新态势。对于舶来品，电视台与节目制作方往往采取简单的模仿、照搬与跟风，缺乏创意与创新，呈现出粗制滥造、艺术水准低的态势。既出现同质化竞争、千篇一律的现象，也进一步加剧了行业非健康发展，抄袭、炒作泛滥。同质化、娱乐庸俗化倾向明显，文化底蕴与内生动力有所不足，最终会透支整个行业的发展前景与市场需求而陷入恶性循环的困境中。

再次，市场结构、竞争格局与盈利运营不完善、不成熟，带来媒体时代电视节目生态圈乱象与文化生态非理性。目前真人秀节目中比赛的公平性向来非议颇多，一些节目庸俗化、愚乐化，与电视媒体与节目制作以收视率换取商业效益、牟取经济利益密切相关。制作方追求经济利益本来也无可置喙，但是一旦行业规则、节目赛制、选拔环节等方面规范不严，存在各种漏洞，加上盈利模式不成熟、不规范，势必影响到节目本身的公平性、艺术性与合理性。一些节目一味追求收视率，频频突破底线，"三俗"现象严重，商业气息浓厚的背后是价值观的扭曲与道德的缺失，这直接影响到电视节目的生态状况。

《中国好歌曲》发展情况

《中国好歌曲》在借鉴《中国好声音》的基础上，完善了节目流程，按照唱片初选、改编再现、主打之争三轮阶段性赛制，相对完整地展现了原创作品从粗糙走向成熟的路径过程，最后评选一首作品作为"年度中国好歌曲"。可以说，《中国好歌曲》以歌曲的原创为核心，重点在于歌曲而非演唱者，相对于以往的真人秀模式节目，是从三个转向中突破了传统形式，堪为"中国创造"，巧实力得以充分展现。

一是从注重"造星"转向注重"造曲"。原有的电视真人秀节目，往往侧重的是"造星"。在《中国好歌曲》中，原创作品以情感的真实性与现实性成为一大卖点。不比以往看中唱功与艺术表演，而是尽可能绕过其他因素的影响而直接关注歌曲本身，有意识地弱化了商业因素、潜规则、舞台背景技术等外在因素干扰。"造曲"凸显了歌曲情感质量本身，比如誉为"减压神曲"的《老子明天不上班》，真实反映了上班族的心态。

二是从版权节目购买、复制（洋模式）走向原创（本土化）。《中国好歌曲》创新之处主要是自主研发模式、赛制，虽然说一些环节与《中国好声音》相似，但是两者有着本质上的区别。《中国

好声音》源自荷兰《*The Voice*》，主要是在借鉴国外形式的基础上进行了换装。但《中国好歌曲》有所不同，节目创造团队自主研发节目模式、赛制，首轮采取"唱片初选"原创模式，导师进行进行盲听初选，若导师被歌曲打动即推动面前的红色推杆才能与学员面对面；"改编再现"阶段，唱作人和原创作品将接受专业导师、普通观众的检验，进一步打造原创作品本身，最后再进入"主打之战"。整个过程已经突破了洋模式，在注重原创的基础上，进行了本土化的消化、吸收、创新的探索。

三是从引进来、单向流动走向走出去、双向流动。近年来，电视真人秀节目一直对欧美节目亦步亦趋。外国节目版权登陆中国荧屏，遍地开花，呈现一片虚假繁荣。这反映出我国电视行业自主原创能力的不足与文化自信心偏弱，文化自觉意识不强。单向输入流动的转变，转折点在英国国际传媒集团引进《中国好歌曲》。《中国好歌曲》顺利实现从版权走出去，在国际市场对于弘扬、提振中华民族文化的文化自觉和自信，减少一味引进来的同质化倾向具有现实意义。

可以说，《中国好歌曲》海外进军的成功，在于有效实现将走出去战略的推进与文化软实力、巧实力的结合，其本身也以一种逆袭的方式成为文化贸易中单向输入朝着双向输出的良性互动的格局的发轫。在《中国好歌曲》的发展背后，实际上也是我国文化影响力、控制力与凝聚力发展的见证，对于我们深化认识文化自觉、文化自信、文化自强，加强国家文化形象、国际文化话语权与市场竞争力，推动文化大国的展示平台与中西文化交流融合，与重建新的话语体系有十分现实的借鉴意义。

建设文化巧实力的思考与建议

通过《中国好歌曲》海外进军案例的分析，可以看到文化巧实力的建设是多方面的，需要从节目原创、赛制编排、运营模式等维度进行综合把握。不过，这种综合实力的背后实际上与原创、文化精神等因素是分不开的。如何建设文化产业的巧实力，结合案例，可以从以下几点加以考虑：

一是注重传统文化资源的开发利用，把准文化内核，将传统文化的文化经络、文化基因与内生能力与现代社会的技术、情感诉求相结合，实现传统文化精髓的现代转换。近年来，我国社会经济生活的各个方面得到快速发展，人们精神文化生活的诉求日益提高，并且呈现多元化、多层次、多角度的特点。相对于以前，人们从过于关注物质层面的、具体现实的量的维度逐步转向物质精神并重、在量的基础上更加突出质的维度，体现在文化消费领域则是传统文化节目有不同程度的发展。电视荧屏先后出现的一系列的以传统文化为内容的原创节目一波未伏一波又起，如《中国汉字听写大会》《成语英雄》等，获得良好反响。这从一个层面折射出人们对自身传统文化的认可，对民族文化基因与文化经络的认识回归理性。对传统文化的开发利用，顺应了当下人们精神文化需求的发展潮流，但这并不意味着民族文化传统可以呼之即来、来之即用而不加分辨。可以说传统文化资源的开发利用本身就是一种巧实力考验与巧实力建设的重要方面。只有与现代实际结合，去粗取精，将传统文化资源、精神内核与现代发展诉求、技术与艺术形式相结合，进行当下时代的转换，才能重获其活力，激发其自身的内生能力。《中国好歌曲》中一曲《卷珠帘》红遍大江南北，既与歌曲本身的文化基因密切相关，也与歌曲的效果匹配、人们现实的审美诉求密切相关。这首看似闺怨的歌曲获得别样成功，很大程度上在于能将传统文化的深层积淀与现代技术、人们的审美心境等相结合，很好地实现了现代意义上的转换。这已不仅仅是对传统文化的简单模仿与改造。

二是商业模式的创新与原创精神的融合。《中国好歌曲》的成功关键在于原创，既有从"造星"走向"造曲"的颠覆性改造，也有配套赛制、加工改编等环节的创造。它将原创精神与现实商业模式的探索发展相结合，这一方面避免落入复制、造星的窠臼而缺乏节目艺术魅力与生命力，另一方面克服模式不配套、不成熟所带来的市场影响力不足的问题。对于文化节目而言，这两方面不可偏废。市场与艺术是节目的双翼，缺乏任何一方，都将难以维持长久发展而最终陷入困境，否则，要么是盈利模式的失败导致难以维持，要么是缺乏艺术品格与水准，陷入炒作、透支节目活力的窘境。

三是将文化底蕴、民族品格、消费偏好与现代传播体系深度融合，结合与本土化民族底色的现代转换，构造具有中国特色、传播中国声音、彰显中国创造的文化体系。文化原创节目能否迈出国门，真正"走出去"，发挥自身应有的声音，弘扬发展中华优秀的传统文化，离不开现代传播体系。主动发声，彰显中国魅力，传播好中国声音，这本身是文化巧实力的题中之义，同时也是其实现的重要路径。《中国好歌曲》能够打入国际市场，模式的原创是一个方面，另一个方面也在于中国综合国力提升，国际影响力得到壮大发展，中国声音逐渐为其他国家所关注。这其中关键的环节是如何真正的传播好中国声音，彰显具有中国特色的中国创造。巧实力的发挥，需要配置以恰当的形式。在《中国好歌曲》版权获得海外发行之前，我国许多综艺节目，包括《中国好声音》《中国达人秀》，来源于海外，是作为模式节目的进口大国而出现在世人面前。这与我国目前的经济发展水平是不相称的，这从一个方面说明我国文化产业发展相较于制造业等行业，在国际上的影响力并不强，这也与我国丰富的传统民族文化资源不相称。反映出我国文化资源丰富、经济社会发展快速背后的文化巧实力的欠缺。这并不是说我国缺乏此方面发展的潜质与能力，而是说目前条件下文化传播体系建设不足在很大程度上构成文化巧实力的"软肋"。打造一个具有中国特色、传播中国声音、彰显中国创造的中国体系，是有效应对国际市场挑战，建设文化巧实力的重要一步。《中国好歌曲》以音乐电视文化的形式，承载着文化基因与原创精神，注重国际推广传播，客观上起到了对中国文化的扩大传播作用，成功的背后是巧实力与文化贸易竞争力的共同提升。

四是发挥市场的决定性作用，发挥政府服务功能，注重产业发展良好生态的培育，把握政府与市场的界限，释放文化创意产业市场主体的活力。文化巧实力的发挥需要将两方面的作用发挥到各得其所之处，我们既要避免市场化所潜在的"失灵"，也要克服政府一手操办所带来的弊端。《中国好歌曲》的成功，与市场化运作是分不开的。而如果单单依赖政府自上而下推动，往往会从外在的标准、规范、管控的层面干预正常发展路径，忽略产业自身发展的需要与发展规律，影响市场在资源配置中的决定性作用与优化配置功能的发挥。

握手环球文明

第十章
北京建设文化交流展示中心的对策研究

第一节 建立相应的组织架构和工作机制

一、加强政府管理方式创新

政府应减少对市场竞争的干预，加大监督管理的力度，由直接管理转变为间接管理，创造公平的市场竞争环境。首先，在组织机构设置上与发达国家接轨，尽快研究设置独立的北京市文化交流展示促进机构作为行业行政主管部门，强化政府层面对北京市国际文化交流展示的统筹与宏观调控、部门协调和资源整合等方面的服务功能，形成推动北京文化交流展示发展的新动力。其次，建立文化交流展示联席会议制度，建立由市政府主要领导担任组长，"北京市会展产业发展促进局"牵头组织，会展相关部门和企业参加的文化交流展示联席会制度，针对文化交流展示发展政策、重大会展项目及活动的申办或举办等议题定期召开联系会议，协调工商、卫生、消防、公安、交警、城管、海关、检疫、知识产权等相关行政管理部门，解决国际文化交流展示中遇到的实际难题。再次，由会展主管机构牵头，在深入调研和吸纳相关政府部门、会展企业和专家意见的基础上，尽快起草出台"北京市会展业发展管理办法"。

二、完善文化交流协会职能

参照德国经济展览和博览会委员会（AUMA）的模式，尽快成立文化交流协会，制定北京国际文化交流发展战略与规划，切实履行管理职责。文化交流协会应充分发挥中央与地方会展机构之间、政府与企业之间的桥梁与纽带作用，在政府有关部门的指导下，制定文化交流标准和经营行为规范，建立和推行符合国际惯例的文化交流项目评估和主体资质认证，建立文化交流宣传推广、信息交流、行业培训等公共平台，承担数据统计、信息发布、行业管理、沟通协调、标准制定、咨询服务、宣传推广等职能，维护会展行业经营中的各方利益，推动和引导国际文化交流健康有序地发展。应制定规范、支持文化交流协会的相关政策，赋予一定行政职能、给予一定经费补贴，促进文化交流协会积极作用的发挥。

三、建立文化交流专项资金

充分发挥财政资金的引导和激励作用，北京市财政每年从文化发展专项基金及文化产业创投基金中安排一定的资金专项支持文化交流展示发展，用于鼓励和支持大型品牌展会项目、重大国际会议的引进或连续举办，经国际权威会议机构认定的国际会议的在京申办，在本市举办的展览申请通过国际展览联盟（UFI）认证，本市会展企业组织出国参展及产品的国际推广活动，会展信息平台建设，以及对会展人才引进和培养作出突出贡献的企业、个人给予补助或者奖励等。同时配套出台《北京市会展业发展专项资金使用管理办法》，落实奖励细则，规范会展专项资金的使用、管理。

四、扶持民间多元力量参与

积极借鉴国际经验，综合利用非财政手段增加文化事业投入。

政府应在财政、税收、金融等诸多方面，在一定程度上给予政策倾斜，从而积极鼓励民间资本参与文化交流展示行业的投资。同时，在一定程度上比照纽约的做法，鼓励各界成立一些文化发展基金会，从侧面作为政府发展文化事业在资金上的有力补充，使有限的政府财政能发挥出更大的效用。另外，还可尝试通过发行彩票吸收社会游资的办法，募集支持公益性文化事业的建设资金。一方面公益性文化事业发展需要大量资金投入，另一方面彩票作为现代社会吸引游资的有效手段还有很大的发展潜力，能够成为公益性文化事业发展的可靠资金来源。

第二节 健全相关政策和法律体系

一、建立文化交流政策规划体系

在土地、人才、财政、税收、金融等方面加强针对文化产业发展的政策支持力度。创新土地管理政策，以减少土地租金、暂不征收土地收益、鼓励国有划拨建设用地等方式，引导企业投资参与文化产业项目。完善人才政策，建立文化产业人才服务中心，促进文化产业领军、复合型人才的引进和培养。强化资金支持政策，设立专项资金，加大财政扶持力度。优化金融政策，积极鼓励银行、担保和再担保机构大力开发支持文化产业发展的贷款、担保业务品种，建立金融支持国际文化交流服务体系，为企业提供资金保障。对有自主知识产权和自主品牌文化产品和服务的出口，进一步加大出口退税支持力度。

将文化产业优惠政策向文化会展产业领域适当倾斜。在财政政策上，从北京市及下辖各区县文化产业专项资金中划拨一部分用于成立文化交流展示专项资金。在税收政策上，加大对文化会展企业增值税、所得税等税种的减免优惠力度。在金融政策上，鼓励银行、担保和信托等机构重点开发支持文化会展业发展的贷款、担保业务品种。在人才政策上，促进文化交流展示领域领军人才、复合型人才的引进和培养。

正确的战略决策和发展规划，对文化交流的健康发展具有重要意义。北京应充分重视行业调研工作，组织专门研究机构对当前文化交流现状进行深入调查，全面掌握文化交流展示市场情况，理性分析文化交流市场需求，研判文化交流展示的未来发展趋势，在此基础上指定科学、系统的发展规划，以确立北京市国际文化交流展示的发展定位和目标，统筹指导国际文化交流展示的发展。

二、健全文化交流法律法规体系

完善的法律法规体系、良好的发展环境是北京国际文化交流健康发展的基础和保障，但目前北京还没有出台专门的法律法规。应加快制定"北京市文化交流管理办法"，建立完善的文化交流市场管理体制，明确文化交流市场的准入机制和办展主体的资质条件，规范行业主体的市场行为，对办展主体的资格认定应真正从审批制转向登记制和备案制。进一步理顺企业与行政主管部门之间的关系，克服多头管理、政出多门的弊端。

落实《北京市展会知识产权保护办法》，加强展会知识产权保护工作。对参展商知识产权状况要进行备案审核；要建立展会现场侵权投诉程序，相关执法部门要加强巡查监管，做好参展商品的知识产权保护工作。制定展会排期管理规则，保护现有重要展会、品牌展会以及市政府引进的国内外大型品牌展会的排期，避免同一时段举办同类主题展会的重复办展、恶性竞争行为的发生。落实《知识产权法》《商标保护法》及行业准则，按标准、规范和自律要求对会展活动进行全程监督，并接受社会投拆，确保会展活动达到预

期的效果。

第三节 完善会展场馆及配套设施，优化会展资源配置

一、科学规划建设或改造升级展馆

在展馆建设上要有科学规划，避免小而散，要走国际化、专业化、大型化、品牌化之路。北京的展馆建设在专业化、品牌化上已初露端倪，三大展馆——中国国际展览中心、中国国际贸易中心、中国国际科技会展中心已基本上分别形成了车展、房展、科技展品牌。在此基础上，新建大型展馆，打造中国会展航母。应对国内外会展行业规模化、品牌化发展趋势，采取政府先期投入和主导、后期市场化运作的方式，结合首都新机场建设契机，在南部地区规划建设一处与北京"中国特色世界城市"地位相符合，集展览、会展服务、会展培训教育以及居住、购物、餐饮、娱乐等功能于一体，通过产业集群方式带动相关生产性服务业互促发展的会展产业基地。

另外，随着互联网络的发展，也可以在互联网上建立虚拟展馆。尤其是一些规模较小但信誉好、富有管理经验的展览馆或展览公司，可以通过网上展览开展业务，以节约大量的时间和金钱，避免展馆建设投入大、周期长的缺点，进而提高会展效益。

二、完善会展设施和相关基础设施

加强现有专业会展场馆（特别是国际展览中心新馆）周边地区设施配套和功能完善。按照会展商务区或会展产业集聚区的要求配套宾馆、会议中心、商务楼、餐饮以及相关休闲娱乐业态；结合重大展馆设施的建设打造一批高端会议设施场所，通过会议设施与高品质度假环境、特色化休闲设施的有机结合，发展会展旅游；改善展馆周边的交通条件，形成市内外发达的立体交通网络；配备完善的现代化会展设施，包括配备同声翻译系统、图文传输系统和网络会展系统等；吸引会展相关配套企业（广告、公关、搭建、物流、咨询等）入驻，形成集聚效应。

三、大力提升会展服务质量和水平

在解决博览会期间的停车和交通拥堵问题上，在郊区的交通枢纽地带建几个大型停车场，展览公司提供车辆免费接送观众，从而避免大量车辆拥入市区；如展览中心位于城外，可在展馆旁边建大型停车场，在机场、火车站或市中心设临时车站免费接送参观者；观众凭展览会门票可免费乘坐市内公交。为吸引企业和专业观众参展，举办单位可给参展企业邀请的客户给予门票优惠，参展企业可预先从展览公司订购门票后寄给客户。

第四节 培育多种类、多层次的国际文化交流市场主体

国际文化交流主体是中国参与国际文化交流的直接行为体，是中国国际文化交流实力的体现与代表，也是中国文化走出去的主要力量。因此，培养中国国际文化交流主体，壮大其实力，应对国际文化竞争乃是当前的重要任务。北京国际文化交流主体主要包括两部分：文化企业、文化经纪和中介机构。

一、确立文化企业市场主体地位

北京应加快国际文化交流活动的市场化进程，确立文化企业的市场主体地位。除公益性、导向性的展会外，政府应减少对文化交流活动的直接介入和微观参与，逐步从文化交流活动主体中退出，

而主要致力于宏观管理和环境建设，营造公平、公正、公开的市场环境。让文化企业在不违背相关法律法规的前提下公平竞争、独立自主地开展市场经营活动。同时，在促进竞争的基础上还应鼓励文化企业之间的合作，促进文化企业的集团化发展，推动品牌展会的创立。

积极鼓励民间资本参与文化产业的投资，真正做到冲破束缚文化产业发展的某些思想观念，把北京的文化产业做多、做大、做强。这就意味着要有一个开放博大的胸襟，吸引和容纳国内外各种所有制的文化企业到北京投资、创业，进而逐步形成一个公有制文化企业占主导地位，多种所有制共同发展的文化产业结构，严格遵循社会主义市场经济的客观规律，以市场化的方式运作，并呈现出一个良好的竞争态势。

二、发展文化交流中介服务机构

可以借鉴国际经验，从增强城市文化交流综合竞争力、实现政府职能转变、完善市场化体系和向国际化迈进的高度来认识发展中介组织的重要性，大力培养中国的文化经纪和中介机构。文化中介既是国际文化交流中不可或缺的中间环节，也是国际文化交流的主体要素。文化经纪和中介机构的规模与经验直接关系到中国国际文化交流的数量与质量。规模小，资金不足，就无法对文化及产品进行必要的包装、宣传和推广，就无法走出去承办海外演出与其他国际性活动，这必然影响国际文化交流的展开。

大力发展文化交流中介服务机构，为文化交流活动提供相应的咨询、策划、运输、宣传以及各种其他服务等。为中介服务组织提供优良的环境，使中介服务组织在最优的环境里开展业务，在良好的竞争环境中蓬勃壮大。优良的环境包括中介服务组织办公的周边环境、交通、安全度以及政府部门提供的服务环境。对文化交流中该取消和能够取消的行政审批项目，要坚决取消，相关事项交由"中介大道"的中介服务组织承担。对从政府分离出的中介服务组织，要逐步按照市场规则，通过改制，成为真正意义上的社会中介组织。

第五节 开展品牌化、专业化的国际文化交流展览活动

大型国际文化会展活动是中外文化进行直接交流与对话的重要载体，它对推动文化交流的发展，提高城市文化的积聚力和辐射力具有重要作用。北京应在现有品牌文化交流活动的基础上，通过培育、创新、引进等方式，打造更多知名文化交流展览品牌，增强北京作为国际文化交流展示中心的影响力。

一、推进现有文化交流展示活动的培育

虽然北京每年举办的展会数量很多，而缺乏真正在国际上影响力大的大型品牌展会。目前，北京已有北京国际书展、北京国际电影展、北京国际旅游节、北京文博会等一系列大型交流项目，有些已具有一定的国际影响力，但尚未形成世界著名"品牌"。一方面，需要通过政府的必要扶持和市场运作，以及不断注入活力，开发功能，加强宣传等，进一步扩大影响。另一方面，选择几个基础较好、有开发潜力的项目，通过与其他节庆活动链接，进行深层次开发，按照国际惯例操作，创建一流艺术水准，将其打造成为在全球有影响、有地位、有特色的项目品牌。

二、加快文化交流展示活动创新和引进

坚持文化交流展示活动的自主创新。应鼓励文化企业以国际市场为导向，以展示中华文化魅力为核心，创作具有自主知识产权和

自主品牌的文化交流展示精品，培育与居民生活密切关联、影响力高的商贸服务型品牌展会，以及若干依托特色产业的专业品牌展会。在继续积极申办国际性重要会议和引进品牌展会的同时，结合北京城市功能定位和战略性新兴产业发展，自主创办一批定时定址的主题论坛。

加强品牌文化交流展示项目的引进。制定"展会评估体系与品牌展会评定标准"，鼓励和引导办展机构进行展会数据第三方审计；鼓励会展企业及会展项目按照UFI等国际通行标准进行运作，争取更多会展企业及会展品牌通过UFI等认证；鼓励国内会展企业以融资的方式直接整合国外展览品牌资源，联合打造中外合作的展览品牌。

第六节 建立国际化、复合型的文化交流人才队伍

国际文化交流展示专业人才的数量和质量是决定北京国际文化交流发展状况的重要因素，在当前北京文化交流展示人才，特别是熟悉国际惯例、精通会展项目策划与管理的高级人才严重缺乏的情况下，应不断加强文化交流展示人才的培养、引进、服务、评选工作。

一、构建复合型文化交流人才培育体系

为实现北京国际文化交流中心可持续健康发展，要加大对会展产业的各种翻译、导游、会展服务接待人才的培养力度，尽快培育和壮大一支熟悉国际会展业惯例，善于会展市场开拓，强于策划、营销、组织和管理的会展专业队伍，不断提高北京文化交流展示的服务质量和管理水平。积极发展会展高等教育，增加北京市高校会展专业招生数量、提高办学层次、加强校企合作；通过院校、中介组织和会展企业三条渠道组织经常性会展职业短训，对现有会展从

业人员和会展管理人员分期分批进行在职培训；以行业协会为主导，与国际会展组织或机构合作开展会展业高级人才培训或研修项目，形成会展高等教育与会展职业教育、会展职业短训相结合的会展教育与会展人才培养基地；鼓励会展教育定制化，与组展商合作培养专业人才，实现课程设置模块化、实习活动主题化、理论和实践循环互动的良好机制；注重国际会展培训体系的整体引进，同时结合实际逐步实施本土化内容。

二、大力引进国外文化交流高层次人才

加大会展人才引进力度。营造优异的创新创业环境，不断引进和培育具有品牌效应的国际人才中介服务机构，建立国际一流的人才合作交流网络，在全国率先建立比较完善的国际人才中介服务体系，加速国际化人才的引入。同时，对国外一流人才的引进，需制定优惠政策，采取合同制、聘任制、项目合作制、租借制等多种方式，有计划、有步骤地实施，并进行社会化管理，充分发挥人才的创造力，切忌盲目性、一窝蜂。

三、完善高层次文化交流人才服务体系

不断完善高层次文化交流人才服务机制，加大公共资源统筹协调力度，提升公共服务专业化、国际化水平，完善人才服务平台建设，设立"一站式"人才服务窗口。制订日常联系和服务办法，建立跟踪服务和沟通反馈机制，保证各项优惠政策落实到位。完善人才落户、工作居留、签证、出入境、交通、家属就业、社会保障等方面配套政策。建设国际化社区及其配套设施，引入与国际接轨的资源平台和高端服务，提供医疗、购物、教育等配套设施。

第七节 创新对外文化宣传方式，打造知名文化品牌

一、以外向型文化产业取代政府性质的文化输出

北京应创新文化宣传方式，以外向型文化产业的发展为主导，实现国际文化交流的繁荣发展。瞄准国际市场，以欧美为重点登陆世界文化交流市场舞台。针对欧洲、美洲等地区的区域差异开发针对性产品；挖掘品牌对中国形象和文化产业的市场效应；在文化出口地区建立"前沿据点"；通过前沿据点开展区域市场调查、研发和宣传，积极开展跨国合作；集中资金支持重点出口文化项目。

二、将我国优秀文化和产品进行"本土化"改造

我国文化产业的发展必须立足本国文化，在激烈的世界文化产业竞争中，中国文化产业要努力打造具有中国特色的文化产品和民族文化品牌，使中国的文化产业在世界产生愈来愈深远的影响。同时，我国的文化产业要走向世界，必须走文化产业化、市场化、本土化的道路，采取国际化的文化产品生产、传播方式是文化产业全球化的必然要求。在文化和产品输出的过程中，应注意投其所好的适当"本地化"，如美国的大众文化输出后往往畅通无阻，很快就占领各国市场，成为人们趋之若鹜的消费形式，这些经验是值得我们学习的。

三、打造有影响力的国际文化交流展示知名品牌

品牌乃国际文化交流中一个国家的文化名片，是一个国家或城市确立自我身份和地位的重要要素。借助品牌，可以促成交流，扩大国际影响力，提升国家的国际地位。因此，北京需要打造自己有影响力的文化品牌，才可以在参与国际文化交流中具备竞争力。近

年来，我们注重挖掘传统节庆的文化内涵，致力于打造拥有国际知名度的春节品牌，经过多年努力和不断改进，从一般大众到国外主流社会，春节品牌的影响力和感染力持续增长。同时，还应推广中国文化产品品牌作为国际文化交流的内容产品。对于具有地方和民族特色、具有核心竞争力、能参与国际文化交流的内容产品，应予以特别关照和政策倾斜，大力培育中国的知名文化产品品牌，从而提升产品在国际文化市场上的占有率。

第八节 采取服务导向的城市经济发展模式

一、加快现代服务业发展

会展业的大格局需要形成以会展为核心、相关配套服务为支持的会展产业链，创新发展现代服务业态。展会主办方或承办方的服务质量和服务水平是关系到展会项目能否获得成功的关键因素，特别是对创建大型国际品牌展会而言，服务更是各种要素的重中之重。提升中心城区会议服务和接待水平，鼓励会议服务技术创新，加强个性化服务。从展览设计、展台搭建与布置到信息资料、交通、运输、住宿和旅游等服务项目，提供周到细致的会展服务。

二、培养文化消费群体

文化消费是市场的基础，也是文化交流是否具有市场空间和发展潜力的动因。因此，要发展民族文化，扩大文化交流，首先必须培植其赖以生存的土壤，在全社会范围内加强对国民的文化素质教育，尤其要注重用民族文化的养料去滋润年轻一代的心灵，培养民众对民族文化的尊崇和认同，形成一个具有本土文化欣赏口味的庞大消费群体。同时，为了适应文化交流的需求，应注重城市文化精

神和文化价值观的塑造，倡导开放包容、创新求变的文化品格，有针对性地培养能够欣赏、消费不同类型、不同风格文化产品的受众，形成持续稳定增长的文化消费力。

第九节 建立面向国际市场的营销网络和服务平台

一、加强文化交流的整体宣传推广

整合政府、办展机构、会展中心、会展协会和驻外机构等各方资源，打造北京"亚洲会展之都"的鲜明形象。制定北京会展业整体宣传推广计划，整合北京市会场、展馆、酒店、景点、会展公司、私人会所等会展信息资源，制作统一的宣传手册、宣传片对外发放；定期参加国际权威性的会展年会、论坛以及相关经贸活动，重点推介北京的城市环境、办展环境、服务设施和政府扶持政策等，吸引具有影响力的大型会展到北京举办，全面提高北京国际会展城市的知名度和影响力。扶持北京市重要品牌展会的宣传推广，在机场、火车站、地铁等重要交通枢纽设置广告牌，发布办展信息；在主要会展客源市场投放广告或购买广告牌用于宣传北京的品牌展会，吸引各界关注度。

二、建立文化交流的综合服务平台

建设包含信息交流、人力资源、文化金融、公共技术、企业孵化等公共服务于一体的文化交流综合服务平台。

建设文化交流展示数字化信息服务平台。搭建集咨询、信息发布、企业宣传、项目和产品展示招商为一体的文化交流展示信息资源共享平台。将线上、线下活动相结合，创设文化创意活动周、文化产业高峰论坛，拓宽文化交流展示信息推广渠道和方式。举办文化交流展示政策讲座，邀请相关领域专家、领导进行政策说明，让企业尽快了解、全面熟悉并认真执行。与德国等文化产业发达国家进行信息服务对接，提升信息交流水平，扩大信息交流范围。

打造功能完善的文化交流展示人才服务平台，从人才培养、引进、激励等角度，解决文化交流展示人才资源短缺的问题。制订人才培养计划，鼓励企业与大学、院所联合，建立一批产学研一体的人才培养基地。支持在高等院校开设相关专业，为企业量身定制，实施菜单式培训，企业设立基金，鼓励人才结合生产实际开展创新实践活动。拓宽新兴文化产业人才引进绿色通道，引进和培育一批具有影响力的大师。做好人才引进的服务保障工作，打造有利于发挥其创造力的工作和生活环境。完善人才激励机制，建立新兴文化产业人才开发专项资金，专款专用，加强对人才投入资金使用情况的跟踪评估，建立投入效益评估制度。

建设文化交流展示金融服务平台。为解决文化交流展示中小企业融资难题，设立专项资金，引导社会资金进入文化产业，推进企业特别是中小企业投融资服务平台建设，整合银行、产业基金、投资公司、投资咨询机构、担保公司、会计师事务所、律师事务所等投融资及相关服务机构，形成投、保（保险、担保）、贷（银行、小贷公司）、引(引导)联动的中小新兴文化企业融资创新服务体系。拓展网络投融资平台，方便客户端操作和管理，扩大服务范围。建立长期稳定的项目洽谈机制，组织开展文化交流展示项目投融资洽谈会，邀请银行、产业基金和投资公司及文化企业方面的代表参加洽谈。

搭建公共技术服务平台。实施重大技术项目，强化公共服务平台投入力度，解决企业研发设备不足问题，改善企业研发环境。建立并整合行业技术开发中心、创业服务中心、技术发展促进会、企业孵化器、孵化基地、技术培训中心、检测中心等各类公共技术服

务平台，追踪、收集、整理技术发展前沿和市场动态，为企业的技术创新活动提供技术平台服务。组织有相同专业技术服务需求的大型文化交流展示企业与高校、科研院所共建一批企业技术中心，满足企业在研究开发、技术转移、成果转化等环节的需求。推动企业技术中心面向社会开放，建立公平合理的收益分配机制，使技术中心的效能发挥最大化，对执行良好的项目、运行效果好的平台和在平台建设中有突出贡献的企业、工作者予以表彰。

为帮助扶持文化交流展示中小企业，打造文化交流展示企业孵化服务平台。提供研发、生产、经营的场地，通信、网络与办公等方面的共享设施，系统的培训和咨询，政策、融资、法律和市场推广等方面的支持，降低文化企业的创业风险和创业成本。与其他中介机构开展业务联系，吸引专利、法律、金融、会计、咨询、税务、资产评估、技术交易、风险投资等机构参与，为孵化文化交流展示企业提供便利的中介服务，进一步完善企业孵化服务。

参考文献：

[1] 李建盛主编：《北京文化发展报告（2012—2013）》，社会科学文献出版社，2013年5月。

[2] 中华人民共和国文化部对外文化联络局（港澳台办）北京大学文化产业研究院编著：《中国对外文化贸易年度报告（2012）》，北京大学出版社，2012年12月。

[3] 欧阳友权主编：《中国文化品牌发展报告（2013）》，社会科学文献出版社，2013年5月。

[4] 中国国际贸易促进委员会北京市分会编：《北京会展业发展报告 2011》，对外经济贸易大学出版社，2011年9月。

[5] 李智玲、王树兰：《世界城市背景下北京会展业的目标定

位》《城市问题》，2010年第12期。

[6] 张敏主编：《中外会展业动态评估年度报告（2012）》，社会科学文献出版社，2013年1月。

[7] 过聚荣主编：《中国会展经济发展报告（2012）》，社会科学文献出版社，2012年4月。

[8] 西沐著、子墨绘：《中国艺术品市场年度研究报告（2011）》，中国书店出版，2012年7月。

[9] 张晓明主编：《中国文化产业发展报告（2012—2013）》，社会科学文献出版社，2013年3月。

[10] 甄尽忠：《中国旅游文化》，郑州大学出版社，2002年。

[11] 王会昌、王云海：《中国旅游文化》，重庆大学出版社，2001年。

[12] 俞学才：《旅游文化》，中国林业出版社，2002年。

握手环球文明